科学与诚信

发人深省的科研不端行为案例

Science and Integrity

Thought-provoking Cases of Scientific Research Misconduct

中国科学院　编

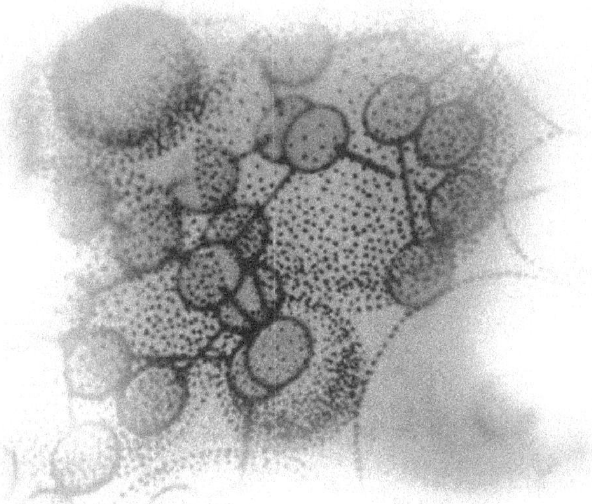

科学出版社

北　京

图书在版编目(CIP)数据

科学与诚信：发人深省的科研不端行为案例/中国科学院编．—北京：科学出版社，2013.1

ISBN 978-7-03-036232-2

Ⅰ.①科… Ⅱ.①中… Ⅲ.①科学研究-道德规范-案例-世界 Ⅳ.①G31

中国版本图书馆 CIP 数据核字（2012）第 303629

责任编辑：侯俊琳　张　凡　李　娄　程　凤/责任校对：朱光兰

责任印制：赵　博/封面设计：无极书装

科学出版社出版

北京东黄城根北街 16 号

邮政编码：100717

http://www.sciencep.com

天津市新科印刷有限公司印刷

科学出版社发行　各地新华书店经销

*

2013 年 1 月第　一　版　开本：720×1000 1/16

2025 年 3 月第九次印刷　印张：15 1/4

字数：264 000

定价：58.00 元

（如有印装质量问题，我社负责调换）

序言：弘扬科学精神　捍卫科学尊严

>>>>>>

随着经济全球化和国际科技竞争的不断加剧，科技与经济和社会发展的关系更加密切，科学活动的职业化程度越来越高，科研不端行为伴随着科技的兴旺发达日益滋生蔓延，已引起各国的高度重视。我国近年来不断加强科研道德和学风建设，大力弘扬科学精神，坚持教育引导、制度规范、监督约束并重的原则，惩防结合、标本兼治。

案例警示教育是非常有效的教育手段。因此，继2009年编写《科研活动道德规范读本（试用本）》后，经过近三年的组织筹划和研编，我们推出本书，剖析反面案例，加强警示教育。这既是积极贯彻落实中央及国家有关部门关于加强科研道德宣传教育的要求，也是科学共同体自我净化、捍卫科学尊严的内在需求。

科学是物质与精神的统一，科学因其精神而更加强大。科学精神最主要的特征是求实与创新，只有认识到科学必须要反映客观事实，才能克服主观认识的局限性，一步一步走近绝对真理。在追求科学真理的道路上，我们崇尚理性质疑，宽容失败，但绝不能容忍不端行为。科研不端行为不但在本质上违背了科学的基本目的，让弄虚作假的所谓科学研究进展蒙蔽同行发现科学规律和客观事实的眼光，阻碍他人探寻真理的脚步，危害科学技术的正常发展，否定失败对科学发展的应有贡献，更玷污了科学的尊严，导致怯懦、妥协、虚伪、卑劣在科学的圣殿里大摇大摆，这是任何一个有志于献身科学的人都不能容忍的。

本书选取的19个案例均为发生在第五次科技革命后的真人真事，已盖棺定论，无论是科研不端行为本身还是所引发的科研道德问题及所产生的社会影响，都具有典型性，足以作为我们的前车之鉴。本书对每一个案例都进行了认真的梳理和分析，详细介绍了案情的来龙去脉和处理结果，并重点分析探讨了案例带给我们的思考和启示。本书可以说是《科研活动道德规范读本（试用本）》的姊妹篇，两者从正反两方面阐释了科研活动中应遵循的道德伦理规范，相辅相成，可配套使用。

虽然本书选取的案例以国外的为主，但掩卷沉思，仍不禁扼腕叹息。这些案例的主角，大多曾经在科学界风光无限，确实颇具天分。例如，被诩为科学界“金童”的舍恩，天资聪颖，大学时期一直勤奋踏实，但进入贝尔实验室这样的顶级研究机构后，未能正视科学研究所具有的曲折性和复杂性，急于出成果，伪造和篡改数据，结果走上了一条不归路，断送了自己的科学生涯。这些科研不端行为的产生，除了与科研人员自身的因素有关外，制度规范的不完善、监管措施的缺乏，以及浮躁、急功近利的不良科研环境也是重要原因。

英国著名科学家戴维说：“我的那些最重要的发现是受到失败的启示而做出的。”这充分说明科学研究绝不是一条平坦的大道，它充满着探索的艰辛、坚持的困惑及失败的痛苦，只有勇于探索、甘于寂寞、淡泊名利，才能做出成就。目前，世界正处于第六次科技革命前夜、新一轮科技革命的拂晓，机遇与挑战并存。无论是科学共同体、科研管理部门，还是科技工作者，在蔚然的科技霞光喷薄而出之际，都应当对科研不端行为保持应有的警惕，这样才能更好地迎接新科技革命的到来，为人类福祉、国家富强做出更大贡献。此为编写本书的主要目的。

本书编写组

2012年11月30日

目录

>>>>>

第一章 绪 论

科学活动作为人类探索自然的知识生产活动，不仅使我们对物质世界的认识更加深入和精确，而且从根本上改变了人类生存环境的整体面貌。伴随着科学技术实用性和有效性的显现，科研活动的整体图景也越来越为绝大多数的人群所认可和接受。在这个不断被强化的宏观图景中，科学知识被看做建立在事实和逻辑基础之上的客观知识，而科学工作者则肩负着探求客观世界真知和维护知识客观纯洁性的神圣使命，他们从大量可以观察到的事实中归纳出体现这些事实的定律，再从这些定律中演绎出相应的理论体系。定律随着观察的深入而得到改变或修正，理论也可以被思想上的革命推翻，代之以更具解释力的理论。随着这一“假说-演绎”体系的不断演进，科学知识的结构逐渐扩大，理论范式也随着对新事实的探索而更迭。在这一发展过程中，科学家的自律和同行评议系统极好地保证了科学活动成果的客观性和真实性，正如《伯克利物理学教程》中所指出的，“实验科学的伟大成就是由这样一些人取得的……他们有以下几个共同点：他们诚实，确实作了他们所记录的观察，并用一种让别人也能重复其实验或观察的方式发表自己的工作结果”①，这构成了科学活动显在的发展图式。

然而，从科学活动最早的岁月开始，赢得荣誉和博取同行的尊敬都是科学家从事科研活动的强大动力，这种动力引发了科学史上的优先权之争和不

① 布劳德·W，韦德·N. 2004. 背叛真理的人们. 上海：上海科技教育出版社：10.

符合科学活动内在精神气质的行为。自20世纪中期以来，随着科学技术的迅速发展及其对社会各方面影响的深入，社会对科学知识生产的投入规模与方式也发生了根本性的变化。在这个所谓的“后学院科学的生产模式”中，科学活动逐渐由科研工作者对世界纯粹的好奇和探索演变成为提供生存保障的职业化选择，科学研究逐渐与名望和利益交织在一起，人们的研究旨趣不再仅仅是从学术活动中获得精神性的满足，而更多的是追求个体丰厚的经济回报、良好的职业前景，以及社会地位和声誉等。科研设备的专门化、复杂化，以及知识的保密制度等因素使得重复试验和同行评议这些传统的纠错机制越来越难以有效地发挥作用，科研不端行为也逐渐超越了学术界内部的关切而演变成为广受关注的社会问题。20世纪80年代，美国政府对科研不端行为的关注和介入使科研活动由传统意识形态自律向公共政策约束转变。此后，由于欧美一些主要国家（美国、德国、丹麦、挪威等）先后发生科研不端行为，各国也开始界定科研不端行为的定义，建立科研不端行为应对机制和监管体系。在政府和科学界的共同努力下，对该问题的监督和管理正由传统科学界的内部自律逐渐演化成行政、法律和意识形态控制相结合的综合治理体系。

一、各国关于科研不端行为的界定

1. 美国对科研不端行为的定义

对科研不端行为的界定最早可以追溯到英国数学家巴比奇在《英格兰科学衰落的反思》一文中所进行的类型学探讨。而对其定义的正式尝试却始于20世纪80年代的美国。1986年，美国国家卫生研究院（NIH）在《国家卫生研究院项目资助和合同指南》中颁布了科研不端行为的临时定义。定义包含两个层面：一是在科研活动或报告科研成果的过程中的伪造、篡改和剽窃行为；二是在研究中违反联邦政府特殊规定的行为，如人类主体的保护和实验室动物福利等方面[①]。同一时期，美国国家科学基金会（NSF）在其法规（45 CFR Part 689）中也发布了“科学与工程研究中的不端行为”的定义，该定义与美国公共卫生部（PHS）的定义基本相同，但增加了“违反相关研究法规的行为”[①]。

1988年，美国公共卫生部对科研不端行为的定义进行了修订，将科研不端行为定义为“在建议、实施或报告研究时发生的捏造、篡改、剽窃、欺骗行为及严重背离科学共同体公认规则的其他行为，或者违反与研究行为相关的其他规定的行为”[①]。较之于1986年的临时性定义，该定义增加了科研活动中的欺骗行为，同时将定义由封闭转为开放。在经过科学界深入的内部讨论及公众评议之后，1989年美国公共卫生部在其颁布的法规（42 CFR Part 50）中，正式将科研不端行为定义为“在建议、实施和报告研究结果中的伪造、篡改、剽窃行为以及严重背离科学共同体公认准则的其他行为”[①]，该定义还进一步指出科研不端行为不包括诚实错误，以及在判断和解释数据过程中的诚实性差异。虽然该定义颁布前广泛地征求了意见，但是推出后还是引起了学术界和公众的广泛争议和讨论。尤其是定义的开放性使科研不端行为的边界模糊，学术界普遍担心会对科研方法的多样性和创新性产生不良影响，正如加利福尼亚大学伯克利分校分子与细胞生物学系教授霍华德·沙赫曼（Howard K. Schachman）批评道：“其他行为”这一概念“会引起过度膨胀的解释……可能阻碍能使科学取得重大进步但背离传统、高度创新的方法”[②]。1993年美国科研诚信委员会（CRI）的调查也表明，该定义主要存在两个方面的问题：一是对伪造、篡改和剽窃的标准没有进一步的说明，从而造成对其解释的多样性；二是“其他行为”的模糊性导致可操作性存在问题。由于该定义的争议，1992年美国国家科学院（NAS）在其报告《负责任的科学：确保研究过程中的诚信》中对科研不端行为进行了细分，采用了“三种行为模式”的定义方式，即将伪造、篡改和剽窃行为界定为科研不端行为，同时将违反研究事业传统价值标准的行为和可能危害研究过程的行为定义为有问题的研究行为（QRP），而将可能发生在科研情境中但又不为科学界所

① Price A R. 1994. Definitions and boundaries of research misconduct. The Journal of Higher Education，(5)：286-297.

② Schachman H K. 1993. What is misconduct in Science? Science，261 (5118)：148，149.

独有的行为定义为其他不端行为。该定义发布后同样遭到了广泛的批评，虽然该定义取消了科研不端行为的模糊性，但是定义中的其他不端行为的边界依然是模糊的，因此该定义同样缺少明确的可操作性①。1995年，美国科研诚信委员会在综合考虑了各种因素后，提出了主要原则加例子的定义模式，认为科研不端行为是“严重的不恰当行为，包括不正当地盗用他人的知识产权和成果，故意妨碍他人的研究过程，损害科学活动中的诚信。这些行为在建议、实施和报告科学研究，以及在评议他人的研究成果时是不道德的和不能接受的”②。该定义还对盗用、干预及歪曲进行了进一步的说明。

虽然这些定义并没有正式颁布实施，但却为美国20世纪90年代末期定义的整合和统一作了有益的探索。1996年，美国国家科学技术委员会（NSTC）和科技政策办公室（OSTP）开始着手建立统一的科研不端行为的联邦政策。美国国家科学技术委员会下属的基础科学委员会（CFS）成立了科研诚信工作组负责起草科研不端行为的政策草案。在经过长时间的审查和协商之后，政策草案于2000年年底定名为“关于科研不端行为的联邦政策”正式发布实施：首先，政策对科研不端的定义并没有采取美国国家科学院的“三种行为模式”的界定方法，也没有采用美国科研诚信委员会的“主要原则加例子”的建议，而是在公共卫生部1989年定义的基础上进行了较大幅度的调整，取消了短语“其他行为”，从而解决了1989年公共卫生部定义中“其他行为”的模糊性问题。其次，加强了对“捏造、篡改或剽窃”的具体解释，增强了定义的精确性和可操作性。最后，该定义第一次明确给出了科研不端行为的评判要素，通过“严重背离”、“故意、有意或不计后果”等规定明确了科研不端行为的性质，同时规定“举报应该通过证据优势证明”，从而确保了调查结论的正确性③。该定义推出后由于其清晰性和较强的可操作性而得到科研人员和科研活动管理者的广泛认可。在未采取强制措施的情况下，国家科学基金会、环境部、国防部（DOD）、国家航空航天局（NASA）等部门

① Panel on Scientific Responsibility and the Conduct of Research. 1992. Responsible Science: Ensuring the Integrity of the Research Process: Volume I. Washington: National Academy Press: 20-29.

② CRI. 1995. Integrity and Misconduct in Research. http://or.i dhhs.gov/documents/report-commission.pdf [2011-08-15].

③ Office of Science and Technology Policy. 2000. Federal policy on research misconduct, preamble for research misconduct policy. Federal Register, 65 (235): 76260-76262.

及绝大多数科研机构均以此为基础制定了自己的规章，从而使得美国科研不端行为的定义呈现出相对统一的状态。当然，由于需要考虑精确性和可操作性，所以联邦政府的统一定义只是确保科研活动真实有效的底线式规范，在具体的执行过程中，很多科研机构出于维护科研活动较高道德水准的考虑，采用了比联邦政府规定更为宽泛的定义，科研诚信办公室（ORI）2000 年所进行的调查显示，超过 50%的科研机构所制定的科研不端行为定义超出了联邦政府伪造、篡改和剽窃的界定范围，更多涵盖了诸如不恰当的署名、盗用他人的观点和创意、滥用科研基金和其他资源等有问题的研究行为①。

2. 其他国家对科研不端行为的定义

欧洲国家由于对科研不端行为问题的关注相对较晚，所以对该问题的探索也相对滞后。英国和德国并没有统一的国家机构和专门的法律法规对科研不端问题进行监管，而主要是由资助科学研究的理事会或基金会制定指导性的学术规范，基层科研机构依据这些指导性规范制定符合机构内部科研环境的准则，因此其科研不端行为的定义呈现出多样性和差异性的特征。德国马普学会根据其研究成果，将科研不端行为定义为三种主要类型，即虚假陈述、侵犯知识产权及妨碍他人研究工作的行为。虚假陈述主要包括伪造、篡改及在基金申请等中的不正确陈述；侵犯知识产权则包括剽窃他人的科研成果及科学见解、研究思路等，同时还包含盗用他人名义；妨碍他人研究工作则包括破坏研究工作及销毁原始数据的行为②。英国医学研究理事会在其《关于科研不端行为指控调查的政策和程序》中，将科研不端行为定义为在计划、实施和报告科研成果时的伪造、篡改和剽窃行为，以及在研究中蓄意或不计后果地违反科学界公认准则的行为，包括未遵守已有的规范而导致的给人类主体、其他动物及环境带来损害的行为，以及参与他人的该类行为③。2002

---

① HAL. 2011. The State of Research Integrity and Misconduct Policies in Canada. http://www.nserc-crsng.gc.ca/_doc/NSERC-CRSNG/HAL_Report_e.pdf [2011-03-05].

② MPG. 2011. Rules of Procedure in Cases of Suspected Scientific Misconduct. http://www.mpibpc.mpg.de/pdf/procedScientMisconduct.pdf [2011-03-15].

③ MRC. 2011. Policy and Procedures for Inquiring into Allegations of Scientific Misconduct. http://www.mrc.ac.uk [2011-09-25].

年，维康基金会也采用了与医学研究理事会相同的定义。2009 年，由七大研究理事会合作成立的英国研究理事会（RCUK）颁布了《关于良好研究行为管理的政策规范》，规范重点强调了科学研究中的不端行为，包括伪造、篡改、剽窃、失实陈述、对数据或原始材料的不当管理、违反谨慎的义务①。而由英国大学联盟建立的英国科研诚信办公室（UKRIO）也于 2008 年发布了科研不端行为的定义，包括伪造、篡改、剽窃及违反研究中已接受的原则和未能审慎从事研究工作的行为②。

1998 年，丹麦科研不端委员会制定了《科研不端委员会执行准则》，将科研不端行为界定为篡改和歪曲科学数据或对研究人员在研究中的作用的不实陈述的行为，包括篡改和虚构数据、主观取舍数据、剽窃他人成果、申请中的虚假信息等③。2005 年，科研不端委员会对执行准则进行了修订，科研不端行为主要指蓄意或不计后果地篡改、剽窃及对科学工作的失实陈述，不端类型从 9 种变成了 7 种③。在 2008 年的版本中，科研不端行为的定义进一步收缩为“在计划、实施和报告研究结果过程中的伪造、篡改、剽窃以及其他严重违反良好科学实践的行为”④。从其定义的演进历程可以看出，由于与美国采取同样的政府主导型的治理模式，科研不端行为的定义与具体的治理实践息息相关，所以其定义具有明显的狭义性和可操作性。北欧的其他国家一般也采用类似丹麦的政府主导式的治理模式，科研不端行为的定义也主要局限在传统的 FFP（伪造、篡改、剽窃）和其他严重背离科学界公认准则的行为中。此外，爱尔兰、瑞士等国也先后颁布了适合本国国情的科研不端行为的定义。总体而言，由于起步较晚，这些国家关于科研不端行为的定义均受到了美国的影响，加之研究传统和环境的不同，定义的范围存在一定的差异。

---

① RCUK. 2009. Policy and Code of Conduct on the Governance of Good Research Conduct. http://www.rcuk.ac.uk/Publications/researchers/Pages/grc.aspx [2011-09-25].

② UKRIO. 2008. Procedure for the Investigation of Misconduct in Research. http://www.ukrio.org/resources/UKRIO%20Procedure%20for%20the%20Investigation%20of%20Misconduct%20in%20Research.pdf [2011-05-20].

③ DCSD. 2006. Annual Report 2005. http://en.fi.dk/councils-commissions/the-danish-committees-on-scientific-dishonesty [2011-09-25].

④ DCSD. 2009. Executive Order on the Danish Committees on Scientific Dishonesty. http: en.fi.dk/acts/executive-order-ho.306-of-20-april-2009 [2011-01-25].

我国对科研不端行为界定的探讨始于20世纪80～90年代，2000年后，许多规范文本对科研不端行为作了界定。例如，2004年教育部社会科学委员会在其发布的《高等学校哲学社会科学研究学术规范（试行）》中规定“伪注、伪造、篡改文献和数据等，均属学术不端行为”[①]，2005年国家自然科学基金委员会在《对科学基金资助工作中不端行为的处理办法（试行）》中将科研不端行为定义为“违背科学道德或违反科学基金管理规章的行为”[②]，作为我国对科研不端行为正式定义的最早尝试，教育部社会科学委员会和国家自然科学基金委员会的定义与国际上已形成的共识相比还存在一定的差异，定义方式也较为笼统。2006年科学技术部（简称科技部）颁布了《国家科技计划实施中科研不端行为处理办法（试行）》，政策采用了概括和列举相结合的方式，将科研不端行为定义为“违反科学共同体公认的科研行为准则的行为”[③]，包括提供职称、简历以及研究基础等虚假信息，抄袭、剽窃他人科研成果，捏造或篡改科研数据等六大类。2007年中国科学院在《关于加强科研行为规范建设的意见》中规定科研不端行为是“研究和学术领域内的各种编造、造假、剽窃和其他违背科学共同体公认道德的行为”[④]，定义还详细列举了科研不端行为的六大类型，并强调对科研中非有意的错误和不足，对评价方法或结果的解释、判断错误等不属于科研不端行为。同一年中国科学技术协会（简称中国科协）也发布了科研不端行为的定义。2009年，教育部在《关于严肃处理高等学校学术不端行为的通知》中采用列举的方式将科研不端行为细化为针对所有研究领域的七大类行为，包括伪造、篡改、剽窃、侵占他人学术成果、不当署名等。从已出台的规范政策看来，我国对科研不端行为的界定逐渐呈现出具体化和明细化的特点，这表明相关政府部门和科学界对科研不端行为的认识正逐步达成共识，并且开始考虑到不端行为处理中对

---

① 教育部关于印发教育部社会科学委员会《高等学校哲学社会科学研究学术规范（试行）》的通知 . http://www.moe.gov.cn/publicfiles/business/htmlfiles/moe/s3103/201001/xxgk_80540.html [2012-01-05].

② 国家自然科学基金委员会监督委员会对科学基金资助工作中不端行为的处理办法（试行）. http://www.nsfc.gov.cn/nsfc/cen/00/its/nsfc990916/20050526_001.html [2012-01-05].

③ 科学技术部令第11号《国家科技计划实施中科研不端行为处理办法（试行）》. http://www.most.gov.cn/fggw/bmgz/200611/t20061110_53413.htm [2012-01-05].

④ 中国科学院关于加强科研行为规范建设的意见 . http://www.cas.cn/jzd/jys/jyszt/zkybb-gykxlnxy/gykxlnxy/200702/t20070226_1682730.shtml [2012-01-05].

定义的操作性的需要。总体而言，我国各部门对科研不端行为已经达成共识，但具体界定在内涵和外延上还有一定差异。此外，有些部门的定义尚不够明确，缺乏可操作性和程序化，这是我国科研不端行为治理体系建设过程中所面临的主要问题。

二、各国关于科研不端行为的监管举措

1. 美国关于科研不端行为的监管机制建设

随着现代科学研究模式的转型及受美国社会环境的影响，作为政府资助的科学活动受到了政府和公众的广泛关注，20 世纪 70～80 年代美国科研不端事件的连续披露，使美国政府意识到传统自律性的科研行为控制模式失去了原有的作用，美国政府开始了建立科研不端行为治理体系的探索。1982 年，美国大学联盟（AAU）的科研诚信委员会在其报告中首次提出要建立相应的制度和程序以确保科研活动的良好标准，美国医学院协会（AAMC）在其发布的《维护研究中的良好行为标准》的报告中也针对科研人员不端行为的处理给出了相应的原则和建议。1985 年，美国国会制定并通过了《公共卫生拓展法案》，首次对科研不端行为进行了临时的界定，同时要求学术机构制定相应的政策规范对该问题进行治理，并将机构是否拥有科研不端行为的治理程序作为接受资助的条件之一。此外，该法案还就科研机构不端行为处理报告的评审和相关案例的披露做出明确的规定①。随后，作为对科研不端行为正式监管的第一步，美国公共卫生部于 1986 年在《国家卫生研究院项目资助和合同指南》中颁布了科研不端行为的治理政策，界定了科研不端行为的定义，制定了质询、调查和裁决科研不端行为的程序等②。1987 年，美国国家科学基金会也制定了正式的《科学和工程研究中的不端行为》政策（45

① The United States Congress. 1985. Health Research Extension Act of 1985. Public Law 99-158, NOV. 20.

② DHHS. 1986. Polices and Procedures for Dealing with Possible Misconduct in Science. NIH Guide for Grants and Contracts. http：//grants. nih. gov/grants/guide/historical/1986-07-18. Vol15，No. 11. pdf [1986-07-18].

CFR Part 689)，对美国公共卫生部的科研不端行为的定义作了相应的扩充，同时要求接受联邦政府经费的研究机构制定相关的条例，调查被举报的案例并向联邦政府提交调查报告①。20世纪70～80年代科研不端行为案例的连续披露，以及这些政策和规范的制定，使得人们在加强科研不端行为的管理上逐渐达成了共识，此后美国建立科研不端行为监管机制的步伐进一步加快。

虽然美国公共卫生部和国家科学基金会等部门都进行了相应的实践探索，但是早期各部门的规范在科研不端行为的界定和处理方面均存在着较为明显的差异。这不仅给科研不端问题的处理带来了较多的问题，而且也违背了公正性原则。为加强科研不端行为调查和处理的规范性，自20世纪90年代起，美国联邦政府开始探索调查科研不端行为和处理政策规范化的途径。1990年，美国科技政策办公室成立了一个多部门联合的委员会，为联邦政府各部门制定科研不端行为的政策范本，但这次早期的努力随着美国行政政权的更迭而告终。1993年，美国国会又组建了包括科研人员、律师、伦理学家等在内的科研诚信委员会继续对该问题进行探索。在其1995年的报告中，科研诚信委员会认为有必要制定统一的科研不端行为的定义，但在是否需要统一的政策和程序方面并没有多少进展②。1996年，国家科学技术委员会下属的美国基础科学委员会又联合农业部（USDA）、国防部、国家航空航天局、国家卫生研究院等部门成立了科研诚信专门小组为政府部门和接受联邦资助的研究机构制定统一的关于不端行为的定义和处理程序。1996年12月，该工作组的政策草案被呈交给国家科学技术委员会进行审议。经过广泛的意见征集及长时间的审查和协商之后，1999年5月，该政策草案得到国家科学技术委员会的一致认可②，2000年年底定名为“关于科研不端行为的联邦政策”并正式发布实施。该政策分为六个部分：第一部分规定了科研不端行为的定义；第二部分明确了科研不端行为的评判依据；第三部分则是政府部门和科研机构各自的职责，政策规定政府部门拥有对其资助研究的最终审查权，研究机构则有承担科研不端行为的发现和预防的首要责任，同时需要对本单位的科

① Misconduct in Science and Engineering: Final Regulations, 45 CFR Part 689. Federal Register, 52, 24466-24470.

② Francis S. 1999. Developing a Federal Policy on Research Misconduct. 1995. Science and Engineering Ethics, 5: 261-267.

研不端行为的指控进行质询、调查和裁决；第四部分对指控者和被指控者的保护做出了规定，同时规定了不同环节的时限；第五部分主要是科研不端行为的处理方法；第六部分则强调了不限制科研机构或其他组织颁布附加的不端政策及伦理准则，该条款意在鼓励科研机构以政策为基础，依据自身的实际情况颁布科研不端行为的治理政策①。《关于科研不端行为的联邦政策》的正式生效，标志着美国科研不端行为治理的规范化和统一化，而该政策也成为美国主要科研机构和学术团体制定自身政策和指南的基础，各主要的研究机构均以政策为范本，制定或修订了自身的相关规范。此外，联邦政府还颁布了关于实验人体保护、实验动物保护、利益冲突、数据管理等多方面的政策法规。

除了制定相应的政策规范之外，美国还构建了较为完善的层级监管机制。美国科技政策办公室作为顶层机构发挥整体协调作用，而科研诚信办公室和国家科学基金总监察长办公室（OIG）则作为政府部门的监管机构发挥审查和监督的职能。其中科研诚信办公室目前已经发展成为国际著名的科研不端行为的防治机构，在国际合作应对科研不端行为方面发挥了重要的作用。该机构的前身是国家卫生研究院成立的科学诚信办公室（OSI）和科学诚信审查办公室（OSIR）。前者的主要职能是监管美国公共卫生部所资助的科研机构贯彻和执行科研不端行为政策和程序的情况，后者主要负责制定公共卫生部关于科研不端行为的所有政策和执行程序，同时对科学诚信办公室科研不端行为的调查报告进行审核。1992 年，两个部门合并组建了科研诚信办公室，其职能包括举报、调查和监督科研不端行为，制定应对科研不端行为的方针政策和具体措施，此外，科研诚信办公室还与大学、学会和专业团体广泛合作以开展诚信和伦理教育研究②。20 世纪 90 年代以后，主要的研究型大学、科研机构及相关专业共同体也相继成立了基层执行机构，从而构成了美国科技政策办公室等顶层协调机构、联邦政府部门的独立监管机构以及基层科研单位的具体执行机构相结合的较为完善的监管体系，为美国科研不端行为的预防和治理奠定了良好的基础。

---

① Office of Science and Technology Policy. 2000. Federal policy on research misconduct, preamble for research misconduct policy. Federal Register, 65（235）：76260-76262.

② Historical Background. 2011. http：//ori. hhs. gov/about/history. shtml.

2. 其他国家关于科研不端行为的监管机制建设

虽然美国自20世纪80年代起就开始加强对科研不端行为的监督和治理，但由于科研活动较为活跃的其他国家并没有发生较有影响力的科研不端事件，所以科学界倾向于认为科研不端行为是美国所特有的现象，而制定相应的规范将会破坏科学活动的公共形象。正如当时在德意志研究联合会（DFG）中任职的埃泽尔博士所说，"准备这样的对策有点夸张，有人认为这样会导致研究者无法进行正常的思考和数据的处理。公开谈论不端行为的问题，可能会破坏科学在一般公众心中的形象"[①]。然而随着20世纪90年代英国、德国、丹麦等国科研不端事件的发生，各国也逐渐开始探索建立科研不端行为的监管机制。

1992年，丹麦在其医学研究理事会下建立了科研不端委员会，该委员会于1999年划归新成立的丹麦科学技术与创新部管理。该机构是丹麦调查和处理科研不端行为的最高国家机构，下设三个子委员会，分别是健康和医学科研不端委员会，自然、技术和生产科学委员会，文化和社会科学委员会，涵盖了全部的科学研究领域。委员会主席由一名最高法院法官担任，其他6名成员及6名候补者则由来自各研究领域的知名研究人员担任。委员会主要对重大的科研不端行为进行调查和处理。与其他国家被动型处理模式不同，只要委员会认定案例对社会利益或对人类或动物的保护具有重要意义，无论是否有控方，委员会都会开展调查，对涉及违反法律的案例则移交相应的司法部门进行处理[②]。1998年，丹麦科研不端委员会制定了《科研不端（管理）委员会执行准则》，明确了委员会的构成、科研不端行为的定义、指控调查的一般程序、处罚措施等[③]，该准则分别在2005年和2008年进行了两次修订，在丹麦科研不端行为的治理中发挥了重要的指导作用。此外，促进良好的科研实践也是委员会的重要职责之一，委员会除出版年度报告外，还出版了《良好实践指南》等诚信教育读物以促进良好科研氛围的形成。

---

① Eser A. 1998. Misconduct in science：a German lesson. European Journal of Health Law，5：85-87.

② 任洪波．2007. 美国和丹麦的科研诚信．全球科技经济瞭望，(3)：62-64.

③ DCSD. 2011. Annual Report. 2005. http：//en. fi. dk/councils-commissions/the-danish-committees-on-scientific-dishonesty [2011-09-25].

与美国和丹麦等国不同，研究自由在德国受到宪法的保护，加上严谨的学风和良好的自律意识，在20世纪90年代中期以前德国并未像美国那样发生严重的科研不端事件，德国各学术团体和机构也未建立科研不端行为的应对机制。但这并不意味着对科研不端行为的监管是完全的真空，作为一个典型的法治国家，德国的刑法、民法、高等教育法等相关法律中均有一些细致的、操作性较强的条款对科研不端行为进行约束，如德国刑法对伪造数据、科研活动中的欺诈行为、因伪造篡改数据而造成对其他主体的伤害等行为均做出了明确的界定，版权法和民法则对剽窃他人成果或创意的认定和处理做出了规定，高等教育法则详细阐述了作者的署名原则，相关法律还规定了针对科研不端行为的制裁措施①。

虽然德国的法律在科研活动过程中也能发挥其惩戒作用，但是在实际的执行中还存在着举证难度大、处理进程缓慢等诸多问题。赫尔曼-布拉赫事件的曝光也证实了仅仅依靠法律并不足以防止不端行为的发生，因此借鉴美国等其他国家的经验，从学术共同体内部进行监管就成为相关体系建设的必然需求。德国最早尝试进行科研不端治理体系建设的组织就是德意志研究联合会。1992年，该组织就开始由执行委员会对科研不端行为的处理机制进行探索。当出现科研不端行为指控时，首先由德意志研究联合会中心办公室中负责相关问题的理事对指控进行审查，同时告知涉案有关各方并进行协调处理。如果审查表明科研不端行为有可能发生或未达成协商的解决办法，案例将被提交至德意志研究联合会资助委员会的下属委员会进行审查，在为涉案各方提供举证的机会之后，该委员会将对案例进行裁定的同时向资助委员会提出处罚建议，并由资助委员会进行相应的制裁①。

1997年，在震惊世界的赫尔曼-布拉赫事件发生之后，德意志研究联合会成立了由国外知名学者参加的12人职业自律国家委员会，从科研体制上研究不端行为产生的原因，调查科学界自律的作用，从而为解决科研不端问题提供建议。该委员会在吸取他国经验的基础上对德国的情况进行了详尽的考察，于1997年年底提交了《关于保障良好科学行为的建议》，提出了涵盖良好科学行为的主要原则以及科研不端行为指控调查程序的16项建议，要求各

---

① Stegemann-Bochl S. 2000. Misconduct in science and The German law. science and Engineering Ethics，6：57-62.

大学和科研机构确立良好科学行为的规则，制定处理科研不端行为指控的程序，建立相应组织架构，同时还就科研人员培养、数据保存、作者资格的确定、基金使用等具体问题做出规定。虽然该建议并不是一个强制性的规范，但其发布后很快就为德国主要科研团体和科研机构所接受，成为德国科研体系的核心部分。德国另一个重要的学术研究组织——马克斯·普朗克学会（MPS，马普学会）也在该建议的指导下制定了更为具体和简洁的规范，在良好科学行为的原则、科研不端行为的处理程序、不端行为的认定、可能的制裁措施等方面做出详细的规定。随后，德意志研究联合会和各相关学术机构开始建立协调员制度，同时根据各自领域的不同特点建立处理科研不端行为的政策和指南，对监管机构的设立、调查程序、制裁措施等做出明确的规定，目前，德国所有的大学和科研机构均建立和实施了相应的监管政策①。

英国虽然与德国一样采取了由资助机构和学术团体所主导的科研不端行为治理模式，但并没有一个权威的资助机构自上而下地推动科研诚信体系建设。英国科研诚信体系建设经历了各研究团体分散探索时期和协作整合时期两个主要阶段。20 世纪 90 年代皮尔斯事件发生后，英国医学研究理事会（MRC）发布了一系列涉及生物医学伦理和良好科学实践的报告，在此基础上，1997 年，该理事会正式发布了《关于科研不端行为指控调查的政策和程序》，该规范将科研不端行为的调查程序分为质询、证据评估、调查和处理四个阶段，同时给出了各阶段具体的做法②。2000 年，医学研究理事会还出版了《良好科学行为》的指南，该指南总结了良好科学行为的关键因素，列出了在设计和实施研究过程中所应遵循的原则，包括研究的设计执行、数据的记录保存、研究结果的出版和开发利用方面的具体原则，为研究人员和研究机构提供了良好的指导。此后，生物技术与生物科学研究理事会（BBSRC）、工程与自然科学研究理事会（EPSRC）、经济与社会研究理事会（ESRC）等组织均发布了关于科研诚信及良好科研实践的指南。同期英国最大的医学研究资助基金维康基金会（Wellcome Trust）以及出版伦理委员

① ESF. 2008. Stewards of Integrity：Institutional Approaches to Promote and Safeguard Good Research Practice in Europe. www. esf. org [2011-03-15].

② MRC. 1997. Policy and Procedures for Inquiring into Allegations of Scientific Misconduct. http：//www. mrc. ac. uk [2011-06-25].

会（COPE）也对科研不端行为的治理进行了探索。2005 年以后，针对不同组织间规范的差异性和多样性的问题，各学术团体协作整合的趋势日趋明显，其中最重要的标志就是英国研究理事会（RCUK）和英国科研诚信办公室的成立与相关工作的开展。2009 年，由英国七个研究理事会所组成的战略合作组织英国研究理事会颁布了《关于良好研究行为管理的政策规范》，该规范包括针对良好科研行为的管理指南、良好科研行为规范、科研不端行为报告和调查指南。在良好科研行为管理指南中，英国研究理事会要求研究机构建立良好的管理体系以保持科学研究水平。良好科研行为规范重点强调了科学研究中不端行为的界定。科研不端行为报告和调查指南则对整个不端行为的调查处理程序做出了明确的规定①。由英国大学联盟所建立的英国科研诚信办公室于 2008 年发布了《科研不端行为调查程序》，除了对调查程序做出规定外，该手册还包含了科学研究所应遵循的原则、科研不端行为的定义、审查小组的运作、正式调查的流程图等内容②。近两年来，英国科研诚信办公室还努力加强与英国研究理事会及其他学术团体的合作，试图整合英国各学术机构关于科研诚信和科研不端行为的政策、规范和指南，目前该工作还在进行中。

随着科研不端行为在世界范围内的广泛发生，其他国家也都围绕本国的研究环境进行科研不端行为治理体系的探索。加拿大三大学术理事会联合颁布了《关于研究与学术诚信的政策》，该政策目前已成为该国维护科研诚信、处理科研不端行为的纲领性文件。芬兰成立了科研道德国家顾问委员会以推进本国科研道德建设，同时制定并修订了《良好科研规范及科研不端和欺诈行为的处理程序》，界定了科研欺诈和科研不端行为的定义，规定了违规行为的处理程序。2006 年 6 月，挪威颁布了《研究中的伦理与诚信》法案，该法案的目的是确保挪威公共和私人研究机构所从事的研究活动符合既有的伦理标准，法案界定了科研不端行为的定义，同时授权成立科研不端行为国家调查委员会，该委员会享有对研究活动进行调查和报告的最高权力。瑞典研究

---

① RCUK. 2009. Policy and Code of Conduct on the Governance of Good Research Conduct. http://www.rcuk.ac.uk/Publications/researchers/Pages/grc.aspx [2011-09-25].

② UKRIO. 2008. Procedure for the Investigation of Misconduct in Research. http://www.ukrio.org/resources/UKRIO%20Procedure%20for%20the%20Investigation%20of%20Misconduct%20in%20Research.pdf [2011-05-20].

理事会（SRC）于2003年成立了特别专家组以负责调查科研不端行为的指控，同时成立了伦理委员会以对研究中出现的伦理问题提供咨询。澳大利亚研究理事会（ARC）、国家健康和医学研究理事会（NHMRC）和校长委员会（AVCC）共同发布了《澳大利亚负责任科研行为规范》，该规范对科研活动中的数据管理、结果发表等做出详细的规定，制定了科研不端行为的定义和处理程序，并强调了研究机构所要承担的重要责任。随着日本多比良和诚事件、姐齿秀次事件及韩国的黄禹锡事件的发生，日本、韩国均开始了科研不端监管体系的建设。2005年，日本学术会议（SCJ）发表了《科学研究中不端行为的现状与对策报告》，2006年公布了《科学工作者行为规范》；2006年日本综合科学技术会议公布了《关于切实应对科研不端行为的意见》。文部科学省也颁布了《日本应对科研不端行为的指导方针》，该方针由两部分构成，第一部分阐述了科学研究的原则、科研不端行为的定义以及引发科研不端行为的背景等因素，第二部分则对科研不端行为的投诉受理、调查、认定以及处理措施等方面进行了详细的规定。韩国科技部也于2006年出台了《关于国家研发事业中确保研究伦理和真实性的准则》，详细规定了对科研不端行为的查处程序以及相关机构的基本职责。

在我国，1998年中国工程院颁布了《中国工程院院士科学道德行为准则》。1999年科技部、教育部、中国科学院等五部门联合制定了《关于科技工作者行为准则的若干意见》。2005年，国家自然科学基金委员会颁发了《对科学基金资助工作中不端行为的处理办法（试行）》①。2006年，科技部出台了《国家科技计划实施中科研不端行为处理办法（试行）》②。2007年中国科学院颁布了《关于加强科研行为规范建设的意见》③。教育部在2006年《关于加强学术道德建设的若干意见》的基础上于2009年发布了《关于严肃处理高等学校学术不端行为的通知》④。此外，中国科协也出台了关于科学道

① 国家自然科学基金委员会监督委员会对科学基金资助工作中不端行为的处理办法（试行）. http://www.nsfc.gov.cn/nsfc/cen/00/its/nsfc990916/20050526_001.html [2012-01-05].

② 科学技术部令第11号《国家科技计划实施中科研不端行为处理办法（试行）》. http://www.most.gov.cn/fggw/bmgz/200611/t20061110_53413.htm [2012-01-05].

③ 中国科学院关于加强科研行为规范建设的意见. http://www.cas.cn/jzd/jys/jyszt/zkybb-gykxlnxy/gykxlnxy/200702/t20070226_1682730.shtml [2012-01-05].

④ 教育部关于严肃处理高等学校学术不端行为的通知. http://www.gov.cn/gzdt/2009-03/21/content_1264527.htm [2012-01-05].

德的规范。

各部委在颁布规范的同时，也开始了管理的组织建设。1998年，国家自然科学基金委员会成立了监督委员会，旨在维护科学基金制的公正性、科学性和科技工作者的权益，弘扬科研道德，营造有利于科技创新和科学基金事业健康发展的环境和氛围，其主要职责是对基金的申请、评审、管理以及实施等进行监督，接受并处理相应的投诉和举报，并负责相关制度的制定和科研诚信的教育宣传工作。进入21世纪后，各主要部委也都开始建立自己的组织机构。科技部成立了科研诚信办公室，负责科研不端行为指控的接受、转达、协助调查处理等工作，此外还承担推动项目主持机关和承担单位的科研诚信建设。中国科协成立了科技工作者道德与权益专门委员会，主要负责调查研究科技界存在的学术不端行为和学术研究中的浮躁现象，促进科学道德建设规范化、制度化。中国科学院设立了科研道德委员会，主要受理重大科学不端行为的投诉，对科研不端行为的处理进行协调和仲裁，必要时可以进行调查和处理，同时负责相关规范的制定和修订。教育部则先后成立了社会科学委员会学风建设委员会和科学技术委员会学风建设委员会，两个委员会均致力于总结和推广学风建设的典型经验，同时通过多种途径为科研不端行为案例的处理提出参考性的意见。2009年，教育部又成立了由教育部副部长和各司负责人为主要成员的学风建设协调小组。为增进各部委之间关于科研诚信建设的协调和交流，从而在制度建设、宣传教育和监督等方面形成合力，形成良好的科研诚信整体氛围，科技部联合教育部、中国科学院、中国工程院、国家自然科学基金委员会、中国科协等部门于2007年建立了科研诚信建设联席会议制度。联席会议主要负责研究制定科研诚信的重大政策，监督和协调政策和任务的实施以及全国科研诚信建设工作的指导。联席会议自成立以来，已制定了关于加强我国科研诚信建设的意见，出版了《科研活动诚信指南》和《科研诚信知识读本》，进一步推动了我国的科研诚信和科研道德建设。

总体而言，目前各国均已开始关注科研不端行为，着手建立和完善科研不端问题的监督和处理机制。作为最早对科研不端行为进行关注的国家，美国目前已经初步建成了层次清晰、相互协调的监管体系和覆盖范围广泛、内容规范的科研诚信教育体系。英国、德国等国建立了以资助机构和学术团体为指导，以基层科研单位为主体的科研不端行为监管模式，从而使其在确保学术自由，维护学术创新以及适应科研活动变化，加强科研不端行为治理体系建设等方面具有一定的优势。亚洲国家虽然对科研不端行为的关注稍晚，但在组织制度建设等方面已有了较大的发展。随着科研活动国际交流与合作的日益增多，进入21世纪以后，各国政府和学术界开始探讨合作应对科研不端行为的机制，国际出版伦理委员会（COPE）、欧洲基金会（ESF）、经济合作与发展组织（OECD）等均围绕这一主题进行了大量有益的探索，但因该工作还处于起步阶段，同时由于国家主权、政治制度、法律权限等因素的制约，国际组织的作用还主要集中在沟通协调和宣传引导等方面。

三、科研不端行为的主要表现形式

19世纪以前，科学家从事科学研究的对象和问题主要取决于研究者个人的偏好。20世纪中期以来，随着科学技术与社会的联系和互动日益紧密，科学研究逐渐成为高度集约的社会化活动，社会对科学知识生产的投入规模与方式也发生了根本性的变化，以课题或项目为中心的研究模式逐渐成为现代科学研究的主要模式。现代科研活动的总体过程大致可以分为课题立项、课题实施、成果形成、成果审查以及成果发表等五个主要环节，每个环节都有可能发生科研不端行为。

1. 科研项目申请阶段的不端行为

随着科研活动评价方式的变化，科研项目的数量、层次等不仅是衡量科研机构和科研人员科研水平的主要标志，而且也成为其是否能进一步获得学术竞争性资源的重要依据。伴随着对学术资源的激烈竞争，项目申请过程中的不端行为也逐渐增多，主要表现为以下三种形式。

一是夸大科研项目的意义和价值的行为。科研项目的意义和价值反映出对知识产出的贡献及对社会进步的影响。对其进行恰当的评价彰显出科研工作者实事求是的态度。然而，现在许多科研工作者为增加项目获取资助的可能性，对项目的意义和价值做出不恰当的过高评价。2006年年初披露的“汉芯”造假事件中，陈进用所谓的“汉芯系列DSP”蒙骗科技部申报了国家某计划项目，蒙骗中国人民解放军总装备部申报了武器装备技术创新项目，在其宣传材料上竟然写道“两年跨越二十年，汉芯DSP将取代美国TI公司的高端DSP”①，然而后来的调查表明“汉芯”只是一场彻头彻尾的骗局。

二是项目申请阶段的剽窃行为，主要是指未经他人允许而把别人的学术思想或研究方案纳入自己的项目申请书中。2001年12月10日，美国科研诚信办公室对得克萨斯大学休斯敦健康科学中心助理教授熊黑森博士剽窃、造假一案的调查结果和处理决定进行了披露，该研究人员承认，在提交给美国国家卫生研究院的项目申请报告中剽窃了他人提交给自己审核的经费申请报告的内容②。

三是项目申请阶段的伪造，包括伪造前期的研究成果以及研究人员申报信息的行为。1993年在我国披露的首例科研不端行为案例中，李富斌为成功申请国家自然科学基金，提供了长达51篇的科研论文发表目录对其科研能力进行支撑。然而经调查发现，其所列的文献中有19篇英文文献和6篇中文文献是根据其自身的猜测虚构的③。而伪造研究人员申报信息主要包括伪造项目组成员、成员学历和职称等信息，以及伪造他人签名等。

2. 科研项目实施阶段的不端行为

科研项目的实施就是项目获得批准后所进行的文献调研、实验设计、实验操作的过程。这一阶段的不端行为主要指在科研项目已经得到批准立项，但在实施过程中，研究团队并没有按项目申请书的承诺进行科研活动，出现一系列背离科研初衷的行为，主要包括以下三个方面。

一是实验主体的变更，即项目执行人在项目进行的过程中由于各种因素而委托项目组之外的人员代为实施项目的行为。一般而言，受某些不可抗力的影响，如项目执行人去世等原因而发生的实验主体变更的情况，或是在成

---

① 冯雪．2007．2006中国十大科技骗局：“汉芯一号”中国造．http：//www.kpcn.org/news/Read.asp? NewsID=9440&kpcn=.7055475［2008-05-26］.

② 李鹏．2007．国外学术腐败案如何了结．教育情报参考，(11)：12.

③ 卞文山．1993．李富斌剽窃他人科研成果事件的调查报告．中国科学基金，(2)：131.

果发表时给予受委托人恰当的承认并不必然构成科研不端行为。但在以课题或项目为主导的现代科研情境中，某些学者利用自己已有的学术资源取得相关项目后，由于公务繁忙等因素不能亲自去作具体研究，就会把项目分解委托给项目组之外的科研人员实施，而对实施的过程和结果没有进行仔细的监管和审核，从而造成科研不端行为的发生。

二是项目实施过程中的伪造，即伪造实验样本及相关实验活动的行为。例如，日本的考古学家藤村新一则采用自埋自挖的方式伪造考古标本，制造了多起“重大发现”，后经日本考古协会特别委员会调查发现，由藤村新一参与的 162 处旧石器遗迹挖掘属捏造[①]。2005 年黄禹锡事件被披露后，首尔大学组织的专案组对其科研成果进行调查发现，黄禹锡和他的团队将 2 个干细胞数据夸大为 11 个，其余 9 个干细胞的所有数据均系编造，黄禹锡和他的团队并未进行相关工作[②]。

三是科研经费的不当使用，主要是指在项目实施过程中浪费、滥用和挪用科研经费的行为。美国佛蒙特州立大学医学院教授埃里克·珀尔曼通过伪造研究数据的方法发表了大量的关于更年期、老龄化的学术论文，并以此从联邦政府非法获取、使用科研资金近 300 万美元。2005 年，他遭到重罪指控，最终被判入狱 1 年零 1 天[③]。2005 年在黄禹锡造假案被披露后，韩国监察院调查结果显示，在 2001 年 6 月至 2005 年 11 月，黄禹锡向多名政界人士提供政治捐款 5490 万韩元（5.9 万美元），同时还把 1400 多万韩元（1.5 万美元）的礼物送给赞助企业高层[④]。在我国，科研经费的不当使用更是一个相当普遍的问题。据新华社报道，某省 2006 年度在对高校科研经费使用情况的审计报告中披露，直接用于课题研究的费用开支仅占 40.5%[⑤]，而管理费用、人员经费等开支占到了近 60%，这些无疑都将弱化科研项目的完成质量。

---

① 管克江．2000-11-10. 施展“魔手”自埋自挖，编造日本历史“神话”．环球时报，第 2 版．

② 张利．2006-01-11. 黄禹锡干细胞研究成果，全是造假．新华每日电讯，7.

③ Dahlberg J E，Christian C M. 2006. The Poehlman case：running away from the truth. Science and Engineering Ethics，(12)：159.

④ 赵卓昀．2006-05-13. 黄禹锡被控欺诈及挪用公款．新华每日电讯，4.

⑤ 李红军．2007. 科研经费的“筐”．中国经济信息，(16)：23.

3. 科研成果形成阶段的不端行为

科研成果形成阶段主要是指科研活动的数据搜集、整理直至形成学术成果的过程。该阶段的不端行为主要指在科研成果的形成过程中，不以确实作过的观察、实验为依据而是用作假的手段获得“成果”的行为。这一阶段科研活动不端行为发生率相当高，对公共知识生产的危害也是最大的。

科研成果形成阶段主要的科研不端行为主要有两种。一种是伪造实验数据，即科研工作者为了使结果支持自己的假设，或为了附和某些已有研究结果，不以或不完全以实际观察和实验中所取得的真实数据为得到理论或验证假说的依据，而是用主观取舍、篡改甚至是编造数据（包括可数量化的图表、曲线等）等手段有意“制造”成果的行为，包括为了支持自身的假说或理论而进行的主观取舍数据行为，对实验取得的原始数据部分或全部进行修改并作为研究成果公开发表的行为，完全不借助观察实验而是根据自己的经验和已有理论凭空捏造、纯粹杜撰数据的行为等。

科研成果形成阶段的另一种科研不端行为就是剽窃，即直接、公开地使用别人的观察结果、实验记录与实验数据、原始性思想与语言等而不予承认的行为。它是科研领域出现频率较高的一种不端行为。就目前的学术不端行为的具体案例来看，剽窃行为主要涉及以下四类。

一是直接剽窃，主要是指将他人已发表过的论文全部抄袭发表或对他人某篇或数篇已发表的论文稍加修改、综合后得到的论文作为自己的成果发表的行为。1990 年，中国矿业大学教师李富斌就曾直接剽窃他人论文并在 3 家国外学报、杂志上发表，他将土耳其安卡拉大学爱丁教授和艾马尔教授的论文名称“欧几里得超对称与相对论二体系统”更改为“标量粒子和旋量粒子的非相对论超对称二体方程”后发表于《瑞士物理学报》上，又将马默、赛缪尔等人的论文标题“经典相对论粒子非相互作用定理与格拉斯曼内坐标”改为“在直接相互作用中 N 个相对论粒子的非相互作用定理的证明”后提交给美国《数学物理杂志》，并得以发表①。

① 卞文山．1993．李富斌剽窃他人科研成果事件的调查报告．中国科学基金，(2)：131.

二是间接剽窃，主要是指将他人未发表的实验思想、实验方法甚至数据等实质性内容窃为己有，并在此基础上写成论文正式发表的行为。1997 年曝光的胡黎明事件的调查表明，他将国外科学家送他阅读的尚未公开发表的论文的精彩内容据为己有，再加上其他科学家的专著内容，拼凑成了自己的博士学位论文[①]。

三是隐含剽窃，指在别人工作的重要启发下，完全以自己确实的观察实验做出了进一步确有新意的研究工作，但在成果发表时，没有给予他人应得的承认和致谢的行为。这种行为在具体的科研情境中往往导致科研人员在接受科学共同体的荣誉时，隐含地得到了本该属于他人的那一部分荣誉。因此，对另一个研究人员没有给予应有的致谢就构成了对他人工作的轻度盗窃。

四是自我剽窃，即论文作者使用自己已发表论文的相关文本或是对已发表论文进行改写，改变内容的组合方式并重复发表的行为。这种行为不仅会造成已有出版资源的浪费，而且会造成科研人员的冗余阅读，降低科研活动的效率。

4. 科研成果审查阶段的不端行为

科研成果审查是科研评价系统发挥作用的重要领域，包括论文的同行评议和项目的专家鉴定两种主要形式。由于评价的主观性和复杂性等特点，这一阶段也常常表现出对科学共同体基本规范的严重背离行为。

首先是同行评议中的不端行为，主要是指评议中的非学术性因素及利益冲突。评议中的非学术性因素是指不仅仅将技术规范作为评价学术成果的唯一普适的依据，而是将个人的主观因素和社会属性纳入评价过程的行为，包括评议中光环效应及评议者的学术偏好等。利益冲突则主要是指评议者基于某一特定学术领域的专业判断，受到了来自其他个人利益的影响，从而造成结果的不公平现象。同行评议的利益冲突可以有多种类型，如经济利益冲突、职责冲突、人际关系冲突、竞争冲突等，如果没有匿名评审制度和健全的回

① 杨玉圣. 2004. 前车之鉴：晚近十大学案警示录. 社会科学论坛，(5)：36，37.

避制度，利益冲突会对申请人、评议人和资助机构之间的“契约”与信任关系造成极大的危害，进而危害整个科学共同体的利益。

其次是对科研成果本身的失实夸大，主要是指对某项科研成果做出超过其本身价值的过高评价的行为。例如，在对科研成果进行鉴定时，一味追求最高评语，甚至把一般科研成果定为“国际领先”地位，填补“国内空白”等。这些行为会对科研成果的接受和应用产生极大的负面影响，进而威胁科研活动在公众心目中的地位。

5. 科研成果发表阶段的不端行为

科研成果的发表不仅确立了研究者在该项研究中所作贡献的优先地位，同时也使得研究成果由少数评议者扩张到整个学术领域，从而使得研究成果可以得到进一步的确认和评价。因此，通过专业学术方式负责任的报告研究结果对科研工作者是非常重要的。然而，伴随着论文发表数量的急剧增多，这一阶段的学术不端行为也在不断增加。

一是科研成果的不当署名。署名权原本是科研论文作者文责自负的重要形式，对论文提过建议、给予过技术帮助或仅仅搜集过资料的人不能算是作者。另外，实际并未作过贡献的研究小组的领导或责任人也不应加入作者名单中，他们的作用只能在致谢中提及。然而在当今研究业绩至上的整体背景中，署名权的责任意义正逐渐淡化，基于切实贡献的署名行为正在朝礼节性署名、馈赠性署名以及照顾性署名的方向发展，而这都增加了科研不端行为发生和处理的复杂性。而在目前科研评议制度的压力下，通过经费捐助等形式“购买”某些论文的署名权也是一个较为普遍的现象。

二是侵占他人科研成果的行为。该行为主要是指拥有学术资源和行政权力的个人或集体为谋取局部利益而滥用权力占有他人研究成果的行为。在商业化大潮的冲击下，传统意义上的科研活动智力结合模式正转变为商业性交换模式。学科带头人或者研究活动的管理者往往会利用其所拥有的权力和在控制报酬和荣誉方面的影响力获取对下属科研成果的占有权。这无疑会影响基层科研人员的积极性，降低其自身的责任感，劣化科学研究的整体质量，最终给整个科技环境带来不良的影响。

三是不规范的发表行为。该行为包括论文的重复发表、拆分发表、一稿多投及以非正式方式发表成果的行为。随着研究成果的数量在科研考核体系中作用的凸显，部分研究人员为了尽快地获得同行承认，取得更高的职业地位，不惜采用超越常规的行为，把本可以作为一篇文章发表的成果拆成几个部分甚至写成系列文章在不同杂志上发表。这些文章之间有着很高的相关性，从而造成部分重叠，甚至重复发表的现象。也有些科研人员同时或在较短的时间内将同一篇论文或内容相似的论文投给两家或两家以上的学术期刊或其他学术论文出版机构，从而造成了一稿多投的行为。中国国家自然科学基金委员会在2005～2007年的四期简报中也披露了7例一稿多投的案件，占全部不端行为的11.86%①。在科研资源日益紧张的今天，一稿多投不仅浪费了有限的学术资源，同时也破坏了学术期刊和作者的良好声誉。以非正式方式公布研究结果是指科研工作者未通过科学共同体公认的标准程序和方式公布研究成果的行为，主要包括利用新闻发布会等非标准途径公布研究成果，为防止泄密而发布含糊甚至是错误的数据，以及未经确证就仓促公布研究结果等现象。就科学活动而言，除非有证据表明可能对社会或环境等方面造成不可预知的危害，科学界可以通过新闻媒体等形式及时发布相应的结果，否则在同行评议的学术期刊上发表论文和在学术会议上公开报告才是科研成果传播的标准途径。否则就有可能对科学同行产生误导，甚至造成科研资源的极大浪费。

参考资料

[1] DCSD. 2006. Annual Report. http://en.fi.dk/councils-commissions/the-danish-committees-on-scientific-dishonesty [2011-09-25].

[2] ESF. 2008. Stewards of Integrity: Institutional Approaches to Promote and Safeguard Good Research Practice in Europe. www.esf.org [2011-03-20].

[3] HAL. 2009. The State of Research Integrity and Misconduct Policies in Canada. http://www.nserc-crsng.gc.ca/_doc/NSERC-CRSNG/HAL_Report_e.pdf [2011-09-20].

① 资料来源于国家自然科学基金委员会监督委员会简报. http://www.nsfc.gov.cn/nsfc/cen/00/its/jiandu991013/jiandu2.html [2011-09-15].

[4] 布劳德·W，韦德·N.2004. 背叛真理的人们. 上海：上海科技教育出版社.
[5] 中国科学院.2009. 科研活动道德规范读本. 北京：科学出版社.
[6] 科学技术部国际合作司，中国科学技术信息研究所.2006. 国外科研诚信制度综述（内部资料）.
[7] 科学技术部. 中国科研诚信网. http：//www.sinori.cn/jsp/index.jsp [2012-01-05].

（撰稿人　胡剑）

第二章　极端不道德的塔斯基吉梅毒实验

>>>>>>

美国公共卫生部（U. S. Public Health Service）组织实施的塔斯基吉梅毒研究用数百名黑人男性做实验，利用他们的贫困和无知，采取欺骗的手段剥夺了这些受试者的知情同意权。为了跟踪研究那些未经治疗的黑人男性患者，以期发现梅毒自然病程的症状特征，研究人员不惜阻挠患者接受治疗。更加令人不能容忍的是，治疗梅毒的特效药青霉素问世以后，研究人员仍然拒绝给受试者治疗，眼睁睁地看着他们在极度痛苦中死去，从而获取相关的研究数据。在长达40年的时间里，塔斯基吉梅毒实验严重违背科学伦理，由此造成的恶劣影响至今无法消除。

一、塔斯基吉的黑人受试者被长期欺骗

1972年6月25日，美国《华盛顿星晚报》（*Washington Evening Star*）在头版头条刊发了美联社记者吉恩·海勒（Jean Heller）采写的报道《梅毒病人未经治疗地死掉》（*Syphilis Patients Died Untreated*），第一次将塔斯基吉梅毒实验的丑恶行径公之于众。第二天，包括《纽约时报》在内的所有美

国大报都对这一事件进行了报道①。这个持续40年之久，被认为是美国历史上最臭名昭著的医学研究之一的科研不端案件终于浮出水面，大白于天下②。

“塔斯基吉”原来是一个印第安部落的名字，它的意思是“战士”。后来，塔斯基吉自然地成为这个部落聚居地的名字，这个部落位于美国东南部的阿拉巴马州（Alabama）。“阿拉巴马”也来自印第安语，其意义为“披荆斩棘”、“打草拓荒者”。这些地名似乎在提醒人们，这里曾经是印第安人的家园。西方殖民主义者踏上美洲大陆以后，鸠占鹊巢，屠杀、驱赶印第安人，白人带着他们的黑奴来到这里定居下来。

北美独立战争（1775～1781年）以后，北方工业资本主义得到迅速发展，但是南方仍然是以种植业为主的奴隶制。南北战争（1861～1865年）中北方人一把火烧掉了南方奴隶主的棉花，也烧掉了南方腐朽落后、血腥野蛮的蓄奴制度。蓄奴制度虽然被废除了，但美国黑人并没有获得真正的解放，仍然遭受非常严重的种族歧视和种族迫害，生命和财产得不到保证。直到20世纪中期，塔斯基吉所在的阿拉巴马州一直是美国种族歧视最严重的州之一，黑人被剥夺了从事行政公职和接受高等教育的权利。塔斯基吉的黑人非常贫困，绝大多数人是文盲。1972年，塔斯基吉梅毒实验经媒体曝光后，很多黑人当事人仍然不知道自己被当做实验品利用，因为他们是文盲，从来不看报。他们起早贪黑地在棉田里劳作，得到的报酬却很少，无法得到良好的教育。当然，他们的医学知识也很匮乏，而且从来不看医生，生病了就忍受痛苦，或者等待死亡的到来。

1900年，居丽斯·罗森沃德基金（Julius Rosenwald Fund）开始为一项旨在促进塔斯基吉教育、医疗和经济发展的项目提供经费资助。华盛顿（Booker T. Washington）和莫廷（Robert Motin）先后担任该项目的负责人。在塔斯基吉，健康问题是主要的社会问题之一，而梅毒是健康的主要问题。据有关资料统计，当地育龄人群中有35%患有梅毒③。

---

① Heller J. 1972. Syphilis Victims in the U. S. Study Went Untreated for 40 Years. New York Times.

② Wikipedia. 2011. Tuskegee Syphilis Experiment. http：//en. wikipedia. org/wiki/Tuskegee _ syphilis _ experiment [2011-04-26].

③ CDC (Centers for Disease Control and Prevention) . 2009. U. S. Public Health Service Syphilis Study at Tuskegee. http：//www. cdc. gov/tuskegee/timeline. htm [2009-02-12].

在现代抗生素出现之前，梅毒的恐怖不仅在于其症状和传染性，还在于其难以治愈且治疗费用昂贵。很久以来，人们一直用昂贵的重金属，如汞、砷、铋治疗梅毒，疗效不佳。塔斯基吉地区用汞治疗梅毒，治愈率低于30%，治疗周期长达数月，而且产生很强的毒副作用，有时候能致人死亡。德国人发现一种砷的化合物也可以杀灭梅毒病原体，但这种剧毒的药物与汞一样危险。20世纪40年代青霉素问世以前，穷人根本没有任何应对梅毒的有效途径。诸如罗森沃德基金这样的慈善组织在塔斯基吉地区的工作不可能为当地穷困的黑人解决梅毒的问题，只能在一定程度上缓解梅毒的危害。

1929年爆发世界范围内的经济危机。当年10月，美国华尔街股市大崩盘，金融界遭受空前灾难。1931年，在经济大萧条的背景下，罗森沃德基金削减了对该发展项目的支持。由于缺乏资金，塔斯基吉梅毒研究和治疗的项目被迫中止。此时，美国公共卫生部性病科官员塔利亚费罗·克拉克（Taliaferro Clark）和莱蒙德·万德莱尔（Raymond Vonderlehr）决定跟踪研究那些未经治疗的黑人男性患者，希望发现梅毒自然病程的一些特点，以备将来治疗之需。

美国公共卫生部性病科于1932年在其国家总部成立了一个研究小组，克拉克从一开始就在研究小组工作。他最初的目标是跟踪观察一组未经治疗的黑人男性梅毒患者6～9个月时间，然后进入治疗阶段。当了解到其他研究小组的成员用欺骗手法达到观察目的的时候，克拉克不同意实施长期的研究。他在研究开始的那一年就退休了。克拉克曾经代表美国公共卫生部向塔斯基吉学院（Tuskegee Institude）和美国公共卫生部驻阿拉巴马地区办公室参与这项研究的人征求意见。莱蒙德·万德莱尔医生曾经被任命为该项目负责人，主导制订了长期跟踪观察的计划。他于1943年辞去性病科科长职务，此时青霉素刚刚被证明能够治愈梅毒。

1932年，美国公共卫生部在阿拉巴马州麦康（Macon）县的塔斯基吉开始实施这项医学实验，研究未经治疗的潜伏期梅毒在黑人男性患者中的自然发展过程。经过努力，美国公共卫生部的研究人员和塔斯基吉学院一共组织了600名黑人男性，其中399人患有梅毒，201人没有该病，作为梅毒实验的对照人群。

罗森沃德基金会的莫廷认为，只要塔斯基吉梅毒研究能够恪守研究道德，并有黑人专业人员参与，该项研究就应得到支持。于是，黑人尤根尼·黛布尔（Eugene Dibble）博士和护士尤尼斯·瑞弗斯（Eunice Rivers）被指派参与这项研究。也就是说，这项研究并非医护人员都是白人，受试患者都是黑人。为了避开种族主义嫌疑，实验开始时，工作人员中就有黑人，而且从20世纪50年代以后，从事该实验的白人医生逐渐被黑人医生取代，而且这些黑人医生都采取了与政府和其他白人研究人员合作的态度。从1947开始，127名医学院的黑人学生轮流在相关单位从事这项研究。

瑞弗斯护士是一名非洲裔美国人，在塔斯基吉学院所属约翰·安德鲁医院（John Andrew Hospital）接受培训，然后被招募到研究小组工作。万德莱尔医生大力劝导她参与该项目，因为她可以到社区直接与那些黑人联络。她在这项研究中起到了很关键的作用。作为一名黑人，她比较容易融入塔斯基吉的黑人社会，并取得他们的信任。她有梅毒方面的医学知识，了解当地的情况，能够在研究人员和被试之间搭起一座桥梁。在经济大萧条的20世纪30年代，塔斯基吉底层黑人非常贫困，他们根本看不起病。如果有机会加入"瑞弗斯小姐的项目"，那些黑人患者就可以接受免费体检，体检那天还可以免费乘车，免费吃上热饭，还可以免费治疗除了梅毒以外的一些小病。由于该研究变成了长期的项目，瑞弗斯变成研究连续性的重要人物。这项研究组织管理混乱，实验记录保存不全，没有医生是核心权威，负责人和研究人员更换频繁。当年国家的、地区的和美国公共卫生部的现场管理人员、医生和研究人员经常变动，只有瑞弗斯一直在塔斯基吉工作，与该项目的其他工作人员合作了整整40年。到了20世纪50年代，瑞弗斯已经成为一个举足轻重的人物，她负责带领受试者前往塔斯基吉学院接受定期检查。她对受试者非常熟悉，从而使得长期跟踪观察能够持续下去。

通过验血发现阳性后，确定身患梅毒的黑人要进一步体检。为了检测梅毒是否影响黑人的大脑，医生们要为那些黑人做腰椎穿刺。这会使他们痛苦不堪，甚至遗患终生。医生则撒谎，说这叫"背针"，从背部打针，是一项特殊的治疗。其后，这些被试要定期体检，接受身体状况的评估，并被告知他们正在接受治疗。研究人员告诉这些黑人正在为他们治疗"坏血"。"坏血"是当地的一个术语，用来描述梅毒、贫血、疲乏等疾病和症状。事实上，他们并没有得到治愈他们的疾病所需要的任何的治疗。可见，这项研究在实施过程中没有让病人获得知情权，更谈不上同意与否。

有时候，医生们会给受试的黑人服用维生素和阿司匹林，让他们误以为自己在接受“药物治疗”。在整个过程中，医生没有告诉那些黑人，他们患有梅毒，只说他们有“坏血”。因此，他们到死都不知道自己得了梅毒，尽管他们手里有政府颁发的受试证书。这些人中许多死于梅毒和相关的并发症。对死亡的受试者，研究人员还会以 50 美元丧葬费为诱饵，让那些人同意自己死后接受尸检。作为参与这项研究的交换，这些黑人男性可以得到免费的体检、免费膳食。因为当时没有治疗梅毒的特效药，研究人员就心安理得地观察、等待病人死亡，然后解剖尸体。如果告知那些黑人男性，他们患有梅毒，那么，他们的妻子和子女可以大大降低被梅毒感染的概率。这项研究虽然最初计划持续 6 个月，而实际情况却是持续了 40 年。

其实，早在 20 世纪初，梅毒研究已经在分离梅毒病菌和验血诊断等方面取得了一些突破。科学家通过对挪威梅毒患者的实验，已经了解了梅毒可能给人体造成的破坏性症状。但是，美国公共卫生部的官员和专家认为，梅毒在黑人身上表现的症状可能与白人不同，比如，黑人的心血管更容易遭到梅毒病菌的破坏。在这些人看来，黑人是低劣的人种，黑人与白人有本质的不同，同白人相比，黑人更接近于动物和幼儿，他们的神经系统是粗制滥造的产物。为了验证这一“理论”，他们需要在黑人身上进行梅毒实验。可见，塔斯基吉梅毒实验从一开始就具有种族主义的色彩。20 世纪 40 年代，治疗梅毒的特效药青霉素问世以后，这项研究仍然拒绝给受试者治疗，就无异于谋杀了。

二、梅毒患者成了梅毒实验的殉葬品

需要说明的是，塔斯基吉梅毒实验并非地下偷偷运作的秘密事件，记述该实验研究成果的论文在医学等科学刊物上公开发表。美国科学界和该项目的研究人员对实验中违背科学伦理的事实心知肚明，只是他们更关心的是实验的数据资料和科学结论，而不是涉及几百位黑人生命的科学道德问题。

1934 年，塔斯基吉梅毒实验的第一份临床资料发表。1936 年，第一篇关于未经治疗的梅毒研究的主要论文问世。此后，每隔几年都会有一份关于该项研究的科研报告发表，直到 20 世纪 60 年代。这些长期、持续、公开发表的研究报告、成套数据和科研论文受到的学术批评使人们不清楚受试者是否接受了治疗。因为如果被试接受了治疗，那么他身体中的梅毒就不是呈现自然状态了，相关的观察研究就不真实了。其实，这些学者的顾虑是多余的。那些受试的黑人都很穷，他们被自己信赖的瑞弗斯小姐带到塔斯基吉学院，并被明确告知，免费为他们治疗“坏血”。因此，这些被一直蒙在鼓里的黑人梅毒患者基本上不会再去付费看病。为防止万一，塔斯基吉当地医院还得到了一份受试者名单。当地医生被要求协助这项研究，一旦发现这些人去医院看病，就将相关信息反馈给瑞弗斯。也就是说，塔斯基吉梅毒研究除了跟踪观察以外，不给受试者提供任何治疗，直到受试者死亡，然后进行尸检。

1940年，正值第二次世界大战期间，在被试的黑人男性中有250人报名参军。在征兵过程中，所有准新兵都要接受体检。这些人在军事征召中心的入伍体检中被诊断为身患梅毒，并被要求在入伍服役以前接受梅毒治疗。美国公共卫生部的研究人员担心自己“未经治疗的梅毒”研究受到影响，就与征兵局沟通，阻止他们应征入伍，从而使得那些受试者均没有被征兵局征召。实际上，就是美国公共卫生部阻止了他们的治疗，从而剥夺了他们治愈的机会。美国公共卫生部的一位代表当时却说了这样的话：“到目前为止，我们正在不断地为这些已知的阳性患者治疗梅毒。”

这项被称为“医学史上时间最长的非治疗性的人体实验”，并不是与生俱来就是极端不道德的。在这项研究开始实施的时候，还没有一种得到证实的安全有效的治疗梅毒的药物。对于那些身患梅毒的黑人男性来说，几乎没有治疗的办法。科学家们进行人体实验的理由可以说成是为了获取相关知识，造福人类。但是，后来可以肯定地说，医生们剥夺了那些黑人接受适当治疗的权利，实实在在地伤害了他们。到了20世纪40年代后期，医生、医院和整个国家的公共保健中心用青霉素治疗确诊的梅毒已经成为医疗常规。在第二次世界大战之后，人们对有关纳粹大屠杀和虐待犹太人的罪行深恶痛绝，由此唤起国际社会关注纳粹借科学研究之名所进行的种种令人发指的人体实验，并带来国际法方面的变化。西方盟国制定了《纽伦堡法案》，以保护人类受试者的权利。但是，在美国似乎没有人根据新的国际标准重新评估塔斯基吉梅毒实验的伦理问题。1972年，塔斯基吉研究的黑幕公之于众之后，美国公共卫生部的约翰·海勒（John Heller）博士仍然为这项研究的道德问题辩护，他说：“那些黑人男性的境况不是道德争论的理由，他们是受试者，不是患者；他们是临床资料（clinical material），不是病人（sick people）。”

医学伦理方面的问题从一开始就没有受到重视，后来则急剧恶化。为了确保那些受试的黑人男性展现出非治疗性实验中有助于诊断的疼痛和危险性，医生们给400位患者发送了题为“特别免费治疗的最后机会”的误导信，还要求所有的参与者接受死后尸体解剖，以便亲属领取丧葬费。在青霉素被发现可以治愈梅毒以后，研究人员继续拒绝给受试者使用青霉素，甚至给许多受试者服用安慰剂，来欺骗他们，从而使研究人员能够全面地、长期地观察这种致命疾病的自然病程。

1945年，青霉素在美国成为治疗梅毒的有效选择。1947年，青霉素治疗梅毒已经成为美国的一个医学标准，只需少量的注射就能治愈梅毒。美国政府赞助的几个公共卫生项目组成了“快速治疗中心”，目的是在全国范围内尽快地根除这种疾病。当这场根除性病的运动来到梅肯县的时候，研究人员又一次阻止了那些罹患梅毒的受试者接受安全有效的青霉素治疗。那些从事塔斯基吉梅毒实验的科学家为了能够继续研究梅毒的传播和消亡，故意不给受试的数百名患有梅毒的黑人男性使用青霉素，放任梅毒在他们的身体中泛滥成灾，直到他们被病魔折磨致死。

1966年，美国公共卫生部的一位性病调查员彼得·布克斯丁（Peter Buxtun）在旧金山向指导国家性病工作的负责人发出了一封信，表达了对扩展延长的塔斯基吉梅毒实验在伦理和道德问题的关注。当时掌控这项研究的美国疾病控制中心（CDC）重申，继续这项研究直到完成是必要的。也就是说，他们认为研究要持续到所有受试者死亡，并把他们的尸体解剖。为了继续这项研究，美国疾病预防控制中心寻求代表非洲裔美国医生的国家医学协会的地方分会以及美国医学协会（American Medical Association）支持其立场。

1968年，隶属于卫生教育福利部的美国公共卫生部的非洲裔美国统计学家威廉·卡特·詹金斯（William Carter Jenkins）呼吁结束种族歧视，结束塔斯基吉梅毒实验，但他的努力没有任何效果。

1969年，美国公共卫生部召集知名医学专家组成专家组，评估塔斯基吉梅毒实验。该专家组中没有黑人，也没有生物医学伦理方面的专家。专家组经过评估，认为该研究无需进行重大调整，可以继续实施。同年，美国疾病预防控制中心（Centers for Disease Control and Prevention）重申这项研究的必要性，并得到当地医疗界的支持，研究继续进行。

20世纪70年代初期，布克斯丁辞去了美国公共卫生部的职务，依然坚持不懈地反映、揭发塔斯基吉梅毒实验中极端不道德的问题。自己的意见没有得到美国政府相关部门的重视，布克斯丁就通过新闻界揭露该研究的问题。他联系了美联社，认识了记者吉恩·海勒。塔斯基吉梅毒研究的黑幕终于在1972年7月25日的《华盛顿星晚报》上公之于众。《纽约时报》于第二天将这件事放在头版头条。参议员爱德华·肯尼迪（Edward Kennedy）呼吁举行国会听证会，会上布克斯丁和卫生教育福利部的官员作证。迫于巨大的舆论压力，美国疾病预防控制中心和美国公共卫生部组成了一个特设咨询小组审查了这项研究，认定塔斯基吉梅毒实验在医学上是不道义的，并责令其终止。

塔斯基吉梅毒实验的研究成果本身根本不值一提。实验没有出现预期的结果，没有发现梅毒症状在人种方面的差异。由于组织混乱，实验也没能做到"善始善终"。随着时间的推移，一些受试者外出谋生，离开了亚拉巴马州，从而使他们身上的梅毒在其他地方接受了治疗。到了1972年这项研究结束时，只有74名受试者还活着。原来的399名黑人男性，28人死于梅毒，100人死于相关并发症。他们的妻子中有40人感染了梅毒，他们的子女中有19人出生时就身患先天性梅毒。

1973年，美国国会举行听证会，受试者向美国政府提出集体诉讼。1974年，双方庭外和解，达成一项涉及总计1000万美元的补偿协议。美国政府成立塔斯基吉卫生福利项目机构，承诺为所有活着的受试者提供终生的医疗福利和殡葬服务。1975年，这种福利项目服务扩大到他们的妻子、子女和寡妇。

1974年，美国国会通过《国家研究法案》（*the National Research Act*），成立了一个委员会，研究和编写有关法规，管理涉及人类受试者参与的研究。

直到1997年5月16日，联邦政府才就这起极端不道德的研究正式道歉。克林顿总统为塔斯基吉研究受试者举行了一个仪式。当年人体实验的黑人男性中的8位幸存者中有5位参加了白宫的仪式。克林顿决定拨款20万美元，在塔斯基吉大学建立国家生物医学伦理研究中心。仪式上，克林顿代表国家道歉："已经做了的事不能挽回。但是，我们能够结束沉默，我们能够终止回避，我们能够正视你们，并最终以美国人民的名义说，美国政府的所作所为是可耻的。""我向我们的非洲裔公民道歉，我因你们的联邦政府组织的具有如此明确种族主义特征的研究道歉。"

2001年生物伦理总统委员会成立。

2004年，美国疾病预防控制中心提供1000万美元资金，与塔斯基吉大学国家生物伦理研究和卫生保健中心（Tuskegee University National Center for Bioethics in Research and Health Care）达成协议，继续合作。

2004年1月16日，最后一名塔斯基吉受试者去世。2009年1月27日，最后一名从塔斯基吉卫生福利机构领取救济的寡妇去世。

2006年，塔斯基吉大学举行庄重的开幕式，宣告该校生物伦理研究中心诞生。

三、《贝尔蒙报告》的伦理原则不容践踏

1972年，塔斯基吉梅毒实验的极端不道德行为被媒体曝光以后，围绕此案例的讨论和辩护从未中止。20世纪六七十年代，以塔斯基吉梅毒实验为代表的一系列生物医学研究丑闻的揭露成为生命伦理学在美国迅速崛起的直接原动力。被称为“美国历史上最臭名昭著的生物医学研究”的塔斯基吉梅毒研究丑恶黑幕的揭露，直接导致《贝尔蒙报告》（*Belmont Report*）的出炉和人类研究保护办公室（Office for Human Research Protections）的成立。

几年前，美国学者尼古拉·斯丹尼克（Nicholas H. Steneck）说：“20世纪五六十年代，在抗生素可以治疗梅毒的效应被发现之后，梅毒研究（由美国公共卫生部在阿拉巴马州的塔斯基吉进行）中大量的非洲裔美国男性却没有被提供这种新药物以进行治疗，目的是为了研究人员能够继续追踪疾病的进程。诸如此类的可质疑行为引起了公众的严肃关注，并最终导致了政府规章的出台。”[①] 为了防止类似的对人类受试者基本人权的侵害，美国国会责成健康、教育和福利部研究起草人类受试者的规则。

1974年7月12日，美国《国家研究法案》生效，建立了国家保护生物医药和行为研究受试者委员会。该委员会经过4年的努力，1978年4月18日发表了美国生物医学研究伦理的经典文件《贝尔蒙报告》。此后，一系列的

---

① 尼古拉·斯丹尼克．2005．科研伦理入门：ORI介绍负责任研究行为．北京：清华大学出版社：33.

联邦法律和法规出台，要求政府部门和研究机构保护在科学研究中的人类受试者，具体工作由人类研究保护办公室负责。

《贝尔蒙报告》的全称是“保护参加科研的人体实验对象的道德原则和方针”（The Belmont Report，Ethical Principles and Guidelines for the Protection of Human Subjects），基本伦理原则一共3条：尊重人（respect for persons）、善行（beneficence）和公正（justice）。尊重人要求把每个人作为自主的行动者对待，而且要保护自主性不足的人，如儿童、智障人。善行要求保护受试者免遭伤害，而且还要尽力确保他的健康。科学研究的基本要求是在不伤害受试者的情况下对公众有利，最好对二者都有利。要尽量增加可能的好处，减少潜在的害处。公正要求公正地选择受试者，公正地对待研究的收益和风险。

《贝尔蒙报告》在制定过程中参考了此前颁行的相关国际法律文件，主要有《纽伦堡法案》（*Nuremberg Code*）和《赫尔辛基宣言》（*Declaration of Helsinki*）。1947年颁行于世的《纽伦堡法案》是基于第二次世界大战中德国纳粹和日本法西斯借科学研究之名残害犹太人和中国人而制定的尊重和保护研究受试者的国际公约。《纽伦堡法案》首先强调“受试者的自愿同意绝对必要”，还要求实验必须力求避免受试者在肉体上和精神上的痛苦和创伤。这些都是尊重人的基本要求。1964年，世界医学联合会通过《赫尔辛基宣言》，在此后的历届联合大会中进行了8次修订。该宣言规定了涉及人体对象医学研究的道德原则，是关于人体实验的第二个国际文件，比《纽伦堡法案》更全面、更完善。《赫尔辛基宣言》2008年修正案指出：“医学研究必须遵守的伦理标准是，促进对人类受试者的尊重并保护他们的健康和权利。”“在医学研究中，医生有责任保护研究受试者的生命、健康、尊严、完整性、自我决定权、隐私，以及为研究受试者的个人信息保密。”持续到1972年的塔斯基吉梅毒实验不仅严重违反了《贝尔蒙报告》的全部3条基本伦理原则，而且也违反了《纽伦堡法案》和《赫尔辛基宣言》的基本伦理要求和人权思想。因此，塔斯基吉梅毒研究已经成为涉及人类受试者研究在科学伦理方面的反面典型和罪恶标志。

塔斯基吉梅毒实验明显地损坏了黑人社会对美国在公共卫生方面的信任，结果是许多美国黑人不信任医学界，不愿意参与诸如器官捐赠等医学活动。这项研究还使得许多贫困的黑人不愿意寻求例行的医疗保健和疾病预防措施。

约翰霍普金斯大学（Johns Hopkins University）的两个研究小组还就塔斯基吉梅毒实验对美国黑人及他们参与医学实验的意愿的影响展开了辩论。这项研究使得美国黑人社会谣传不断，有些艾滋病患者不愿意接受政府提供的“新药”，有些人不愿意注射流感疫苗、有些父母害怕让政府派来的医生给自己的孩子打预防针。人们对政府不信任，认为政府应该对艾滋病危机负责，甚至认为就是美国政府向黑人社会引进了艾滋病病毒。1990年，美国南方基督教领袖会议（the Southern Christian Leadership Conference）进行了一项调查。在对5个城市的1056位非洲裔美国教会成员的走访中，他们发现34%的受访者深信艾滋病是一种人造病毒，35%的受访者认为艾滋病是美国种族灭绝的一种形式，44%的受访者认为政府不会告诉他们有关艾滋病的真相①。

最近，媒体不断披露的美国人在危地马拉进行的大规模性病人体实验②，说明塔斯基吉梅毒研究并非孤立事件。很显然，对塔斯基吉案例进行研究仍具有重要的现实意义。

（撰稿人　方贤绪）

---

① 本文的资料来源主要是维基百科网站和美国疾病预防控制中心网站。具体参阅 Wikipedia. 2011. Tuskegee Syphilis Experiment. http：//en.wikipedia.org/wiki/Tuskegee _ syphilis _ experiment.［2011-04-26］；CDC（Centers for Disease Control and Prevention）. 2009. U. S. Public Health Service Syphilis Study at Tuskegee. http：//www.cdc.gov/tuskegee/timeline.htm［2009-02-12］.

② 2010年10月2日晚上7点整，中国中央电视台《新闻联播》节目播出一条题为“美国对在危地马拉进行性病人体实验道歉”的消息。该消息说：“美国国务卿希拉里·克林顿和美国卫生与公众服务部部长凯瑟琳·西贝利厄斯1号发表联合声明，就60多年前美国政府为研究目的故意让数百名危地马拉人感染性病表示道歉。声明说，当时在危地马拉进行的这些性病试验‘显然是不道德的’，她们对‘这种不负责任的研究能够在公共卫生的掩护下得以进行感到愤怒’。美国政府于1946～1948年在危地马拉进行这项医学试验，美国医疗人员在受害者不知情或者未经受害者允许的情况下故意让数百名当地人感染上淋病和梅毒。危地马拉政府1号表示，将成立一个特别调查委员会就此事展开调查，并寻求对受害者进行补偿。”2011年5月21日中午，中国中央电视台《新闻30分》报道：“危地马拉副总统拉斐尔·埃斯帕达19日说，调查报告显示，危地马拉政府已经确定，有大约1500人被当做20世纪40年代美国在危地马拉进行的性病医疗人体试验，其中一些人仍然在世。不过仍有一些受害者对这份名单的全面性提出质疑。美国政府去年10月就1946～1948年在危地马拉开展性病人体实验事件道歉。60多年前，许多危地马拉监狱囚犯与妓女发生性关系后感染梅毒，随后接受青霉素治疗。这些囚犯不知道，他们已沦为美国医学工作者的‘实验品’。”

第三章　美国科学界的“水门事件”及其主角萨默林 >>>>>

1974年，美国水门事件发生后不到两年，又发生了轰动一时的威廉·T. 萨默林（Willian T. Summerlin）作伪的科学丑闻。免疫学家罗伯特·A. 古德（Robert A. Good）领导的癌症研究所里一位名叫萨默林的研究人员给实验老鼠涂色，通过欺骗手段为自己从事的皮肤移植研究提供资料。老鼠涂色事件看似偶然，其实事件背后存在着必然的因素。萨默林干出如此荒唐的事情，与他承受的巨大压力有很大关系。他的压力主要来自三个方面：其一，人际关系紧张；其二，师徒关系扭曲；其三，新闻媒体不当介入。这三个方面分别给我们从事科研工作带来一些启示，进而反思现代科学研究机制。

一、免疫学专家给实验老鼠涂色

1974年3月26日凌晨4点，美国纽约还处在黎明前最黑暗的夜色之中。此时，位于约克街（York Avenue）的纪念斯隆-凯特琳癌症中心（Memorial Sloan-Kettering Cancer Center）的实验室已经亮起了灯光。一个身材颀长、头发谢顶、略显倦意的男人已经洗漱完毕，刮好胡子，上楼来到饲养动物的房间，检查他的老鼠。他就是本篇案例的主角、35岁的免疫学家萨默林。多年来，萨默林已经养成了一个习惯，每周一、周二的晚上他都要在实验室工作很久，并在实验室的一张帆布床上过夜。几个月来，他常常失眠，那一夜他又睡得很差，以至于很早就起床，去看他的老鼠了。这天上午，他将要带这些老鼠去会见斯隆-凯特琳癌症研究所①的所长，也是他的上司和良师益友、免疫学家古德先生。

三年来，萨默林和古德将极大的热情和精力投入这项动物实验中，他们希望通过实验证明，动物的皮肤和其他器官在一定的环境中经过一段时间的组织培养能够失去原来的免疫排斥反应。如果他们的观察得到证实，将意味着不匹配的基因个体之间可以进行器官移植，而不用担忧受体的排斥反应。这项有可能在医学上产生划时代意义的实验是他们过去在明尼苏达大学(University of Minnesota)就已经实施的。但是，最近这项研究进展得并不顺利，包括萨默林自己实验室内一名叫约翰·宁内曼（John Ninnemann）的同事也没有能够重复明尼苏达大学的实验。斯隆-凯特琳癌症研究所和免疫学界不断对这项实验的真实性产生怀疑。古德和宁内曼已经为《移植》杂志准备好了一篇文稿，打算通报宁内曼的否定性结论，而且这篇文稿中也包括萨默林的名字。萨默林与古德的这次会面至关重要，他们要谈这份文稿和研究中的有关问题。萨默林“想劝说古德不要发表那篇否定性的报告，因为成功就在眼前了。一项在老鼠身上移植皮肤的新实验正在顺利进行。萨默林准备让他的导师看两只动物”②。

自从 1973 年 4 月来到纪念斯隆-凯特琳癌症中心以来，萨默林很少有时间待在实验室。他把主要精力用在临床方面，并组建了纪念医院的第一个皮肤病科。从 1974 年 1 月开始，萨默林在学术研究方面投入了更多的时间，冬季的几个月里，他已经将经过培养的皮肤移植到大约 50 只老鼠身上。现在，他就准备将其中最好的作为证据呈送给古德，希望这项眼看着就要夭折的研究能够得到挽救。

对这些老鼠作了初步检查以后，他的秘书和其他同事已经到了。萨默林愉快地与他们喝了两杯香槟。他们一起准备好了实验的动物。那些老鼠是白色的，身上黑色的斑点是从黑色老鼠身上取下的皮肤，经过培养处理以后移

---

① 纪念斯隆-凯特琳癌症中心由两个相关联的机构组成，分别是纪念医院和斯隆-凯特琳癌症研究所。

② 布劳德·W，韦德·N. 1988. 背叛真理的人们——科学界的弄虚作假．北京：科学出版社：172.

植到白色老鼠身上。萨默林回忆说，那些新移植的皮肤看上去有些像暗淡的浅灰色。他选了 18 只老鼠投到笼子里，放在手推车上，送去给古德看。清晨一大早，萨默林带着他的老鼠，来到古德办公室所在的 13 楼。就在这时，戏剧性的一幕发生了。萨默林抽出他的水笔（felt tip pen），将两只老鼠身上的斑块涂黑。在随后与古德的会见中，萨默林展示了他涂黑的老鼠，作为成功移植的证据。但是古德并没有特别注意这些老鼠，仅仅仓促地瞥了一眼。他正在准备提交给《移植》杂志的那篇文稿，觉得可以从文稿中抽掉萨默林的名字。也就是说，古德再一次相信了萨默林，他绝对没有发现老鼠身上被涂了色，但实验室的一名高级助手詹姆斯·马丁（James Martin）发现了。当存放老鼠的笼子放回原处以后，马丁发现两个移植的黑块看上去很不寻常。他用酒精擦拭那块皮肤，发现颜色被洗掉了。马丁把他的发现告诉了高级研究技术专家威廉·沃尔特（William Walter），沃尔特告诉了访问研究人员杰弗里·奥尼尔（Geoffrey O’ Neill）。奥尼尔把这个消息告诉了约翰·拉夫（John Raaf）。那天上午的早些时候，萨默林曾经把两只相同的老鼠作为成功移植的标本展示给拉夫看。拉夫把发生的事情告诉了古德和斯隆-凯特琳癌症研究所的二把手劳埃德·奥德（Lloyd Old）。中午时分，萨默林又回到了古德的办公室，古德和奥德正在那里等着他。他承认干了涂色的事，随后立即被终止了工作，等待进一步的调查①。

萨默林的科学欺诈行为产生了很大影响，引起科学界和美国社会的高度关注。美国著名学术期刊《科学》连续发文，对该事件作了报道和评论，认为“在科学界没有任何罪恶比作伪更令人不能容忍；科研人员犯了这样的罪行，对他进行任何谴责都不为过。作伪行为威胁着人们对科学纯洁性的强大信念，引起人们对整个科学社会产生深深的不信任、反感和矛盾心态。非常复杂、难以消除的萨默林事件正在使人经历这样一种情感”②。我们知道，1972 年 6 月，美国发生了“水门事件”。不到两年又发生的萨默林科学作伪事件，很容易使人把二者联系起来。因此，萨默林给老鼠涂色这件事常常被称为美国科学界的“水门事件”。

---

① Culliton B J. 1974. The Sloan-Kattering Affair（Ⅱ）：an uneasy resolution. Science，184：1154，1155.

② Culliton B J. 1974. The Sloan-Kattering Affair：a story without a hero. Science，184：644.

二、萨默林与古德的恩怨

萨默林1939年出生于美国南卡罗来纳州（South Carolina）的一个小镇，1964年毕业于埃默里大学（Emory University）医学院。1965年，萨默林来到位于得克萨斯州的圣安东尼奥（San Antonio）的布鲁克陆军医疗中心（Brooke Army Medical Center）的烧伤、创伤科，正式开始了他的医学职业生涯。

作为一名外科医生和皮肤病专家，萨默林对皮肤移植非常感兴趣。他认为，人们对皮肤移植的认识存在差距，不仅表现在关于皮肤移植的知识方面，也表现在皮肤的贮藏和保存方面。他想到了研究皮肤组织的培养，或许能够改善皮肤的性能。因此，在得克萨斯州工作了两年以后，萨默林来到斯坦福大学（Stanford University）。在斯坦福大学，萨默林与正在从事兔子细胞培养的马文·卡拉瑟克（Marvin A Karasek）一起从事皮肤移植研究，并证实整个人的皮肤都能在一定的环境中保存起来，经过一段时间的培养以后再移植回到那个提供皮肤的人身上。这使得萨默林想进一步研究没有关系的个体之间的移植问题。1973年，萨默林在美国癌症协会（American Cancer Society）的一次会议上说：“我发现人的皮肤经过4～6周的器官培养以后，就会失去排斥性，具有了普遍可移植的性能。”①

排斥反应在免疫学里称为“移植物抗宿主反应”，是指移植物作为一种异物被机体免疫系统识别并予以破坏和清除的过程。机体对内外的各种致病因子有着非常完善的防御机制，其中对外来物，如细菌、病毒、异物等“异己成分”都会发起攻击、破坏和清除的活动。在正常情况下，这对机体是一种保护机制。然而，在器官移植后，移植物作为一种异物会被机体识别，并动员机体的免疫系统发起针对移植物的攻击、破坏和清除。这就是通常说的排斥反应。排斥反应对于机体而言是破坏性的，一旦发生排斥反应，移植物将会受到损伤，严重时导致其功能丧失，进而危及生命安全。在包括皮肤移植在内的人类的器官移植中，术后机体对外来器官的排斥作用几乎是不可避免

---

① Culliton B J. 1974. The Sloan-Kattering Affair：a story without a hero. Science，184：645.

的。为使新器官在新的环境下生存，将排斥反应降到最低，临床上需要用免疫抑制剂来帮助新器官适应新的环境。免疫抑制剂的主要作用是使机体对外来物的排斥作用降到较低的水平，以使二者和平共处，但由于机体免疫力的降低，细菌病毒等感染性疾病的发生就会增高。

萨默林声称，通过一段时间的培养可以让移植的器官失去抗排斥性。这将为人类器官移植提供无限的想象空间，对免疫学，乃至整个医学界无疑是一个令人震惊的发现。

1971 年，萨默林意识到，研究这个问题需要更权威性的实验室，而他在斯坦福大学所做的只是初步的临床工作。于是，他来到明尼苏达大学，开始在古德领导的庞大的免疫学实验室工作。来这里工作是他两年以来的愿望。萨默林第一次见到古德是在 1969 年 12 月，当时古德在一个皮肤病研究者的集会上作演说。萨默林向古德作了自我介绍并表达了自己对免疫学的兴趣。第二天古德就邀请萨默林去明尼苏达大学。萨默林说，最初他觉得条件还不成熟，后来他认为他的观察是真实存在的，信心进一步增强，他就与古德联系，计划去明尼阿波利斯（Minneapolis）发展。古德实验室确实是一个了不起的研究机构，拥有一大批科学家、技术人员及相当可观的科研资源。萨默林在实验室的工作被他的同事们认为具有相当的独立性。他的一个同事后来回忆说："比尔相当孤独地工作着。他的研究不属于任何一个真实的小组。不过，当他有某种兴趣或者问题之类时，他经常会与我或其他某个人交谈。"也就是说，萨默林没有处理好与同事们的关系，致使他的研究工作很孤立。萨默林因为受到古德的器重而具有一些特权，高高在上，这引起了他的同事们的不快，但他也许并不知情。后来他在斯隆-凯特琳癌症研究所遭遇困境的时候，很怀念过去，认为明尼苏达大学的工作具有友好的环境，同事们关系融洽，其实并非如此。在斯隆-凯特琳癌症研究所工作期间，萨默林的人际关系更糟，他常常感到极端的孤立。

1973 年 1 月，萨默林追随古德来到纽约，就职于著名的医学机构纪念斯隆-凯特琳癌症中心，继续从事皮肤移植研究。他的目的是进一步扩展关于移植性能的观察，由经过培养的人的皮肤到动物和其他器官。他必须证明他观察到的关于经过组织培养就能改变机体抗原性的现象是真实的，而且要解释其形成原因。种种迹象表明，萨默林的工作在明尼苏达大学的时候进展得很顺利，所以古德离开明尼苏达大学的时候要求萨默林跟随他一起走。在斯隆-

凯特琳癌症研究所，古德和萨默林不断对公众和媒体大吹大擂，声称他们的研究具有神奇的效果。在上文提到的1973年美国癌症协会的一次会议上，萨默林报告说，老鼠的研究已经证实了他早期的临床工作。他还说，使用完全原生性的老鼠，其皮肤经过7～10天的培养，就能够移植到基因不相容的动物身上，而不会产生排斥反应。然而，从1973年秋天开始，萨默林原先的信心开始动摇，因为就连他本人也不能重复自己的实验。英国著名免疫学家、诺贝尔奖得主彼得·梅达沃爵士（Sir Peter Medawar）和位于丹佛（Denver）的美国医学中心（American Medical Center）的专家芭芭拉·雅各布斯（Barbara B. Jacobs）等多人都没能重复萨默林宣称观察到的实验结果。古德甚至派他的研究生宁内曼去丹佛芭芭拉实验室学习技术，希望重复萨默林的实验。但是，宁内曼也失败了。面对学术界和斯隆-凯特琳癌症研究所不断增加的质疑声，加之人际关系不和谐，而且一向支持他的古德也开始不信任他了，萨默林感到压力越来越大。也许是为了挽回败局，也许是发泄心中的不满和委屈，萨默林扮演了一个常人无法理解的非理性的科学欺诈事件的主角。

1974年5月24日，萨默林涂色事件过去近两个月以后，斯隆-凯特琳癌症中心理事会主席刘易斯·托马斯（Lewis Thomas）在一份正式声明中说：“纪念斯隆-凯特琳癌症中心理事会已经决定，萨默林博士与本中心的关系必须终止。不过，在与萨默林博士、他的妻子及他的心理医生商谈以后，我认为萨默林博士最近的行为最合理的解释是他遭受到情绪的困扰，身心失调。因此，他既不能对他所采取的行动负完全的责任，也不能对他的陈述完全负责。因此，中心已经同意，从现在开始为萨默林博士提供为期一年的病假，年薪40 000美元照付。这样可以使他得到休息，并进行他的病情所需要的治疗。”

其后不久，美国《科学》杂志记者在萨默林家里，就“斯隆-凯特琳事件”与萨默林和他的妻子瑞贝卡（Rebecca）进行了几个小时的谈话。当他被问及为什么要给老鼠涂色的问题时，萨默林说，他不能完全肯定地回答，但他与自己的心理医生讨论过这个问题。他还说，他无法给出一个可靠的、医学上的答案，他能做的是谈谈当时的感受。他太累了。几个月来，他工作得太辛苦，睡不好觉，吃饭也不香。他处于崩溃的边缘。他承认当天早晨喝的两杯香槟不足以使他醉酒，但有可能轻微地影响了他的判断力。他说，他对古德不满，而且非常不满。从秋天开始，很长一段时间以来，萨默林就感觉他十分崇拜的古德对他的态度变了，因为他的实验室工作出现了麻烦，古德就不断地拒斥他。萨默林说，也许给老鼠涂色是一种挑战，是一种考验古德注意力和敏锐度的姿态。这似乎是冲着古德说："你如果真的有能耐，就把作伪的老鼠指出来。"也许这真的是一种游戏，不过是一场死亡游戏，它既伤害了古德，也伤害了萨默林自己①。

三、萨默林案引发的思考

这起美国科学界的"水门事件"之所以发生，与主角萨默林承受的巨大压力有很大关系。这些压力主要来自三个方面。这三个方面分别给我们从事科研工作带来一些启示。

其一，人际关系紧张。

大科学时代的研究往往有许多人参与，科研人员之间的团结协作是必不可少的。协同能力和团队精神对科研活动的顺利进展具有十分重要的意义。科学大家往往都具有杰出的协调组织能力、很高的领导水平和令人敬佩的人格魅力。很难想象一个性情孤僻、不愿与人交往的人能够在科研方面取得多大的成就；同样，一个内部科研人员拉帮结派、钩心斗角的团队也很难取得大的科研成就。

萨默林在斯隆-凯特琳癌症研究所时期，人际关系不和谐，可能有他本身的原因，但主要的问题是这个单位不和谐。古德来斯隆-凯特琳癌症研究所的时候，一下子把包括萨默林在内的，原来他手下的50多位研究人员带了过来。这些人往往与古德走得比较近，他们的研究也与古德的学术兴趣关系亲密。一位资深的该研究所的科学家抱怨说，他和许多同事感觉自己在古德带来的那帮人面前就像是"二等公民"（second-class citizens）。

古德很会宣传造势，也很会筹集钱。当时，美国科学界有这样一种感觉，就是斯隆-凯特琳癌症研究所的科学研究的质量正在恶化，然而它却不断地出现在新闻报告中，他们的研究的戏剧性大于实质性。一段时间里，美国其他

---

① Culliton B J. 1974. The Sloan-Kattering Affair（Ⅱ）：an uneasy resolution. Science，184：1155.

一些研究所普遍经费紧张，而斯隆-凯特琳癌症研究所似乎丝毫没有这个问题。这让人们很不满。1972年，这家研究机构和它的分支机构得到了大约700万美元的政府财政拨款和合同收入。据美国癌症协会估计，1975年纪念斯隆-凯特琳癌症中心将得到2000万美元财政拨款，远远大于其他癌症研究机构。拿了政府的钱就要替政府做事，钱越多出成果的压力越大。这种快出成果、多出成果的压力驱使斯隆-凯特琳癌症研究所的人夸大事实，进而孕育了他们之间的敌意。正如《科学》杂志的一篇文章所说：“斯隆-凯特琳在那些日子里不是一个幸福的地方。它很有钱，而且正在变得更有钱，但没有幸福。”①

其二，师徒关系扭曲。

在斯隆-凯特琳事件中还有一个重要角色，就是萨默林崇拜的领导和老师古德。事情发生以后，在调查委员会许多人的心目中萨默林案就是古德居于中心舞台的斯隆-凯特琳事件。古德少年得志，读大学时就在淋巴组织研究方面取得成果，很年轻的时候就在免疫学和癌症研究方面颇有建树。他曾经在五年时间里，与别人合作发表了将近700篇科学论文，年均140篇！而且凡是他署名的论文都受到同行的高度重视。14年里署名“古德”的论文被其他科学家引用17 600次以上。古德几乎可以算得上科学史上论文被他人引证最多的人②。甚至那些对他持批评态度的人也承认他对免疫学实质性的贡献和教学方面的才华。古德是美国科学院院士、世界著名的免疫学家和骨髓移植手术的先驱者，曾在1970年获得生物医学界的最高荣誉之一拉斯卡奖。毫无疑问，古德在免疫学领域是一个大名鼎鼎的人物。同时，他也是一个颇有争议的人物。他精力充沛，有魄力，很自负。他是自我推销的天才，喜欢炫耀自己。对此，有人羡慕，有人反感。1973年，当古德的照片出现在《时代》周刊封面的时候，他的一些同事因为科学走向公众而为他欢呼叫好，而更多的人则表示不满。

古德与他实验室的研究人员接触的频次最好的描述词是“偶尔”，他经常旅行。他在家的时候，成打的人抢着吸引他的注意。对许多研究项目，他只

---

① Culliton B J. 1974. The Sloan-Kattering Affair：a story without a hero. Science，184：650.

② 布劳德·W，韦德·N. 1988. 背叛真理的人们——科学界的弄虚作假. 北京：科学出版社：169，170.

是偶尔浏览一下，发挥的作用极其有限。萨默林后来回忆说："鲍勃并非和我真正在一起工作。事实上，与他说话是很困难的。我常常不得不清晨四五点钟就起床，去拜见他，说上几分钟的话。"尽管如此，这些人的许多科学论文都署上了古德的大名。其实，署名也是一把双刃剑，既是荣誉和权力，也是责任和承诺，甚至可能带来麻烦。古德一年发表100多篇论文，其中自然有不少并非劳动的结果，而是权力的结果。古德在萨默林的论文上署了名，而萨默林的论文出现了伪造问题，古德难辞其咎。即使古德凭借其影响力，可以在法律、行政、学术等方面撇清与萨默林科研不端行为的关系，但他仍然要在声誉和道义方面付出巨大代价，因此在萨默林事件之后，他不得不辞去斯隆-凯特琳癌症研究所所长职务。

其三，新闻媒体不当介入。

萨默林和古德擅长利用新闻媒体为自己的科研活动增强影响力，而且喜欢过分渲染，夸大事实，从而在项目申报等方面取得优势。"1973年3月，萨默林乘飞机去参加一个由美国癌症协会举办的科学工作者会议。会上他宣读了一篇有关他工作进展的报告。萨默林希望，报纸及电视广播对他工作的积极报道能够帮助他得到该学会的经费。他曾经提出一项要求在5年内资助其131 564美元的申请。""在会上，萨默林对渴望得到消息的新闻记者说，'人的皮肤经过4～6周的器官培养后，移植到任何人身上都不会发生排斥反应'。不仅如此，他还对记者说，他曾把经过培养的人的角膜移植到兔子的眼睛里，并没有受到排斥。看来各种器官移植外科手术中的主要难关之一很快就会被克服。第二天的《纽约时报》在3栏的大字标题下刊登了了一条消息，宣称'实验室的发现可能帮助解决器官移植问题'。一夜之间，萨默林变成了科学界的一位名人。"①

在萨默林自己都不能重复皮肤组织培养实验的情况下，他们还在大吹大擂这项工作。1974年2月，经古德同意，萨默林会见《医疗世界新闻》（*Medical World News*）的记者，大肆炫耀动物组织培养的医学意义，但丝毫不提该项研究中已经出现的问题。3月15日这期杂志说，不久，萨默林将要在《实验医学杂志》（*Journal of Experimental Medicine*）公布证据，显

① 布劳德·W，韦德·N. 1988. 背叛真理的人们——科学界的弄虚作假. 北京：科学出版社：171.

示皮肤这个机体最大的器官，也是一直以来排斥反应最快的器官，经过培养失去免疫基因。就在丑闻爆发前的几周里，古德和萨默林还不断地向媒体和公众吹嘘自己的研究。美国国家癌症咨询委员会（National Cancer Advisory Board）的一位委员在目睹了萨默林的表演以后，对《科学》杂志说：“他很会说话，而且信心满满。他的谈话中一点也没有提到出现的任何问题。”① 事实上，萨默林不仅知道这项研究危机四伏，而且知道美国国立卫生研究院（National Institutes of Health）已经拒绝了他提出的一项庞大的资助申请。

上文提到的诺贝尔奖得主梅达沃不仅是当时公认的伟大的免疫学家，同时也是斯隆-凯特琳的学术顾问。他对萨默林鼓吹的角膜移植持怀疑态度，不相信那只兔子眼光笔直而坚定的眼睛接受过任何移植，因为兔子角膜周围血管分布根本就没有被动过。他和同事还在伦敦的实验室试图重复萨默林的老鼠实验，但是没有成功。这使得斯隆-凯特琳的人惊恐万分，急于说服梅达沃相信萨默林的发现确实存在。1973 年 10 月，梅达沃来纽约参加斯隆-凯特琳学术顾问委员会的一个会议。古德和其他一些同事与梅达沃讨论了萨默林的这项研究，但萨默林没有被邀请参加这些讨论。就在涂老鼠事件发生前几天，梅达沃又来纽约，参加斯隆-凯特琳的一个会议。据知情人介绍，梅达沃和他的同事们说，他们不相信萨默林的研究，除非他们看到了一个白老鼠身上有黑色斑块。萨默林的朋友推测，涂老鼠事件应该是一种绝望的挣扎，希望说服梅达沃，至少能够争取一些时间来寻找实验失败的原因。

可想而知，面对质疑，萨默林着急，古德一定也着急。萨默林说：“我的错误，不在于故意发表假数据，而是屈服于研究所主任要我公布资料的巨大压力。”“他一次又一次地要我公开实验数据，草拟报告向公共和私人机构申请科研经费。1973 年秋天，又一次当我没有做出新的惊人的发现时，古德博士蛮横地指责我，说我在出成果方面是个废物（古德博士否认这点）。这使我处于必须发表文章的巨大压力之下。”②

斯隆-凯特琳事件发生以后，美国社会和科学界一片哗然。萨默林、古德和斯隆-凯特琳癌症研究所的声誉都受到了毁灭性的打击。在“水门事件”中，人们始终认为其主角是尼克松总统，而不是安装窃听器的麦科德

① Culliton J. 1974. The Sloan-Kattering Affair：a story without a hero. Science，184：646.

② Goodfield J. 1975. Cancer Under Siege. London：Hutchinson：232.

(J. W. McCord)；但斯隆-凯特琳事件的主角注定是萨默林，而不是身居高位的古德。梅达沃也替古德开脱，认为古德身居高位，公务繁忙，“不可能去监督一个下级人员，以及‘通常相信合作者是诚实和可信赖的’”①。这样一来，古德的责任仅仅是工作中的失察和管理上的疏忽而已。这样的结论似乎是有问题的。萨默林事件被人称做“让人们最早意识到存在科学不端行为的关键事件”，因为它的发生与不合理的现代科学研究机制密切相关。日本研究科学道德问题的专家山崎茂明说：“不端行为的发生，与这些人是否在精神上存在问题无关，其症结为不甚合理的现代科学研究组织和研究体系。人们开始清醒地意识到，只要存在这种体系，就会不断出现第二个、第三个萨默林博士。”②

（撰稿人　方贤绪）

① 布劳德·W，韦德·N. 1988. 背叛真理的人们——科学界的弄虚作假. 北京：科学出版社：173.

② 山崎茂明. 2005. 科学家的不端行为——捏造·篡改·剽窃. 北京：清华大学出版社：36，37.

第四章　藤村新一考古造假事件

>>>>>

人类起源的时间和地点一直是考古学界的重大研究课题。长期以来，日本考古学界一直以3万年前为界，把日本人的远古历史分为旧石器和新石器两个时代。20世纪60～80年代，日本考古学界对日本到底是否存在“旧石器前期”而争论不休。由于日本的土壤呈酸性，人和动物的骨骼难以长期存在，所以考古人员只能依靠寻找远古地层中的石器来了解当时人类的文明。而为这场长达20多年的争论带来“惊喜”的，竟然是当时名不见经传的业余考古人员藤村新一。事情的真相究竟如何？

一、连续的“重大考古发现”

藤村新一仅高中毕业，没有上过大学，也没有经过考古的科班训练，但藤村新一加入考古队后就有“不俗表现”。1981年9月25日，31岁的藤村新一参加了宫城县岩出山町的“座散乱木遗址”考古调查。10月3日下午藤村新一赶到考古现场后抄起铲子就挖，大约五分钟后就听见他兴奋地大声喊道：“出来了！”这时正在火山灰地层干活的人们一齐围了过来，看见藤村新一的铲子头上有一个小石块，那就是旧石器！他因从4万多年前的地层中“发现了石器”而一举成名，考古报告中写道：“发现了期待已久的石器!!”用的是双惊叹号。当时“出土”石器有49件之多，这些石器如果属实，即可证明4

万多年前日本本州岛上有人生活过，故日本文化厅文物主任在调查报告中写道："可以说日本是否存在石器时代早期（即旧石器时代）的争论至此得出结论。"从那以后，"座散乱木遗址"被日本政府定为国家级历史遗址。

从此，藤村新一在考古界一发而不可收，只要有他参加，肯定就能发现石器，可谓"成果"不断，年年出新，为日本创造了一个又一个考古挖掘的新纪录。继"座散乱木遗址"之后，藤村新一又相继在仙台市内 10 万～3 万年前的地层中"发现了"石器，1983 年在宫城县大和町的"中峰 C 遗址""发现了"37 万～14 万年前的石器，1984 年在古川市的马场坛 A 遗址约 17 万年前的地层中"出土了"48 件石器。1992 年，藤村新一在宫城县筑馆町的高森遗址"发现了"旧石器时代的 15 件石器，1993 年 5 月，东北历史资料馆举行记者招待会，宣布"高森遗址"是"约 50 万年前的遗址，是日本最古老的遗址，证明了日本在北京猿人时期也存在猿人"。藤村新一因对未提他的名字而对资料馆产生不满，转而去寻找其他"遗址"调查。1993 年 11 月，就在距"高森遗址"仅有 500 米左右的上高森地方，藤村新一"发现了"约 40 万年前的 22 件石器；1994 年 10 月，他又"发现了"50 万年前的 6 件石器。此后上高森遗址成了藤村新一发掘旧石器的聚宝盆，每年都有新发现，每次挖掘出的旧石器都向前跨越 10 万年。

1995 年 10 月，富山大学学者通过古地磁法地层测定，确认上高森属于约 60 万前的地层。于是，上高森便正式成为日本最古老的"遗址"。此后藤村新一的"成绩"更为惊人，这年他在这里不仅"发现了"60 万年前的 15 件石器，还"划时代地发现了"埋藏石器的遗迹：在 45 厘米长、25 厘米宽、7 厘米深的圆形坑内呈 T 字形摆着 5 件小石器，其周围呈 U 字形摆着 10 枚大一点的石器。这一堪称世界级的发现，使日本部分考古学者和媒体欢喜若狂。几名权威级的考古专家联名在日本的《科学》杂志上发表文章，称小石器摆出的 T 字形可能象征男性性器，而大石器摆出的 U 字形则可能象征女性性器。当年猿人摆下这一图案，可能是为了祈祷上天保佑庄稼丰收。还有一名著名的考古学家在网上发表论文，文章在分析了石器图案蕴涵的几种可能性后指出，上高森遗址的猿人使用复杂的语言，有时间观念。这个证据足以推翻欧美等国家的考古学者主张的猿人智力低的部分学说。

1997 年，藤村新一同样有奇迹般的"发现"。他在相距约 30 公里的两处"遗址"中发现了约 10 万年前的竟然可以完全对接在一起的两件石器断片。

据说，在那以前世界上出现过在相距两地发现可对接在一起的石器的先例，那是在德国相距几公里的两处遗址发现的约 2.5 万年前的两件石器。对这一先例，藤村新一也进行了模仿。

进入 21 世纪后，藤村新一的事业更是“硕果累累”。2000 年尤为不寻常。2 月，藤村新一在崎玉县秩父市的“小鹿坂遗址”“发现”“柱坑遗迹”。柱坑的直径为 10 厘米，位于约 50 万年前的地层。这种坑共有 10 个，呈两个五角形排列。在两个五角形中间，各有 7 件石器。当时的报告推测说这里可能是猿人的建筑遗迹。实际上，这样古老的建筑遗迹在世界上尚未有先例。6 月，在北海道清水町的“下美蔓西遗址”，藤村新一又“发现了”约 50 万年前的石器，该“遗址”位于北纬 43 度。进行调查的札幌国际大学和东北旧石器文化研究所宣布，“这是超过北京猿人（距今 70 万～20 万年前）的亚洲最北的猿人遗迹”。7 月，藤村新一在和“小鹿遗址”相同的秩父市的“长尾根遗址”“发现了”约 35 万年前猿人挖的两个直径为 60～90 厘米、深为 30～60 厘米的圆坑，其中的一个坑中间还有 3 件石器。崎玉县教育委员会煞有介事地宣布，如从石器被作为陪葬品考虑，这里可能是世界上最古老的墓址。10 月，他又从“上高森遗址”“发现了”60 万年前的 65 件旧石器，以及 5 个约 60 万年前的直径为 20～30 厘米、相距约 40 厘米的柱坑。当时一些学者还一本正经地分析说，从建筑物大小判断，这些坑是存放石器用的建筑遗迹，这也是世界上最古老的建筑遗迹。

追溯自藤村新一在“座散乱木遗址”的“发现”打开了日本石器时代早、中期的大门之后，日本列岛的人类史的追溯过程取得了任何人都想不到的“飞跃进展”。1993 年，“高森遗址”被宣布为 50 万年前的遗址，进入“猿人时代”；崎玉县“小鹿坂遗址”、“长尾根遗址”有过“秩父猿人”；北海道也有过猿人，那时日本列岛出现了“猿人热”。到“上高森遗址”被认为是 70 万年前的遗址时，这种古代传奇热达到了顶点。踌躇满志的藤村新一甚至公开扬言，他将从上高森遗址挖出“100 万年前”的旧石器，作为送给恩师的礼物，甚至还声称有可能在日本找到原始人的骨头化石。俨然在石器时代早期，世界上最先进的文化就在日本的东北地区，而日本猿人则是世界上最具智慧的猿人。藤村新一一系列的“成绩”使其成为日本考古界的“巨擘”，由此担任了东北旧石器文化研究所副理事长。

二、造假事件的揭穿与处理

藤村新一接连不断的奇迹般的“发现”，逐渐引起了日本考古学界和新闻媒体有识之士们的警觉，因为不论在何处发掘，几乎所有的重大发现均无一例外地出自他一人之手，只要藤村新一不在现场就一无所获，同时藤村新一从未提交过一份像样的学术报告，此外，一些专家还曾对石器的形状、排列和地层表示过质疑。考古学是一门严肃的科学，毕竟日本参与考古事业的多数人还是尊重科学的，他们对少数人出自狭隘的民族主义情绪和政治野心，借机美化日本历史的行为深恶痛绝。为此日本《每日新闻》在上高森遗址周围设置了几个监视器，经过长达几个月的观察，他们终于拍到了令人瞠目结舌的一幕：藤村新一在凌晨无人之际，偷偷溜进即将挖掘的现场，从口袋中掏出 6 块事先准备好的石块埋入地下备用。2000 年 11 月，日本《每日新闻》将藤村新一的伎俩曝光，20 年来伪造的日本远古历史终于显现原形。

藤村新一的学术造假行为在新闻媒体上曝光之后，在日本学术界和社会上引起了强烈的反响。各界人士纷纷谴责藤村新一的可耻行径。不久前刚刚向藤村新一颁发了县知事表彰的日本埼玉县知事气愤地称此次造假事件是“日本的耻辱”。日本内阁官房长官和文化厅长官也分别表态，要求有关部门对事件进行详细调查，并要求将审查的视野扩大到其他旧石器时代遗址。

为了彻底查清此事，日本考古学协会于 2001 年 6 月设立了一个专门委员会——前·中期旧石器问题调查研究特别委员会（简称特别委员会）。特别委员会首先要搞清楚藤村新一造假事件的“受灾面积”究竟有多大。这项工作主要通过两个方面展开：一是给藤村新一施加压力，让其交代全部造假事实；二是组织力量重新排查验证藤村新一涉足过的所有遗址。

藤村新一在造假事件被揭露后，先是躲进了宫城县的一家寺院“闭门思过”，后来又因“身体欠佳”住进了当地的医院。2001 年 6 月以后，特别委员会委员长户泽教授多次到医院找藤村新一谈话，在强大的舆论压力下，藤村新一终于在 2001 年 9 月下旬向特别委员会递交了一份自 1981 年以来从事造假活动的遗址名单。名单中记录的内容令人触目惊心，藤村新一从事造假的遗址并非他最初所承认的两处，而是多达 42 处！从藤村新一交代的造假遗址名单来看，他的造假活动涉及日本关东、东北地区的 7 个县（道），即北海道（被造假遗址数为 4 处）、岩手县（2 处）、宫城县（14 处）、山形县（6 处）、福岛县（2 处）、群马县（3 处）、埼玉县（11 处）。在这些遗址中包括了近 20 年来日本旧石器文化考古中最著名的遗址，其中有宫城县座散乱木遗址、马场坛 A 遗址和上高森遗址，福岛县一斗内松叶山遗址，埼玉县小鹿坂遗址。这些遗址和发现的遗物早已被冠冕堂皇地写入教科书和历史书中，变成了常识性知识。根据藤村新一提供的造假遗址名单，他本人承认的造假活动最早始于 1981 年让藤村新一一举成名的座散乱木遗址的发掘。这就是说，藤村新一的成名始于造假活动，身败名裂也缘于造假活动。他 20 年来的考古发掘生涯，不过是一个学术行骗的过程！

藤村新一交代的 42 处造假遗址使日本旧石器考古界感受到了“灾情”的严重程度。然而，人们有理由怀疑藤村新一迄今为止交代的内容还不是他以往造假的全部内容。比如，在藤村新一提交的坦白材料中，他承认在座散乱木遗址的第 13 地层中出土的石器是他埋进去的，但他否认其下方更古老的第 15 地层中出土的石器与他的造假有关，这显然不合情理。再如，1986～1987 年，藤村新一等人曾对日本南关东的东京都多摩市新城建开发区进行了勘察和发掘。结果在该地区的 471－B 遗址的 3 万年以上的地层中多次发现石器。藤村新一本人先后 3 次到过该地区，其中有两次都亲手发现了石器。另外还有一次是他用电话联系的方法，遥控指挥其手下的调查员进行发掘，结果也发现了石器。现在看来，上述调查和发掘过程及出土的石器都有许多可疑之处。可是，在藤村新一交代的造假遗址名单中并未提到这个遗址。另外，最近还有人指出，藤村新一的造假活动恐怕不是始于 1981 年，而是在 1976 年就开始了。因为在 1981 年以前的几次考古发掘中，包括座散乱木遗址（1976 年）、鹿原 D 遗址（1978 年）、山田上之台遗址（1980 年）等，藤村新一也都不可思议地发现了旧石器。现在这些石器的性质已受到严重的怀疑。

2001 年 5 月 24 日，日本考古学协会旧石器时代前、中期问题调查研究特别委员会经过在各地验证后而严肃宣布最终的调查结果：日本东北旧石器文化研究所前副理事长藤村新一参与过调查的 9 个都、道、县计 162 个古代“遗址”均有捏造行为，藤村新一参与发掘的出土遗迹和旧石器没有任何学术价值。所谓石器时代早期、中期（3 万年前）的所有“遗址”均不成立。接着，日本考古学协会于 7 月 6 日郑重宣布，经对石器出土的地层复查，日本尚未发现石器时代早、中期遗址，也没有在列岛找到存在过猿人的证据。日本国内迄今为止出土的最古石器所具历史不过为八九万年。三省堂、东京书籍等多家教科书出版社决定删除书中有关旧石器的内容，重新改写日本古代史。

事件发生后，东北旧石器文化研究所迅速将藤村新一除名；日本考古学界的全国性学术团体日本考古学协会也对藤村新一做出了该会的最高处罚——令其退会；藤村新一本人及他所在的研究所和有关发掘者的个人网站和个人主页在网民的一片叫骂声中关闭；藤村新一曾获得的“相泽忠洋奖”也被撤销和收回。日本全国各地的博物馆，特别是东北地区的历史学、考古学的专业资料馆、博物馆纷纷撤除了与藤村新一的发掘有关的展品和说明。与此同时，实教出版社、山川出版社、三省堂、东京书籍出版社等一批出版高校和中小学教科书的出版社分别向日本文部省提出申请，要求修改教科书中的有关内容。

三、造假事件的危害与分析

在藤村新一的坦白中，最让文化厅和考古学家感到震惊的是作为国家级历史遗迹的座散乱木遗迹也被包括在内，难道藤村新一参与的发掘成果全部是虚假的吗？重视此事件的日本考古协会成立的特别委员会走访了文化厅，申请进行重新考查的援助。文化厅也约定要进行“积极讨论”，将对位于宫城县筑馆町的高森遗址重新考查。埼玉县已经结束了对秩父小鹿坂遗址等地的重新考查，结果证明风靡一时的“秩父猿人”纯属伪造，遗址已经成为幻影。特别委员会认为“无法根据之前的坦白判断事件的全貌”，希望向藤村新一进行听证调查，但是调查现在处于中断状态。据相关人士介绍，藤村新一精神不稳定，“记忆无法完全恢复”。

藤村新一事件在日本考古学界和全社会引起强烈震撼，由于藤村新一一直代表着日本考古挖掘方面的“最高水平”，日本的许多考古学者忽然发现自己约 20 年的研究都是建立在伪造的基础之上的，自己的研究成果随同藤村新一给日本创下的那些“辉煌考古成果”全都归零，丑闻的败露使得日本有关旧石器时代的研究为此倒退了 20 年，相关的中学历史教科书也为之修改，同时还造成了人们对日本考古学这门科学的极度不信任。日本考古学协会会长甘粕健（新潟大学名誉教授）指出，此次造假事件“辜负了国民的信任”，是摧毁日本考古学基础的“前所未闻的行为”。2002 年 5 月 26 日，甘粕健会长在日本考古学协会全体会议上宣读大会声明，向追求真实历史的国民表示道歉，并宣布今后将制定这方面的伦理规定。他认为旧石器的研究正处于发展阶段，不能否认现在的研究还不成熟。日本考古学协会全体将继续努力了解捏造事件的起因和实际情况。日本《每日新闻》指出，日本考古学因此而信誉扫地。教训是非常深刻的，也是令人痛心的。

人们不禁要问，是什么原因使藤村新一这样的考古骗子能够如入无人之境、肆无忌惮地造假呢？这里应该有日本的社会背景和藤村新一的个人品质两方面的原因。日本自第二次世界大战战败至今，奋发图强，目前已经跻身于世界经济大国和长寿大国的地位，但还想成为政治大国和古代文明大国。日本关于本国历史最早的文字记载当属《古事记》和《日本书记》，但这两部大部分是传说和神话的史书，也只有 1300 多年的历史。即便是中国记载日本的史书《汉书·地理志》，也才 2000 年左右。在这种背景下，考古学在日本备受重视，可以说它肩负着大和民族的期望。于是，对于品质恶劣、急功近利的藤村新一来说，其造假行为就有了发展的温床和活动的空间，从而使得藤村新一至今没有拿出一篇像样的学术报告，所有“发现”均出自他一人之手，却能混迹于考古学界多年，乃至被考古界和舆论界推崇为“石器之神”和“神手”。他的所谓“发掘成果”得到政府高度重视，甚至被一次又一次地写进日本史教科书。藤村新一造假事件给日本考古学界又一次敲了警钟，也值得政府深思。

参考资料

[1] 每日新闻社 . 2001. 发掘捏造 . 东京每日新闻社 .
[2] 卫奇 . 2001. 考古骗局暴光，制假露了原形 . 化石，(01)：10，11.
[3] 文汇专讯 . 日“前旧石器时代”遗迹属伪造 . 香港文汇报 . http：//news. wenweipo. com.
[4] 郑理 . 2001.“改写”日本远古史的“神手”现形记 . 世界通讯，(02)：28，29.

（撰稿人　翁屹）

第五章　赫尔曼－布拉赫伪造篡改研究数据事件 >>>>>

长期以来，德国科学界一直坚信科研不端行为是美国所固有的现象，而对学术自治这一宪法权利的强调也使整个学术界一直反对建立类似美国科研诚信办公室那样防止不端行为的政府组织。正如当时在德意志研究联合会（DFG）中任职的埃泽尔（A. Eser）博士所说的，“准备这样的对策有点夸张，有人认为这样会导致研究者无法进行正常的思考和数据的处理。公开谈论不端行为的问题，可能会破坏科学在一般公众心中的形象”①。然而 1997 年赫尔曼-布拉赫事件引起了科学界的震惊，初步调查显示两人在 1988～1996 年发表的 37 篇论文中含有伪造和篡改的数据。随后德意志研究联合会成立的工作组利用两年的时间对二人职业生涯期间发表的 347 篇论文进行了全面的审查，调查结果表明他们的不端行为远比开始所设想得更为严重。

一、赫尔曼-布拉赫事件的经过

在科研不端事件曝光前，赫尔曼（Friedhelm Herrmann）和布拉赫（Marion Brach）的职业生涯都颇为顺利。1980 年还在哈佛大学时，他们就

---

① Eser A. 1998. Misconduct in science：a German lesson. European Journal of Health Law，(5)：85-87.

开始了科研合作关系。返回德国后，他们先后在美因茨大学和弗赖堡大学工作。1992 年两人又一起来到柏林。1994～1996 年，赫尔曼因为在基因治疗方面取得的成就，成为德国统一后建立的德尔布吕克分子医学研究中心一个研究组织的负责人，而布拉赫则负责四个研究组中的一个。两人的研究集中在癌症的治疗领域，主要是尝试以细胞因子对抗癌细胞为研究方向，经过反复的实验，两人发现肿瘤坏死因子对癌症似乎具有较好的治疗前景。1996 年早期，他们又到了乌尔姆大学进行合作研究。但不久他们的合作关系破裂，布拉赫接受了吕贝克大学的聘任，担任分子医学研究所的负责人①。

1997 年，曾在德尔布吕克分子医学研究中心工作、后离开该研究机构的青年学者伊尔特（Eberhardt Hildt）公开披露了赫尔曼和布拉赫在论文中伪造数据。他还声称其实他早就知道两人伪造数据一事，但由于他们长期占据实验室领导的位置并以毁损年轻学者的科研生涯相威胁，所以他们一直不敢揭发此事。事件披露之后，布拉赫很快便承认，在柏林时与赫尔曼共同发表的四篇论文中包含篡改的数据，如他们共同发表于权威医学杂志《实验医学学报》（*Journal of Experimental Medicine*）上的论文中，一幅关于癌细胞对肿瘤坏死因子反应的自动 X 光照片是她根据其他三幅 X 光照片修改得到的。虽然布拉赫承认了伪造篡改数据的行为，但作为这四篇论文合作者的赫尔曼则断然否认他知道此事。这一年春天，慕尼黑附近的马普研究所对两人伪造篡改数据事件进行了通报。5 月中旬，一家地方报纸和德国新闻周刊《福克斯》公开披露了这起丑闻②。

二、赫尔曼-布拉赫事件的调查过程和处理结果

由于德国在 20 世纪 90 年代中期以前并未如美国那样发生严重的科研不端事件，所以科研不端问题在德国还未引起公众和科学共同体的关注，科研机构也没有建立科研不端行为的应对机制。该事件发生后，乌尔姆大学、德尔布吕克分子医学中心、美因茨大学和弗赖堡大学分别成立了临时委员会负

① Koenig R. 1997. Panel calls falsification in German case "Unprecedented". Science,(8): 894.

② Judson H F. 2004. The Great Betrayal: Fraud in Science. Boston: Harcourt, Inc: 139-143.

责调查赫尔曼和布拉赫在不同时期的研究情况及他们发表的论文的情况，同时成立了一个总的联合委员会负责协调和评估各临时委员会的调查发现。到1997年夏天联合委员会提交最终报告时，有超过30篇论文被认定存在着伪造和篡改数据的可能。随后，由德意志研究联合会和该国最大的癌症慈善机构联合资助的一个专门小组依然对两人所有的出版论文进行审查。在经过了两年多时间，对两位作者全部347篇论文进行审查后，调查组认为所反映出的问题大大超出了先前的预料。调查证实，两人从1988年开始就有了篡改数据的行为，在全部347篇论文中，有94篇文章存在问题，布拉赫参与了这94篇论文中53篇的署名，而弗赖堡大学医学中心血液肿瘤部赫尔曼的上司迈尔特斯曼（Roland Mertelsmann）则参与了59篇文章的署名[①]，为确认迈尔特斯曼是否参与了科研不端行为，调查组从他的245篇论文中随机抽取了5篇没有赫尔曼署名的文章进行审查，没有发现他在这些文章中存在科研不端行为。尽管调查委员会证实他对两人的不端行为并不知情，迈尔特斯曼还是发表了一份声明表示他对署名的文章承担相应的责任。而赫尔曼和布拉赫则分别为自己的行为进行了辩护，赫尔曼指出，“我只是一个临床医生，我在研究小组里只承担与此有关的责任。我的合作人布拉赫博士的数据篡改行为，仅凭阅读论文原稿是发现不了的，也是防止不了的”[②]。而布拉赫则声称：“在赫尔曼博士的施压下，我对1993～1994年两三个病例的数据进行了一定的操作。”[②]到1997年夏末，布拉赫辞去了吕贝克大学教授的职务，赫尔曼也被停职。9月初，赫尔曼称其职业生涯因此事被毁而将乌尔姆大学医学系主任和调查组织告上法庭，要求赔偿1000万德国马克，但随后却不了了之。1998年4月，布拉赫写信给《自然》杂志，声称尽管她很早就向有关部门交代了事件的经过并承认了错误，但她还是被吕贝克大学解雇。调查委员会在进行正式询问和资料搜集过程中曾向她表示会保守秘密，但后来还是向新闻媒体发表了声明，并没有向她通报这一情况，因此她认为自己受到了不公正的待遇，成了整个事件的替罪羊[③]。1998年9月，赫尔曼辞去了其教授职务。格洛克（Wolfgang Gerok）称调查组还要求赫尔曼和布拉赫撤销52篇已被证

① Judson H F. 2004. The Great Betrayal：Fraud in Science. Boston：Harcourt，Inc：142.
② 山崎茂明. 2005. 科学家的不端行为——捏造·篡改·剽窃. 北京：清华大学出版社：93.
③ Brach M A. 1998. Correspondence：scapegoat for fraud in Germany? Nature，(4)：431.

实含有伪造和篡改数据的论文。德意志研究联合会相关人员也表示将会采用法律手段追回赫尔曼从该组织获取的44万美元的研究经费。

三、赫尔曼-布拉赫事件对德国科学界的影响

赫尔曼-布拉赫事件引起了世界科学界的巨大关注，包括《自然》和《科学》杂志在内的学术媒体均对该事件进行了大量连续的报道。它的发生也彻底击碎了德国科学界关于科研不端行为只是美国特有现象的臆想，正如拉普（Rapp）所指出的，该事件为整个德国科学界敲响了警钟。由于赫尔曼曾是德意志研究联合会特殊领域研究评审委员会成员，同时又是基因疗法工作组组长，所以这一丑闻对德意志研究联合会的冲击较大。为此，德意志研究联合会成立了包括三名国外知名学者在内的12人职业自律国际委员会，从科研体制上研究产生不端行为的原因，调查科学界自律的作用，从而为解决科研不端行为提供建议。该委员会参考了其他国家治理该问题的相关经验，同时对德国的情况进行了详尽的考察，于1997年年底提交了《关于保障良好科学行为的建议》，提出了关于良好科学行为的主要原则，以及科研不端行为指控调查程序的16项建议，要求各大学和科研机构确立良好科学行为的规则，制定处理科研不端行为指控的程序，建立相应组织架构和协调员制度，同时还就科研人员的培养、数据保存、作者资格、基金的使用等具体问题提出了建议①。在德意志研究联合会的积极推动下，该建议逐渐成为德国科研不端治理体系建设中的纲领性文件。德国另一个重要的学术研究组织——马普学会也在该文件的框架下制定了更为具体和明确的规范，就良好科学行为的原则、科研不端行为的处理程序、不端行为的认定、可能的制裁措施等方面作了详细的规定。随后在该建议的指导下，德意志研究联合会和各相关学术机构开始建立协调员制度，同时根据各自领域的不同特点建立处理科研不端行为的政策和指南，对监管机构的设立、调查程序、制裁措施等方面做出明确的规定。目前，德国所有的大学和科研机构均建立和实施了相应的良好科学行为

---

① DFG. 1998. Recommendations of the Commission on Professional Self Regulation in Science. http：//www.dfg.de/en [2011-03-01].

的政策和规范①。

四、赫尔曼-布拉赫事件的启示

1. 建立和完善举报人支持和保护机制

科研不端行为的披露取决于研究人员对不端行为的认识及敢于揭露这种行为的勇气。尽管此类事件的公开对整个社会及确保负责任的研究都具有重要的意义，但是举报人却可能因此遭到敌视和报复，因此科研人员举报科研不端行为的意愿与科研机构在举报发生后所能提供的保护和应对机制是息息相关的。已有的研究表明，有 51.5%的举报者在随后的工作中有过失去科研资源和机会的经历，有 28%的举报者失去晋升机会，有 8%的人被研究机构解雇，不予续约②。而在本案例中伊尔特也指出，由于赫尔曼和布拉赫以职业前途相威胁，所以直到离开了吕贝克分子医学研究中心后，他才敢将赫尔曼和布拉赫的科研不端行为公之于众。可见，完善的举报人支持和保护机制是营造诚信科研氛围的重要保证。政府和科学共同体要以法律和规范的形式对举报者的个人信息及举报损失等方面进行保护，建立安全规范的举报人信息处理机制，注重对举报流程等环节的细节管理，严格控制举报人信息的知悉范围，同时设立专门机构来处理举报人所反映的举报后遭受不公正待遇的情况，通过公开听证的形式做出裁决，还应保障听证结果具有强制力和约束性，促使相关部门必须执行，以保障举报人的合法利益。此外，政府也可尝试建立类似美国共分罚款协议的科研不端行为举报激励机制，使得举报人可以从相关事件的披露中获得补偿，从而提升知情者的举报意愿。

另外，政府和科学共同体还应不断完善科研不端行为举报的咨询服务机

---

① ESF. 2011. Stewards of Integrity Institutional Approaches to Promote and Safeguard Good Research Practice in Europe. http：//www. esf. org [2011-03-01].

② Lubalin J S, Matheson J L. 1999. The fallout：what happens to whistblowers and those accused but exonerated of scientific misconduct. Science and Engineering Ethics，(5)：243，244.

制。制定良好科学实践的标准和指南仅为实际的科学活动提供了一个基础，这些标准的实际运用面临着更为复杂的现实情境。因为在具体案例中，对科研不端行为的评判并不是一件容易的事。而举报所涉及的机构和同事通常视这种行为为背叛，尤其当怀疑涉及学术领军人物时可能会对举报者学术生涯带来较大的影响，这些都给科研不端行为的披露造成困难。为提供走出这一困境的路径，除需要对举报者提供制度性保护外，政府和科学共同体还需要为其提供良好的帮助和支持。德国在随后的科研不端监管体系建设中就特别注意协调员机制的建设。从一般意义上理解，协调员制度相当于一个介于学术管理与法律制裁之间的"中间"制度，在具体的案例中对相关责任主体起到咨询和援助的作用，任何一位从事科学研究的人员，如有任何关于存在科研不端行为的怀疑或证据，都可以及时与本机构或更高层机构的协调员进行沟通、咨询或讨论。这项制度立足于尽可能将科研不端行为消灭在萌芽状态，同时也为科学工作者提供了保护，使其不会因一点瑕疵或因对科研不端行为的无知而葬送其学术生命。因此，良好的咨询服务机制也是科研不端行为得以举报和披露的重要保证。

2. 期刊编辑提高责任意识，及时撤销含有不端行为的论文

科研论文是研究成果的记录，也是科学同行进一步开展研究的基础。正是对同行成果的继承和创新，科学知识才能不断在深度和广度上得以拓展。含有伪造数据的论文不仅是对探求真理的科学精神的背叛，也会将他人的研究引入歧途。因此，作为成果交流重要媒介的科学期刊有责任对含有伪造数据的论文进行及时的标注和处理，防止其他人员以虚假的研究成果为基础开展研究工作，而期刊的编辑显然在此过程中扮演着极为关键的角色。但由于各种因素的影响，这些含有伪造数据的论文却并不一定能够及时予以撤销。在这起伪造篡改数据案例中，在以埃泽尔博士为首的调查小组发布其最终调查报告的两年后，《自然》杂志对 29 种发表过赫尔曼和布拉赫伪造篡改数据论文的期刊进行了调查。在 20 种有回应的期刊中，有 14 种期刊并没有撤销有问题的文章，其中"7 种期刊回应说他们并不知道开展调查这件事，而超

过4种期刊的编辑不知道整个调查已经结束。”[①] 因此，科研不端行为的处理，需要建立和完善科研机构和学术期刊的沟通机制，制定学术论文撤销的规范性操作程序，不断提升编辑的责任意识，使得含有伪造数据的论文能够及时有效地得到处理。只有科研机构和学术期刊相互配合、共同努力，才能较好地确保研究基础的可靠性。

3. 加强科研人员的科研诚信教育

虽然赫尔曼-布拉赫事件最终的调查表明，两名研究人员在1988～1996年近10年所发表的347篇论文中有94篇存在问题，但是布拉赫在事件披露时只承认其在1993～1994年的4篇论文中存在伪造和篡改数据的不端行为，在其1998年写给《自然》杂志的申辩信中也只承认她犯下了“错误”。这固然有当事人试图掩盖不端事实的因素，但不可否认的是，这也与当时德国科学界缺乏明确的科学实践规范，当事人对科研不端行为的具体类型及对不端事件后果的严重性认识不足有关。因此，加强科研诚信的教育就是防止科研不端行为的重要保证，正如美国学者鲁斯·菲施巴赫（Ruth Fischbach）所指出的“促进诚信的研究环境之要素是教育——道德钟情于有准备的头脑”[②]。在具体的科研实践中，我们可以加强科研诚信教育内容和课程体系建设，将科研诚信教育纳入科技人员职业教育培训体系，尤其需要注重将多种手段相结合，利用体验学习等形式，模拟日常研究的真实情境，通过研究人员的参与和反思，使其道德敏感性和推理能力得以提升，道德认知和道德判断能力不断增强，从而确保良好的科学研究氛围得以形成。

参考资料

[1] Abbott A. 1989. German on cology research shaken by fraud case. Annals of Oncology，(9)：1，2.

[2] Abbott A. 1997. Fraud claims shake German complacency. Nature，6：750.

① Judson H F. 2004. The Great Betrayal：Fraud in Science，Boston：Harcourt，Inc：143.

② 美国医学科学院，美国科学三院国家科研委员会 .2007. 科研道德：倡导负责行为 . 苗德岁译 . 北京：北京大学出版社：26.

[3] Hagman M. 2000. Panel finds scores of suspect papers in German fraud probe. Science，(6)：2106，2107.

[4] Judson H F. 2004. The Great Betrayal：Fraud in Science. Boston：Harcourt，Inc.

[5] Koenig R. 1997. Scientific misconduct：panel calls falsification in German case "Unprecedented" . Science，(8)：894.

（撰稿人　胡剑）

第六章 “冷核聚变”事件及其事主弗莱希曼和庞斯 >>>>

美国犹他大学的电化学专家马丁·弗莱希曼（Martin Fleischmann）和史坦利·庞斯（Stanley Pons）用一对稀有金属，即用铂做正电极、钯为负电极，制造的电极可以电解重水。他们声称用钯做的负电极很容易吸附氢离子，通上电流就能用电解的方法让重水中的氘发生核聚变反应，而且输出的热能要比输入的电能多。美国犹他大学认为该项研究有利可图，不惜违反科研常规，用举办新闻发布会的方式争抢优先权，引起世界科学界对“冷核聚变”的过度关注。事实上，“冷核聚变”的实验结果并不可靠，也不能由此得到有用的能源。“冷核聚变”事件引发的是科学界关于“病态科学”和科学道德的思考。

一、犹他大学宣称实现了“冷核聚变”

1989 年 3 月 23 日，位于美国西部盐湖城的犹他大学举行新闻发布会，宣布该校科学家实现了“冷核聚变”。这条不同寻常的新闻立即引起了全世界的高度关注。人们以为，无数科学家几十年来孜孜追求的受控核聚变终于变成了现实，困扰人类多年的能源问题终于可以迎刃而解了。

然而，稍微有一点科学素养和社会常识的人都知道，时至今日，人类的能源仍然主要依赖于石油、煤炭等化石资源。人类的能源危机不仅没有一劳永逸地化解，而且正在一天一天地加剧，世界范围内的石油争夺战正在一天一天地白热化。目前，世界各地核电站仍然使用铀制成的核燃料在反应堆的设备内发生裂变，从而产生大量热能，再用水把热能带出，由水蒸气推动电机旋转发电。也就是说，今天人们使用的核能来源于核裂变，而不是核聚变，更不是“冷核聚变”。

所谓“冷核聚变”，是指一种成本低、易操作的受控核聚变反应。从理论上讲，这种反应发生的条件应该是常温常压、相对简单的设备或是在接近这样的条件下发生的。因此，“冷核聚变”又可称为“室温核聚变”。“冷核聚变”如果变成了现实，等于使用简易的手段解决了世纪难题。

近代物理学知识告诉我们，原子核中蕴藏着巨大的能量。在特定的条件下，一种原子核可以转变为另外一种原子核。原子核的这种转变过程往往伴随着能量的释放。由质量大的原子核转变为质量小的原子核，就是核裂变，原子弹爆炸就是核裂变的结果；反之，由轻的原子核转变为重的原子核，就是核聚变，太阳发光发热的能量就是来源于核聚变。在核聚变反应中，多个轻原子核被强行聚合，形成一个重原子核，在这个过程中伴随着惊人的能量释放。核聚变中质量小的原子（一般情况下是氘或氚），在诸如超高温和高压等特定条件下，发生原子核互相聚合作用，从而生成新的质量更重的原子核，同时，释放出巨大的能量。

目前，人类已经实现了不受控制的核聚变（氢弹爆炸就是以这种热核聚变反应为基础的），可在瞬间产生大量热能。但是，这种不受控制的核聚变产生的能量只会给人类带来灾难，很难被有效利用。只有受控核聚变才能使热核反应在一定约束区域内，以可控的速度和规模，根据人们的意图有节制地产生与进行，从而实现平稳、持续的能量输出。受控核聚变反应一旦成功，则可向人类提供最清洁而又取之不尽的能源。因此，受控核聚变长期以来一直是科学家们研究的重大课题，尤其对于那种成本低、易操作的“冷核聚变”来说，更是人类的夙愿。

受控核聚变需要的条件非常苛刻。科学界普遍认为，核聚变需要上亿摄氏度的反应温度，同时还要把反应物约束在一个狭小空间内。这就是半个多世纪以来主宰核聚变研究的热核聚变理论。目前，可行性较大的受控核聚变反应装置就是俗称人造小太阳的超导托卡马克（tokamak）。即便是托卡马克这样的热核聚变装置仍然处于研究中，不仅技术不够成熟，而且这种装置异常复杂，造价昂贵，根本不可能产生任何经济效益。但是，弗莱希曼和庞斯宣称可以让核聚变在室温下进行，他们不需要复杂昂贵的反应堆，所用的装置只是一个简单的盛有锂盐和重水的电解槽。他们用一对稀有金属，即用铂做正电极，钯为负电极，可以电解重水。用钯做的负电极很容易吸附氢离子，通上电流就能用电解的方法让重水中的氘发生核聚变反应。据说，他们观测到了热能的输出，而且这种现象不能用化学反应来解释。为了研究这种神奇的放热现象，弗莱希曼和庞斯设计了一个检测放热的量热器，把电解槽放入一个恒温水箱中，测量电解槽和水箱的温差，测量多少热从电解池释放出来。他们发现，输出的热能的确要比输入的电能多，有时候大约能多出 25%。这些多余热能应该就是核聚变产生的。他们进一步认为，如果使用一个超大型的电解槽，能够大幅度提高输出热能与输入电能的比例。在新闻发布会上，犹他大学把这个仅仅是初步的设想当做研究成果，向媒体宣称，他们用 1 瓦电能产生了 4 瓦的热能。

事实上，所谓的“冷核聚变”根本没有当事人宣称的那种神奇效果。包括加州理工学院、耶鲁大学等校的著名大实验室进行的重复实验得不出犹他大学宣称的结果，重复实验中没有发现异常的中子和热能产生。

美国“冷核聚变”事件，不仅在科学发现的真实性方面饱受争议，而且违背了科学研究的基本原则，在科研道德和学术规范方面也值得研究和反思。

二、争夺优先权的丑陋表演

美国“冷核聚变”事件的事主除了犹他大学校方，还有两位主要当事人，他们是退休教师弗莱希曼和他的学生庞斯。弗莱希曼曾经担任过英国南安普敦大学电化学系主任，是一位小有名气的电化学家。犹他大学教授庞斯是弗莱希曼的学生，二人不仅是师生关系，而且是科研方面的长期合作伙伴。

20 世纪 80 年代中期，弗莱希曼从英国南安普敦大学退休以后来到美国犹他大学，与昔日的学生庞斯一起研究电解核聚变。一开始，他们的研究有点像个人的业余爱好，不仅自己掏钱购买实验设备和耗材，而且是在私下里悄悄进行的。他们的科研条件也非常简陋，庞斯家的厨房和犹他大学化学楼的地下室都曾经是他们做实验的场地。这样的研究大概持续了四五年的时间，始终没有取得理想的效果。于是，他们转变思路，计划进行一系列的对比实验，通过使用不同的电极形状、电解质、电流强度等实验仪器和材料，改变各种技术参数，从而发现在什么条件下能获得最佳结果。尽管他们起先做实验用的电解槽装置费用只需100美元，几年的自费研究还是花了他们10万多美元。这对于他们来说已经是一笔不小的开支。现在要做这样的对比实验，需要一系列的电解槽和其他检测仪器，他们个人的经济能力是无法承担的。于是，他们决定将私下里进行的“冷核聚变”研究公开化，向政府申请资助。他们将资助申请递交给了美国能源部（DOE），美国能源部有一位叫斯蒂芬·琼斯（Stephen Jones）的评审专家，他是杨百翰大学（BrighamYoung University）的物理学家。琼斯看到他们的申请报告时非常吃惊，因为他自己两年来也在研究类似的问题，而且他供职的杨百翰大学与庞斯供职的犹他大学很近，两校相距不过50英里[①]，都位于犹他州。琼斯的研究方向是中子释放，如果重水中的氘发生了核聚变，就会释放出中子。为此，他也正在做电解重水的实验。他制造了一个精致的中子探测器，用来检测电解槽中释放出来的中子。在这样的情况下，琼斯与弗雷希曼和庞斯取得了联系，并希望双方在电解重水领域开展合作研究，但对方不愿意。

弗雷希曼和庞斯也许感到了琼斯这个竞争对手的威胁，希望获得犹他大学的支持，从而尽快取得科研成果，就将他们的研究情况报告给了校长。很明显，犹他大学校长意识到了这项研究拥有广阔的应用前景，当然也蕴涵了巨大的经济利益，自然非常重视这项研究，并立即指派律师为该项研究申请专利。为了与琼斯的研究组争夺优先权等更多的利益，1989年3月6日，犹他大学校长亲自带领弗雷希曼和庞斯赶到杨百翰大学，就“冷核聚变”研究成果分享与杨百翰大学校长和琼斯会晤。双方最后达成协议，按照科学研究的正常程序，根据各自的研究情况，分头将自己的研究成果写成一篇论文，同时投寄英国的《自然》杂志。双方还约定于1989年3月24日在机场见面，把两篇论文一起交给联邦快递寄往英国。这样似乎比较公平，他们把论文发表的优先权交给了杂志社。

也许是诱惑力太大，也许是名利心太强。犹他大学最终偏离了科研的正常轨道，科学史上一出不光彩的闹剧上演了。1989年3月23日，犹他大学

① 1英里≈1609.3米。

背信弃义，违反双方的约定，单方面举行新闻发布会，抢占了“冷核聚变”科学发现的优先权。而且，犹他大学也不掩饰自己的意图，在新闻发布会之后，校方解释说，之所以在双方约定投稿日期的前一天召开新闻发布会，就是为了保护可能获得的发明专利权。更加令人不能容忍的是，在新闻发布会上，当有记者问犹他大学校方是否知道有其他人也在从事类似研究的时候，他们的回答居然是不知道。这种明目张胆的欺骗和抢夺，使得琼斯极为恼怒。他在新闻发布会后立即用传真给《自然》杂志发送了自己的论文。

三、狂热过后的冷清结果

新闻发布会以后，许多国家的媒体都把这条消息作为头条新闻，纷纷向公众报道“冷核聚变”划时代的重大意义。世界各地的人们都为人类在不远的将来就可以拥有取之不尽、用之不竭的清洁能源而欢欣鼓舞。“冷核聚变”研究的热潮迅速席卷全球，世界各地的科学家和研究机构争先恐后地投入这项研究之中，成百上千家实验室着手重复该项实验。犹他大学的新闻发布会过后一个星期，世界各地就不断传来成功进行重复实验这样激动人心的好消息。最早宣布重复出弗莱希曼和庞斯实验结果的是日本和匈牙利的科学家。随后，美国得克萨斯 A&M 大学（Texas A&M University）宣布，在该校研究团队所做的重复冷核聚变实验中，电解池能够释放出 90%多余的热能。佐治亚理工学院（Georgia Institute of Technology）也举行新闻发布会，声称他们在重复实验中检测到电解槽中释放出大量的中子，从另一个角度证实了“冷核聚变”的可靠性。俄罗斯、意大利、巴西、印度、朝鲜等国家的实验室在其后也纷纷宣布自己重复出了冷核聚变的结果。一时间，“冷核聚变”研究成为科学界的“显学”，以至于用来制作“冷核聚变”实验的金属材料铂、钯价格急剧上涨。策划这场“冷核聚变”事件的事主犹他大学、弗莱希曼和庞斯几乎在一夜之间变得大红大紫。犹他大学因此得到了犹他州政府提供的 500 万美元经费，并于 1989 年 8 月成立了国家冷核聚变研究所，著名电化学家威尔（Frizz G. Will）出任所长，犹他大学校长切斯·彼得森（Chase Peterson）还亲自跑到华盛顿要求美国国会提供 2500 万美元特别经费，资助“冷核聚变”项目研究。1989 年 4 月 12 日，在美国化学学会的半年会上，庞斯的演讲获得了7000名与会者为他起立欢呼的殊荣。英国《自然》杂志的审稿人要求弗莱希曼和庞斯提供实验的细节和对比实验，但他们对此似乎遮遮掩掩、语焉不详。虽然《自然》杂志最终没有发布弗莱希曼和庞斯的那篇文章，但论文发表与否对他们已经不重要了。

理论家在这段狂热的日子里也不甘寂寞，纷纷制造了一些新奇的所谓“理论”，来解释、配合实验室的所谓“成果”。美国麻省理工学院的哈格尔斯坦（P. Hagelstein）认为在电解重水的过程中，氘与氘直接聚合，生成^{4}He，将多余的大约20Mev能量输送到钯电极，从而解释弗莱希曼和庞斯实验中的热能。美国麻省理工学院为此还填写了专利申请，进一步巩固自己填补该项理论研究空白的学术地位。

“但早期宣布的结果往往耸人听闻，矛盾百出。有的声称只发现大量的热，而有的则说只测到中子。但这些早期的实验一般都带着浓厚的急于上马、急于求成、唯恐在这一新兴领域中得不到一席之地的味道。”① 佐治亚理工学院原先说他们检测到大量的中子，后来又说他们的中子探测器出了问题，因而决定撤销先前的报告。美国麻省理工学院的哈格尔斯坦后来也放弃了自己关于“冷核聚变”的理论。这项研究涉及化学和物理学两个学科。物理学家大多持否定意见，而化学家支持的则比较多，甚至一度出现物理学和化学两个学科两军对垒的局面。科学的客观性和科学家的理性是不允许这样的现象存在的。一段时间的狂热过后，科学界渐渐冷静下来，一些大实验室陆续公布了他们的实验结果。美国麻省理工学院、加州理工学院、耶鲁大学及隶属美国能源部的布鲁克海文国家实验室（Brookharen National Laboratory）和美国橡树岭国家实验室（Oak Ridge National Laboratory）纷纷宣布，他们在重复实验中没有发现多余热量的产生，也没有发现异常中子的释放，不能证实弗莱希曼和庞斯实验的电解槽中发生了核聚变。1989年5月，在美国物理学会年会上，绝大多数出席会议的科学家都认为所谓的“冷核聚变”不可靠。1989年6月，英国著名的原子能研究机构哈威尔实验室宣布，在弗莱希曼本人的通力合作下，10位科学家花费3个月时间，耗资50万美元重复犹他大学的“冷核聚变”实验，没有取得预期的结果。他们在实验中选用了8种不同类型的钯电极，没有看到任何氘与氘聚变的产物，包括^{3}He、^{4}He、^{3}t、中子

① 庆承瑞．1991．病态科学，冷聚变及其它．自然辩证法研究，(1)：49.

及热能的释放。

由于多数研究机构未能重复弗莱希曼和庞斯的实验结果，特别是未能测出现有的核理论所预言的中子产额，美国能源部能源研究顾问委员会的冷聚变小组委员会，在分别访问了犹他大学、杨百翰大学、得克萨斯 A&M 大学、加州理工学院等研究机构以后，于 1989 年 7 月 31 日发表了一个临时性的调研报告，认为众多的研究机构希望从实验中检测出氚的产生，尽管测量到低产额的中子在科学上是有趣的，但没有产生能源的明显效用。鉴于实验和测量的困难性，该委员会鼓励协同努力。1989 年 10 月 31 日，该组委员会通过了最终报告，认为“冷核聚变”的相关实验一直没有提供令人信服的证据，不能表明这种现象可以得到有用的能源。从当时的实验结果看，弗莱希曼和庞斯声称发现被称做“冷核聚变”的新的核过程是没有说服力的。室温条件下的核聚变同 20 世纪以来获得的有关核反应的所有知识相抵触，它需要发现完全新的核过程。鉴于此，该委员会最终不建议为“冷核聚变”研究提供专款①。

“冷核聚变”没有在重复试验中得到证实，加之美国能源部不再资助该项目，媒体来了个 180 度的大转弯，批评质疑之声不绝于耳，甚至指责弗莱希曼和庞斯是亵渎科学的骗子。面对巨大压力，犹他大学决定审查庞斯的工作，并宣布，如果该项目专家组不能在该校国家冷核聚变研究所的试验中获得核聚变的证据，他们将关闭该研究所。最终结果是冷核聚变研究所真的被关闭了，弗莱希曼和庞斯被解职，国家冷核聚变研究所所长威尔和犹他大学校长彼得森先后辞职。

四、“冷核聚变”事件的症结所在

我国科学家也十分关注“冷核聚变”事件。1990 年 5 月，国家自然科学基金委员会数理科学部、化学科学部和国家科学技术委员会基础研究高技术司委托中国核物理学会和北京师范大学低能核物理研究所组织和筹备“冷核聚变学术交流与对策研讨会”。研讨会在北京举行，与会的 100 名专家学者认

① 金尚宪. 1990. 美国“第一届冷聚变年会”及冷聚变研究动态. 科技导报，(32)：39.

为，实验不能有控制地重复，不能确切无误地肯定和描述发现的异常现象。根据目前所观察到的实验事实，没有充分的证据说明“冷核聚变”有直接用于核能源的可能性。但是，从实验工作的角度来审查，也不能断定其实验是错误的，或者说否定其发现的可信性。大多数与会者认为，尽管目前科学理论无法解释“冷核聚变”现象，但这项研究具有科学意义，也可能具有实际应用的前景[①]。“总之，许多实验事实表明，氘化钯金属电极上确实产生过剩热、氚和中子等异常现象，它具有潜在的应用价值。但目前尚无法控制、重复。因此对‘冷核聚变’现象，既不能完全肯定，也不能完全否定，需要进一步探索研究。”[②] 近年来国际科学界也渐渐对“冷核聚变”采取了客观理性的态度，日本、意大利、以色列、美国等国都有人继续从事这项研究，只不过在正式场合，他们已经将“冷核聚变”更名为“低能核反应”。

从科学道德的角度来看，“冷核聚变”事件的实质不在于电解重水是否发生了氘-氘聚合反应，而在于事主弗莱希曼、庞斯和犹他大学校方违背了基本的科研道德和学术规范。一般来说，科学研究成果发布的正常渠道应该是在经过同行评议在科学期刊上发表自己的学术论文，而不是举行新闻发布会，贸然地宣布那些仅仅是初步的实验结果。不成熟的科研结果可以在科学共同体内部探讨，而不应该为了学术以外的利益急切地向社会公众公布。学术界认为“冷核聚变”事件属于典型的“病态科学”。1989 年，正当“冷核聚变”在科学界如火如荼地形成热潮的时候，美国《今日物理》（*Physics Today*）发表了已故著名科学家欧文·朗缪尔（Irving Langmuir）论述病态科学（Pathological science）的遗作。文章认为，在有些科学事件中，尽管科学家完全是诚实的，但他们太热衷于自己的研究，完全被主观的因素和一相情愿的想象引入歧途。1989 年 10 月，在美国国家科学基金会和电能研究院（EPRI）联合主持召开的“氘化金属中的异常效应”工作会议上，与会的 30 多位著名学者评估了“冷核聚变”研究现状。在会后的新闻发布会上，主持者声称，从已有的资料来看，“冷核聚变”效应不可能用伪造、仪器或人为误差来解释。“冷核聚变”事件的“病态”体现在事主不按正常程序投送科学论文，而是一开始就诉诸新闻媒体，给社会形成强大的心理压力，把科学实验

---

① 唐林．1990．我国科学家举行冷核聚变学术交流与对策研讨会．科技导报，(32)：38.

② 金尚宪．1990．美国“第一届冷聚变年会”及冷聚变研究动态．科技导报，(32)：39.

必须具有的客观可重复性变成了一个主观性的信仰问题①。

不管是犹他大学，还是弗莱希曼和庞斯，还是当初急切宣称自己发现“冷核聚变”的世界各地研究机构，他们对科学发现优先权的过度争抢都是不妥当的。“在科学共同体内部，对优先权的争夺同时导致了科学不端行为的发生，即为取得研究的原创性而以非正式方式或未经确证就公布研究结果的行为。”也就是说，在科研成果的发表和传播环节，以非正式方式或未经确证就公布研究结果都是科学不端行为。“在同行评议的学术期刊上发表是科研成果得以传播的标准手段，因为这既宣布了研究主体对于研究成果的优先权，也是成果进一步接受同行检验的良好途径。但少数科研人员基于优先权的考虑而出现了通过传媒等非标准途径公布研究成果的行为，这种做法虽然有助于拓展科学界的交流方式，加速科学知识的传播和修订，但对于传统科学活动质量控制机制的缺失，可能会对整个科学活动的诚信基础和科学的公众形象造成威胁。”②

总之，我们应该遵循一个原则：科学研究看重的是可以重复的科学实验和实实在在的科学论文，那些仅有媒体炒作，而没有在正规学术刊物上发表正式学术论文或没有得到专利审查授权的东西是可疑的。

（撰稿人　方贤绪）

① 庆承瑞．1991．病态科学，冷聚变及其它．自然辩证法研究，(1)：49.

② 中国科学院．2009．科研活动道德规范读本（试用本）．北京：科学出版社：126，127.

第七章　伯尔曼伪造篡改研究数据事件

>>>>>>

虽然学术界一直坚持道德自律的传统，但是自 20 世纪 80 年代初以来，随着多起科研不端事件的曝光，美国政府逐渐介入科研不端行为的审查和处理过程。2005 年对美国佛蒙特大学（UVM）教授伯尔曼（Eric Poehlman）伪造篡改数据案件的调查和处理则标志着美国在科研不端行为的处理问题上由单纯的行政处罚向行政手段与法律手段相结合的方式过渡。而伯尔曼事件也以近 10 年，共有 54 项不端行为指控成立而成为自科研诚信办公室成立以来美国最为著名的案例。

一、伯尔曼案件的缘起

伯尔曼是人类肥胖症和老化领域的研究专家。他于 1987 年进入美国佛蒙特大学医学院担任助理教授和副教授，1993～1996 年在巴尔的摩的马里兰大学工作，后又回到美国佛蒙特大学并成为该大学的全职教授。他以老龄化特别是更年期对代谢变化影响的研究确立了自己在医学研究领域里的地位。在 20 多年的研究生涯中，他发表的论文超过 200 篇，是国际公认的老年病学研究专家[①]。

① 参见 http：//en. wikipedia. org/wiki/Eric _ Poehlman [2011-04-02].

2000 年 10 月，由于以前合作的加拿大同行没有时间撰写论文，伯尔曼便要求同一实验室的博士后研究人员德尼诺（DeNino）撰写一篇年龄对脂类代谢影响的论文，并要求该研究人员使用其发给那名加拿大同行的研究数据。但不久后，伯尔曼实验室的工作人员将一份最新的电子表格交给了德尼诺。正是这份表格为伯尔曼种下了祸根，因为该表格未包含伯尔曼发给他加拿大同行表格中的伪造和篡改的数据，所以德尼诺开始的研究结果表明随着年龄的增长，受试者总胆固醇含量六年间高出两倍，但甘油三酯水平、低密度脂蛋白和高密度脂蛋白水平并没有显著不同。伯尔曼对初步的研究结果感到非常吃惊，要求德尼诺将数据表格给他，以便可以将其与病人的原始记录进行核对。一周后，伯尔曼将表格还给了德尼诺。但这一次德尼诺惊讶地发现，表格中病人总胆固醇、甘油三酯等值在 6 年间均发生了很大的变化。德尼诺对最新的数据感到疑惑，就向伯尔曼提出是否可以检查病人的原始数据记录以确保数据的准确性，但伯尔曼称原始数据已经找不到了。然而巧合的是，德尼诺不久便在研究生办公室的角落里发现了病人的原始记录。在对部分记录进行核对后，德尼诺发现伯尔曼对表格中的数据进行了系统性的修改，这样其研究就可证明老年人体内脂代谢水平在 6 年内有了显著的变化。

德尼诺就原始数据与电子表格内数据的差异向伯尔曼提出了质疑，但是伯尔曼始终以各种理由进行推脱。2000 年年底，德尼诺向佛蒙特大学的高级官员举报了此事。在对德尼诺提供的材料进行审查后，该校决定依据联邦政府相关条例和该校关于科研不端行为的处理政策启动正式质询。

二、伯尔曼事件的调查依据和过程

自 1974 年凯特琳研究院的萨莫林事件曝光以后到 1981 年的 7 年里，美国共披露了 12 起科研不端案例，在公众中引起了强烈的反响。1981 年，美国众议院科技委员会调查和监督分会在戈尔（A. Gore）众议员的主持下召开了美国历史上第一次有关科研不端行为的听证会，开始了政府介入和推动科研不端行为的治理体系建设的进程。1985 年，国会通过了《公共卫生拓展法案》，增加了关于科研不端行为的条款，1986 年美国公共卫生部颁布了科研不端行为的临时定义，1989 年又制定了正式定义，并成立了科学诚信办公室和科学诚信审查办公室对科研不端案例进行调查和处理。同时，各研究型大学也相继建立科研不端行为的治理政策和规范。2000年，白宫科技政策办公室（OSTP）正式颁布了《关于科研不端行为的联邦政策》，消除了此前各部门关于科研不端行为定义的差异，而且规定了统一的举报和查处程序，成为各部门和科研机构最权威的法规依据和政策标准。经过20多年的发展，美国逐渐形成了由顶层的联邦政策、各部门科研不端行为政策及基层科研机构的处理规范相结合的三层行政规制体系，同时相关法律也在科研不端问题的处理过程中逐渐发挥越来越大的作用。伯尔曼事件的调查和处理过程良好地体现了美国科研不端行为处理机制的层次性和有效性。

伯尔曼事件的整个调查过程共分为三个阶段，第一阶段是美国佛蒙特大学依据自身和美国公共卫生部的规范展开质询和调查。第二阶段是科研诚信办公室对佛蒙特大学的调查结果进行审核，在发现伯尔曼更多的潜在问题后，科研诚信办公室拓展了对伯尔曼研究成果的审查范围。第三阶段是确定伯尔曼在联邦基金申请书存在伪造篡改数据行为后，科研诚信办公室配合美国联邦检察长办公室（USAO）对伯尔曼事件展开了刑事和民事调查。

由于伯尔曼从事的研究是美国公共卫生部资助的，所以美国佛蒙特大学最初依据《佛蒙特大学职工手册》第265号相关规定政策及公共卫生部的不端管理规范开始进行质询。质询委员会走访了伯尔曼实验室的其他人员，并审查了负责录入数据的工作人员提供的所有版本的数据表格。调查结果显示，支持伯尔曼老化理论的关键性数据遭到了系统性的篡改。例如，伯尔曼假设随着人年龄的增加，血糖水平将升高而胰岛素水平将下降，因此，代谢的变化将会引起生活模式的改变。据此他认为，无论人的体重是否增加，都必然会导致肌肉组织的减少及脂肪含量的上升。在这项研究中最明显的伪造篡改数据的行为发生在对代谢率测量的过程中。伯尔曼是一个直接测量代谢水平方法的支持者，该方法是直接给被试者服用重水，经过10天的周期，重水经尿液的排泄率可以用质谱仪进行测量，再通过一系列复杂的计算后，10天内平均总能量的消耗就能够计算出来了。在20世纪90年代早期，世界范围内重水普遍缺乏，而且已经接受测试的实验志愿人员的总能量消耗结果还没有确定，但这时伯尔曼需要申请联邦基金以继续当前的研究。鉴于成功申请需要发表一些论文来为研究提供支撑，所以他伪造了所有缺失的数据。质询委员会在质询过程中还了解到其他问题，如一位证人指出，他曾与伯尔曼讨论过发表于1995年《内科医学年鉴》（AIM）上的一篇论文的问题。当他指出该研究的样本数量与文中所述的不一致时，伯尔曼威胁说如果他敢继续说三道四就要解雇他，而另一位证人也对数据库的可靠性问题保持沉默①。

在有越来越多的证据表明不端事实确实存在时，伯尔曼一改前期的合作态度，开始为自己的行为进行辩护。他声称篡改的数据只是他对理论的模拟，而将修改过的数据表交给他的同事以便撰写文章则纯粹是意外。他同时承认某学者为他的研究作了模拟，但在委员会调查时，该学者却否认作过这样的模拟。伯尔曼还抨击他年轻的同事，称他们背着他篡改了数据并把这些数据应用到论文里。美国佛蒙特大学并没有理会伯尔曼的这些托词，在该阶段的报告中，质询委员会称未能发现伯尔曼关于其将篡改的数据录入电子表格的合理解释，建议开展正式调查。

2001年4月10日，美国佛蒙特大学向伯尔曼通报了质询委员会的决定并通知其按照联邦的规定，学校将开始正式调查并上报科研诚信办公室。伯尔曼向佛蒙特地方法院提起民事诉讼，试图阻止美国佛蒙特大学将事件报告给科研诚信办公室，其律师称将案例报告给科研诚信办公室将对伯尔曼的专业声誉造成无法弥补的损害。在未引述相关先例的情况下，伯尔曼要求法庭阻止美国佛蒙特大学对此事的处理并声称将此事上报给科研诚信办公室违反了美国宪法第十四修正案，但随后又撤销了诉讼请求。2001年8月13日，佛蒙特大学针对伯尔曼伪造篡改数据事件展开正式调查，调查的问题主要基于质询过程中的指控，包括老化问题纵向研究中的伪造数据问题、更年期纵向研究中的问题及在北美肥胖研究协会（NAASO）会议上听过伯尔曼讲座的一名学者提出的对绝经后肥胖妇女进行激素替代疗法的研究中存在的问题等。调查委员会主要审查伯尔曼是如何在基金申请和出版物中报告这些研究结果的。委员会将出版物的审查的时限最早确定到1995年，基金申请书则追溯到1999年。

在整个审查阶段，伯尔曼采取了各种手段为自己的科研不端行为进行开脱。他恶意指责实验室里的其他研究人员，但在调查委员会对这些研究人员进行了解之后排除了他们从事不端行为的可能性。他随后提交了一份长达

---

① Dahlberg J E, Mahler C C. 2006. The Poehlman case: running away from the truth. Science and Engineering Ethics, (12): 159.

178页的书面材料对调查委员会的报告草案进行批评，又就委员会的调查结果向校长提起申诉。但经过对全部调查材料的审查后，校方确认了其科研不端行为，随后美国佛蒙特大学将调查报告和相关材料提交给科研诚信办公室进行进一步审议。

科研诚信办公室的前身是1989年成立的美国科学诚信办公室和科学诚信审查办公室，前者主要的职责是负责监督资助机构和申请机构在预防、报告、调查科学不端行为等方面的工作，后者则对前者的调查结果审查评价，并将处理意见上报美国国家卫生研究院助理秘书（ASH）。1992年这两个部门合并成立了科研诚信办公室，经费独立于美国公共卫生部，从而可以更好地保证审查的独立性和公正性。科研诚信办公室的主要职责包括制定关于科研不端和负责任科学研究行为方面的政策、程序、法规，对科研机构的科研不端行为的调查情况进行审查和监督等，其标准审查程序主要包括对科研机构不端调查的结论和证据（数据和证词）的审查①。美国佛蒙特大学提供的审查材料包括伯尔曼的基金申请书、若干论文、与证人的会谈记录等，同时还有一些电子文件。

虽然审查的目的是确认美国佛蒙特大学的调查结论，但科研诚信办公室通过交叉检查其已发表的论文和已提交的基金申请的办法很快就发现其不端行为涉及更多的基金申请和研究成果，同时其开始不端行为的时间也早于1995年。在提交给国家卫生研究院的基金申请中，伯尔曼多次引证并不存在的研究以证明其进行纵向研究的能力，同时多次伪造和篡改数据以弥补实验数据的不足。由于确认了伯尔曼的多份基金申请中含有伪造和篡改的数据，科研诚信办公室又将审查的视野拓展到伯尔曼的其他研究领域，包括其早期关于阿尔茨海默病的研究、荷尔蒙替代治疗研究方面的申请和论文等。进一步调查发现，1992～2000年，伯尔曼共向联邦政府各部门提交了17份含有伪造和篡改数据的基金申请，总共从国家卫生研究院和美国农业部获得资助近300万美元，其不端行为涉及此前开展的多项研究，如在1994年开始的更年期纵向研究中，伯尔曼声称他持续6年对35名健康的女性进行了基础代谢特征的测试，事实上除了3名女性的数据是真实的，其他均为伪造。1995～2000年，伯尔曼在提交给美国国家卫生研究院的9份基金申请、2份美国农

① 参见 Historical Background. http：//ori. hhs. gov/about/history. shtml [2011-09-20].

业部的基金申请及6篇学术论文中使用了这些伪造的数据。在1996年开始的关于人口老龄化的纵向研究中，伯尔曼夸大了参与实验的受试者数量，更改了受试者的生理指标以及测试结果从而“制造”了人口老化过程中生理状况的演变趋势。1999～2000年，伯尔曼在提交给国家卫生研究院和美国农业部的3份基金申请中使用了这些经过处理的数据。此外，在伯尔曼进行的阿尔茨海默病研究、耐力训练对代谢影响等相关研究中都存在伪造和篡改数据的行为，经确认总共有54项之多①。

由于伯尔曼在基金申请中伪造和篡改数据行为属于意图诈骗联邦政府资金的行为，所以美国佛蒙特州联邦检察长办公室随后对伯尔曼案例进行了刑事和民事方面的调查。在美国，用于处理联邦基金申请中的科研不端行为的法律主要有《虚假请求法》（*FCA*）和联邦法典中的相应条款（18 U.S.C § 1001），其中《虚假请求法》适用于民事诉讼，18 U.S.C § 1001号条款则适用于刑事诉讼。

《虚假请求法》是1863年美国南北战争时期通过的一项法案，其目的主要是应对承包商在战时提供给联邦政府物资中的欺诈行为。该法允许公民代表美国政府以个人名义对欺诈联邦政府的行为提起诉讼并可与政府分享追缴回来的款项，以此鼓励公民维护政府利益。自20世纪90年代以来，该法逐渐开始应用于公共健康领域的欺诈行为。第一起使用《虚假请求法》处理的学术不端行为的案例是1994年国家卫生研究院所资助的关于免疫系统对烧伤反应的研究中的伪造数据行为，加利福尼亚大学圣迭戈学院和犹他大学因此事件共赔偿给联邦政府150万美元，其中15%由起诉人获得②。18 U.S.C § 1001号条款则明确规定，在美国行政、立法和司法机关管辖范围内的任何明知的或故意的虚假、虚构、欺骗性陈述，或者故意制造和使用包含重大虚假、虚构或欺诈性陈述的书面材料或文件等行为都适用于该条款，欺诈者可被处以5年以下监禁，对涉及国际或国内恐怖主义的案件，最高还可处以8年

① 参见 Case Summary：Eric T. Poehlman. http：//ori. hhs. gov/misconduct/cases/press _ release _ poehlman. shtml [2011-03-01].

② Sherman S E. 1995. The false claims act：litigating scientific misconduct. Public health reports，(11-12)：784-789.

监禁[①]。

刑事和民事调查由来自美国佛蒙特州联邦检察长办公室刑事审判庭的助理和民事法律科的官员负责，科研诚信办公室则为调查提供支持和协助，如定期派科研人员前往伯灵顿介绍他们对基金申请的分析及提供相关的证人材料等，当联邦检察长办公室做出刑事诉讼的决定时，科研诚信办公室又提供证人方面的协助。

由于意识到问题可能出现的严重后果，伯尔曼同意参加由上述两部门联合召开的会议。在会上，伯尔曼承认了研究中伪造和篡改数据的行为，并称他将尽可能配合调查。随后他自愿提供了两篇早期的论文作为证据。伯尔曼的配合使得调查工作较为顺利。在联邦检察长办公室提出指控的过程中，伯尔曼的辩护律师试图表明重罪刑事指控并不适用于科研活动中的不端行为。但联邦检察长办公室坚持认为在决定是采用行政、民事还是刑事指控的问题上，政府部门要考虑多种因素，包括不端的范围、严重程度、所造成的物质损失和对他人的伤害等。最终该部门没有接受律师的意见，确定伯尔曼因其1999年向国家卫生研究院提交的基金申请中的错误陈述而违背联邦法典相应重罪罪名的条款。

三、伯尔曼案例的处理结果

由于美国已经建立起基层科研机构、联邦各部门及相关法律相配合的较为完善的处理体系，所以对伯尔曼事件的处理也依照不同层次的科研不端行为管理规范和联邦法律进行。美国佛蒙特大学《科学研究及其他学术活动中的不端行为》政策中对不端行为的处理包括解职及适当赔偿等，但由于在调查结束前伯尔曼就已从美国佛蒙特大学辞职，因此，依据美国卫生与人类服务部（DHHS）的规范，2005年5月伯尔曼签署了《自愿排除协议》，该协议规定伯尔曼终身不得作为公共卫生部的顾问或在其咨询委员会等组织中任职，终身不得参与联邦政府的科研项目。同时为了防止含有伪造篡改数据的

---

① Miller K M. 2012. Materiality: an Element of 18 U.S.C.1001 and a Question for the Jury. http://digitalcommons.lmu.edu/llr/vol23/iss3/6 [2012-02-15].

科研论文给同行带来误导，伯尔曼还需要写信给相关期刊对佛蒙特大学和科研诚信办公室已确认的含有伪造数据的科研论文进行更正或撤销。由于法庭确认伯尔曼在 1999 年提交给国家卫生研究院的基金申请中含有伪造内容从而违反了《虚假请求法》和《联邦法典》，所以，伯尔曼承担了 18 万美元的民事赔偿责任，按照共分罚款协议，德尼诺获得了民事赔偿款的 12%（共计 21 600美元）作为提起诉讼的补偿。此外，基于联邦法庭的重罪指控，伯尔曼还被判监禁 1 年零 1 天。尽管终身不得参与联邦政府项目和监禁的处罚在美国科研不端处理历史上是前所未有的，但美国卫生与人类服务部认为，给予伯尔曼历时近 10 年花样繁多的欺诈行为的惩处还是合理的和适当的。正如律师科尔比所指出的，"这次起诉表明，科研人员需要对欺诈和科研不端行为负完全的责任。伯尔曼从公共卫生部获取了几百万美元来支持他的研究，这其实是攫取了本该用于良好科学研究的资源。该诉讼案表明，这种行为不能容忍"①。

四、对伯尔曼事件处理结果的反思

经过近 10 年伪造和篡改数据后，伯尔曼不得不面对美国学术史上对其科研不端行为最为严厉的惩罚。伯尔曼案例的处理标志着政府和社会正在形成一个共识，即对严重的科研不端行为不能仅依靠传统的补救行为来进行调整，而需要采取更为严厉的法律手段来进行规制。众所周知，在科学活动的早期，由于科学工作者更多基于个人的兴趣和探索未知的热情开展科学研究活动，所以美国社会学家默顿所提出的"科学的精神气质"可以对研究人员提供较为有力的约束。然而随着近代科学发展模式的变迁，科学研究活动融入社会生活，成为一种与人类生活息息相关的社会活动，科学的发展已经更多地依赖科学共同体与政府和社会的"契约"关系来维系。政府和社会为科学研究人员提供大量的资源使其可以从事知识的生产活动，而科学共同体通过转让知识的使用权来获得知识再生产所必需的资源。因此这一过程就包含双重的承诺：政府承诺给予科学共同体强力的资助和自治，而科学共同体则要最大

---

① Press Release-Dr. Eric T. Poehlman. http://ori.hhs.gov/press-release-poehlman [2011-03-01].

限度地利用政府的资助以带给其丰厚回报。在这种发展模式下，科研不端行为不仅扰乱了正常的科研秩序，对后续研究产生误导和阻碍，同时还伴随着社会资源的极大浪费，正如德尔博格和马勒撰文指出的，“如果伯尔曼所浪费的高额科研经费为诚信的科研工作者所取得，将使其所在的研究领域取得很大的进展”①。因此，从法律角度加大科研不端行为的成本和风险，从而使之变得无利可图，将逐渐成为遏制科研不端行为的有效方略。从各国目前的治理实践来看，《德国刑法典》（StGB）中就规定如研究者在项目申请中使用错误的陈述、剽窃和自我剽窃，或者由于作者的马虎导致错误数据的使用，为获取基金资助而使用已完成的项目又未加以说明的均构成欺诈。而2006年黄禹锡事件发生后，韩国检察机关也于2009年8月对黄禹锡提出诈骗、侵吞研究经费和非法买卖人体卵子违反《生命伦理法》等指控，要求法院判处其有期徒刑4年。2009年10月，韩国首尔地方法院经审理以侵吞政府研究经费和非法买卖卵子罪等罪名，判处黄禹锡有期徒刑2年，缓期3年执行。这些举措均表明，随着科研不端行为的影响日益加深，法律手段已逐渐成为各国规范科研不端行为的重要手段之一。但是，需要注意的是，强调法律对科研不端行为的调控必须明确法律的适用边界问题，即法律的调控绝不是要取代科研道德对科研不端行为的调节作用，而是要将科学界内单一的、内生的标准发展到内外标准相结合的模式，是要将学术界封闭的、隐蔽的标准逐渐地向透明的标准转化，从而使科学界对科研不端行为的单一自律性调整向综合调整逐渐过渡。只有危及他人利益、危害国家、社会公益的科研不端行为，在传统道德约束失灵的情况下，才应由法律介入。此外，在案例的处理中还需要以科研不端的严重程度确定法律介入的层次性，有针对性地采取民事法律手段或刑事法律手段进行干预。只有尝试探索第一层次法律（行政法、民法）制约和第二层次法律（刑法）制约相结合的犯罪化过滤机制，实施学术手段、行政手段和法律手段协调配合、综合治理的模式，才能为科技进步和创新创造良好的环境与条件。

参考资料

[1] Case Summary: Eric T. Poehlman. http://ori.hhs.gov/misconduct/cases/poehlman_

① Dahlberg J E, Mahler C C. 2006. The Poehlman case: running away from the truth. Science and Engineering Ethics, (12): 173.

notice. shtml [2011-03-01].

[2] Settlement Agreement and Stipulation for Entry of Judgment. http：//ori. hhs. gov/documents/poehlman _ settlement _ agreement _ final. pdf [2011-03-01].

[3] Voluntary Agreement. http：//ori. hhs. gov/documents/vea _ 2. pdf [2011-03-01].

[4] Dahlberg J E，Mahler C C. 2006. The Poehlman case：running away from the truth. Science and Engineering Ethics，(12)：157-173.

[5] VVM. 2002. In the Matter of Eric T. Poehlman，PH. D Investigation Report. http：//ori. hhs. gov/documents/uvm _ report. pdf [2011-03-01].

[6] 杜勤 . 2008. 论科学不端行为的刑法干预 . 科技进步与对策，(3)：8-11.

（撰稿人　胡剑）

第八章　皮尔斯伪造数据案

>>>>>

作为世界近代科学的发源地，英国是世界上最早形成科学共同体的国家。而科学家严格的自律传统和全社会求真务实的现实情境使得英国学术界在 20 世纪 80 年代并未发生较有影响的科研不端事件。因此，英国学术界始终以略带嘲讽的态度对待美国自 80 年代以来所报道的科研不端案例。尽管 1983 年英国皇家医学院发布了针对美国达西事件的报告，但这并没有引起英国学界的广泛关注。然而随着 1994 年皮尔斯事件的披露，学术界的这种自信从根本上开始动摇，英国也开始了建立科研不端行为治理体系的历程。

一、皮尔斯事件的经过

1994 年 8 月，圣乔治医院的资深医学专家米尔肯·皮尔斯（Malcolm Pearce）在《英国妇产科学杂志》发表了一份研究报告，在报告中他报道了将子宫异位妊娠胎位引至正常的位置并成功产下婴儿的病例。该报告的发表立刻引起了全世界范围内的关注，因为子宫异位妊娠是一种妇科最常见的急腹症之一，其主要表现为孕卵在子宫腔以外着床发育，其中 95%～98%为输卵管妊娠，病人初期表现为剧烈的腹痛，最后可能因大出血而死亡。异位妊娠是一种高发性的妇科疾病，仅美国近 20 年来异位妊娠数量就占妊娠总数的2%。而已有的数据显示，异位妊娠是早孕期间孕妇死亡的首要原因。在这篇报告中，皮尔斯声称他通过外科手术将一名29岁的非洲裔女性5周大的胚胎组织经由输卵管移入子宫并顺利着床，在手术后第四天患者就出院回家，随后顺利产下一名健康的女婴。该文所列的合作者为圣乔治医院皮尔斯所在部门的上司张伯伦（Geoffrey Chamberlain），他同时也是《英国妇产科学杂志》的主编，另一位则是一名刚入行的医生马尼翁达（Isaac Manyonda）[①]。

在该刊物的同一期，皮尔斯还与其同事哈米德（Rosoel Hamid）联合发表了另一篇文章，系统地介绍了他们进行的一项为期三年、随机进行的双盲医学实验研究。该实验对191名患有复发性流产和多囊卵巢综合征的女性病例施以人体绒毛促性腺激素和安慰剂的治疗及比较研究，通过对比发现接受人体绒毛促性腺激素治疗的病例的妊娠比例较高。因此该报告认为，接受激素治疗的女性较少具有发生流产的可能[①]。

皮尔斯的这两篇文章的发表在同行中产生了较为强烈的反响。圣乔治医院有相当数量的同事对其研究提出了质疑。从现实意义来看，皮尔斯的研究成果无疑是极为重要的，但作为在同一个医院的同事，他们并没有听说皮尔斯正在从事这些研究，对其成功治愈的病例X的情况也并不知情。圣乔治医院的一位资深妇科专家指出，“我感到极为震惊和难堪，我一直在想为何对此事一无所知”[①]。在随后进行的针对这两项研究的调查和质询过程中，皮尔斯却未能提供相关的病例记录、实验对象的同意书以及进行荷尔蒙实验的记录等原始材料。进一步调查表明，皮尔斯对接受子宫异位妊娠手术的病人X的电脑记录做了手脚，原始记录显示该女性曾流过产。面对调查结果，皮尔斯争辩说真正的病人是Y，之所以对记录进行篡改是因为害怕医院发现其曾经堕胎。但随后的审查表明病人Y的记录也是伪造的，根据电脑记录，病人Y真实的出生日期是1910年，照此推算该病人在接受手术前已去世[①]。

---

① Dyer O. 1995. Consultant struck off for fraudulent claims. BMJ，(6)：1554.

二、对皮尔斯事件的调查及处理

由于英国在 20 世纪 80 年代至 90 年代初并未发生严重的科研不端行为，所以英国并没有建立起完善的应对体系。其医学职业的伦理标准主要由英国医学总会（GMC）负责制定和执行。英国医学总会是在英国范围内行医的注册医生的职业组织，该组织由 1858 年的医学法案授权成立，主要目的是确保医学实践中适当的标准以维护和促进公众的健康和安全。其职权范围包括医师的注册、行医资格的确认等，同时对注册医生出现刑事犯罪和严重职业不端等行为拥有制裁权①。英国医学总会内部设有初步诉讼委员会和职业行为委员会，初步诉讼委员会基本职能是对举报者提出的书面证据或意见进行初步审查以确定是否将案件提交给职业行为委员会进一步质询。而职业行为委员会的工作程序类似于一般性的法律程序，主要是对初步诉讼委员会提交的案例进行问询、调查和最终的处理；其制裁的措施包括除名，一年内中止注册资格等。英国医学总会在其 1993 年颁布的《职业行为及纪律：与实践相符》手册中明确界定了“严重职业不端行为”的定义，同时以列举的方式给出了不端行为的主要类型以及调查的基本程序。其所规定的不端行为共有五种类型，包括医生对病人医疗责任的忽视和漠视、滥用职业权力及技能、贬损职业声誉的行为、医疗服务广告及同行评议，每种类型都有具体明确的阐述，其中不诚信的行为就包含在第三大类型之中②。皮尔斯事件发生后，英国医学总会就该事件迅速展开了质询和调查，而圣乔治医学院也受圣乔治保健基金会的委托成立了由院长威廉·埃舍尔（William Asscher）为首的调查组对皮尔斯事件进行调查，调查组仔细审查了皮尔斯所作研究的原始资料，包括病人档案、从事实验的记录材料等，同时对合作者的相关情况进行了调查。

在经过了 9 个月的调查之后，英国医学总会确认了皮尔斯的科研不端行

---

① The role of the GMC. http：//www.gmc-uk.org/about/role.asp [2011-03-01].

② GMC. 1993. Professional Conductand Discipline：Fitness to Practise. http：//www.gmc-uk.org [2011-03-01].

为。该委员会主席指出，皮尔斯的研究不仅对其合作者产生了不良的影响，也会对他人从事的相关研究造成误导，而由于医学研究的成果在很大程度上可以为疾病的治疗提供路径和方法，所以这种事件也对公众的健康造成了一定的威胁。基于调查的最终结果，1995 年 6 月，英国医学总会取消了皮尔斯的医师登记资格，圣乔治医学院也对其进行了停职处理，《英国妇产科学杂志》同时解除了其编辑的职务，皮尔斯的主要合作者张伯伦也辞去了英国皇家妇产科学院院长及《英国妇产科学杂志》主编的职务。此外，英国医学总会还给皮尔斯的三名合作者张伯伦、马尼翁达及哈米德发了谴责信，对他们在接受署名前未能对该研究进行详细审查的行为进行了谴责①。

三、皮尔斯事件对英国学术界的影响

作为英国学术界公开披露的第一起科研不端案例，皮尔斯事件调查和处理的及时性和恰当性虽然表明英国应对科研不端事件的效率，但这并不能掩盖英国科研不端治理体系缺失的事实。正如史蒂芬·洛克（Stephen Lock）撰文所指出的，“在外人看来，英国如其他国家一样已经建立了科研不端行为的预防、侦测及治理的体系，但他们错了。皮尔斯事件得以良好的解决是不寻常的”②。他同时呼吁英国要学习美国和丹麦的经验，建立起英国自己的科研不端行为应对体系。随后，英国医学研究理事会（MRC）发布了一系列涉及生物医学伦理和良好科学实践的报告。在此基础上，1997 年，英国医学研究理事会正式发布了《关于科研不端行为指控调查的政策和程序》，对科研不端行为的调查程序进行了规定。2000 年，英国医学研究理事会又出版了《良好科学实践》指南，该指南总结了良好科学实践的关键因素，列出了在设计和实施研究过程中所应遵循的准则，包括研究的设计执行、数据的记录保存、研究结果的出版和开发利用方面的具体原则，为研究人员和研究机构提供了良好的指导。1997 年，出版伦理委员会（COPE）成立，它为学术期刊的编辑们提供了便于交流的平台，以应对全球范围内违反科学研究及出版规则的

---

① Judson. H F. 2004. The Great Betrayal：Fraud in Science. Boston：Harcourt，Inc.

② Lock S. 1995. Lessons from the pearce affair：handling scientific fraud. BMJ，(6)：1547.

学术伦理问题。其目标是探讨和寻找处理这些问题的实用方法和良好对策，尝试界定科学出版伦理方面的规范指南。该组织以资助相关问题的研究、提供远程在线课程等形式提高编辑应对出版过程中不端问题的能力。它还为期刊提供评估工具以使他们对《良好科学实践》指南的遵守情况做出评估①。此外，英国的生物技术与生物研究理事会、维康基金会、经济与社会研究理事会、自然环境研究理事会等学术团体也在进入21世纪后陆续颁布了自己的规范和指南。近年来英国研究理事会和英国科研诚信办公室的成立和相关工作的开展则标志着英国科研诚信体系建设正逐步进入协作整合时期。经过十几年的发展，英国已经逐渐形成了以独立的资助机构和专业协会为主导的较为完善的科研诚信体系。

四、皮尔斯事件的启示

1. 提升期刊编辑的责任意识，预防评议中的利益冲突

同行评议系统作为学术产品过滤器在知识产品的等级评估中发挥着重要的作用。一般而言，对评议中公开性、公正性、可靠性等原则的遵守是保证学术成果得以正确评价的基础。但是，由于同行评议的主观性特点，评议人和评议组织者的个人因素会对同行评议的公正性产生很大的影响。其中，人际关系、个人偏见、个人道德和评议中的利益冲突等是最显而易见的个人性因素。在1975年美国国会组织的对国家科学基金会同行评议调查中，最激烈的批评来自于人际关系对评议公正性的损害。美国国会议员康兰指出，同行评议是一个由“老朋友”关系网所主导的“精英分子系统”，而这不可避免地严重影响了同行评议活动的公正性②。在本案的调查过程中，作为期刊主编的张伯伦承认受该期刊同行评议规定的影响，皮尔斯所发表的案例报告并未接受同行的审查。而针对皮尔斯所作的比较研究，《英格兰医学杂志》(BMJ)编辑斯蒂芬·洛克指出，“任何一位负责任的期刊编辑都会质疑的是皮尔斯居

---

① About COPE. http://publicationethics.org/about [2011-03-01].

② 龚旭. 2004. 同行评议公正性的影响因素分析. 科学学研究，(12)：615.

然在 3 年内搜集到 191 名病例，而事实上这种病例即使在大型的医疗中心每个月也不过会出现 1～2 例。而且，在此事件中，所有患者都接受了一系列极为复杂的身体检查，包括对所有参与者核型的检查”①，而这些不可能在无人知晓的情况下发生。如果整个评议系统能够有效地发挥作用，这一伪造案例原本是可以避免的，但皮尔斯本人就是该刊物 4 名编辑之一，这使得审议过程不够严格，从而导致该事件的发生。因此，逐步建立和完善同行评议的回避和披露制度，充分考虑评议中的经济利益和非经济利益的冲突，完善制度的可操作性是引导科研工作的同行评议工作走向规范化道路的重要保证。

2. 加强对署名权的教育和管理

自 20 世纪 70 年代学术界转向关注科研不端行为以来，人们的目光更多地集中于关系到人们的健康且由大量的公共资金所支撑的生命科学研究领域，而论文署名、一稿多投问题与重大科研不端行为相比，一直未受到学术界应有的关注。严格说来，学术论文的署名只限于那些选定研究课题和制订研究方案、直接参加全部或主要部分研究工作并做出主要贡献、参加撰写论文并能对内容负责的人。至于参加部分工作的合作者、按研究计划分工负责具体小项的工作者、某一项测试的承担及接受委托进行分析检验和观察的辅助人员等，可以作为参加工作的人员一一列入致谢部分，或者排于脚注，而不应列入作者的行列。然而随着科学研究职业化的发展，由于研究成果与名望、晋升及科研资源的获取息息相关，这一原则正逐渐边缘化，基于切实贡献的署名行为正在向礼节性署名、馈赠性署名以及照顾性署名的方向发展。科研人员似乎更多地将署名视为利益的输送而不是责任的承担。正如诺丁汉大学医学系的皮特·鲁宾（Peter Rubin）在皮尔斯事件披露后所指出的，“部门领导在自己并未参与的研究成果中署名的做法比想象的要更为普遍”②。而该事件的另一名责任人张伯伦在接受调查时也表示他对皮尔斯的研究并不了解，既没有参加相关的临床实验也未参与论文的撰写，“作为妇产科实验室的负责

① Lock S. 1995. Lessons from the pearce affair：handling scientific fraud. BMJ，(6)：1547.

② Court L，Diliner L. 1994. Obstetrician suspended after research iquiry. BMJ，(12)：1459.

人，皮尔斯请求我作共同作者时，我很轻率地签了字”①。在我国目前的科研情境中，馈赠性署名和礼节性署名情况也较为普遍。因此，我们需要建立和完善科研不端行为的披露和惩治体系，加强对不端行为中署名者的责任认定和处理措施，不断加大不规范署名的制度性成本，同时还需要进一步加强论文的匿名评审制度，避免评审中的“马太效应”。此外，科研机构要建立负责任科学研究行为的教育培训体系，除了使科学研究人员能够获得科研必需的技术规范外，更主要的是通过教育和学习活动习得科研活动中的基本行为规范，提高对不规范行为的认识，树立正确的名利观，从根本上防止不当署名问题的发生。

参考资料

[1] Court C，Dillner L. 1994. Obstetrician suspended after research iquiry. BMJ，(11)：1459.

[2] GMC. 1993. Professional conductand discipline：fitness to practise. http：//www. gmc-uk. org [2011-03-01].

[3] Judson H F. The Great Betrayal：Fraud in Science. Boston：Harcourt，Inc.

[4] 周颖，王蒲生 . 2003. 同行评议中的利益冲突分析与治理对策 . 科学学研究，(6)：298-302.

（撰稿人　胡剑）

① 山崎茂明 . 2005. 科学家的不端行为——捏造·篡改·剽窃 . 北京：清华大学出版社 .

第九章 造假的“科学神童”——舍恩伪造篡改数据案 >>>>

自20世纪70年代美国萨默林事件曝光以来，人们对科研不端行为的关注更多地集中于关系到人类健康且由大量的公共资金所支撑的生命科学研究领域，究其原因主要是该领域的科研不端行为可能会危及人们的生命安全，同时生命现象较为复杂，实验结果并不容易做到精确和可重复，该领域的科研不端行为也不容易被共同体觉察。至于数学、物理学等相关领域，则由于素来具有的精确性特征而被共同体认为不太可能发生严重的科研不端行为。然而，2001年披露的美国贝尔实验室的舍恩（Jan Hendrik Schön）伪造篡改数据事件则彻底击碎了科学界所持有的这种自信，其伪造篡改数据的严重程度和影响远超过以前发生的科研不端案例，成为科学史上最为著名的科研不端案例之一。

一、舍恩事件的缘起

建立于1925年的贝尔实验室一度被认为是全世界物理方面最卓越的产业实验室，其主要宗旨是进行通信科学的研究工作。几十年来，贝尔实验室始终坚持贝尔发明电话所采用的基础研究、技术开发和经营管理相结合的研发模式，成为晶体管、激光、数字计算机、通信卫星、蜂窝移动电话等多项重大发明的诞生地。可以毫不夸张地说，这些成就的取得与其一贯重视包括数学、物理学、材料科学等在内的基础研究密不可分，正如曾任贝尔实验室理论物理研究部主任的李特尔·伍德所指出的，“我们不可能在还没有掌握基本原理的前提下去开发某项技术，不然就会使问题本末倒置”①。由于这种对基础研究的关注与坚持，贝尔实验室自成立以来，6 次问鼎诺贝尔奖，在固体物理学（其中包括磁学、半导体、表面物理学）、天体物理学、量子物理学和核物理学等方面享有极高的声誉。但随着 20 世纪 80 年代美国电报电话公司（AT&T，贝尔实验室的母公司）的解体和 90 年代朗讯科技的接手，其科研环境受到了一定的影响。为继续维持其在基础研究中的前沿地位，贝尔实验室也面临着研究领域的重大转型，而有机电子学正是当时颇具潜力并极受关注的基础研究领域之一。围绕探索有机晶体不同特性的研究计划，贝尔实验室的项目负责人巴特罗格（Bertram Batlogg）招募了德国化学家克洛克（Christian Kloc）加盟贝尔实验室进行有机晶体的培养工作，而随之还需要招募具有半导体物理学术背景的物理学家对晶体进行电气分析才能使项目研究得以进行。由于项目前景的不确定性，巴特罗格在贝尔实验室内部寻求合作的想法未能得以实现，所以巴特罗格向克洛克原来工作的德国康斯坦茨大学布赫实验室寻求帮助，希望从该实验室招募一名年轻的研究人员从事晶体的电气测量工作。而作为布赫实验室的博士研究生舍恩此时进入了实验室主管布赫的视野。

舍恩 1970 年出生于德国的维登，父母离异后与奶奶一起生活，这使他得以维持自己的学校学习。中学毕业后，舍恩成为康斯坦茨大学的正式学生。大学期间的舍恩是一个聪明、踏实且与他人相处良好的人。由于聪明和勤奋，他仅用了 5 年时间便取得了学士和硕士学位文凭，随后舍恩继续跟随康斯坦茨大学的布赫进行博士项目的研究。为使其能够获得核心的实验技能，布赫安排他从事复合半导体材料铜镓硒晶体的研究，看是否能够改变电流在晶体中的传输方式，从而为高效太阳能电池的研制打下理论基础。在布赫实验室工作期间，他较好地掌握了多种实验设备的使用方法和电气测量方法，而这正是巴特罗格和克洛克所急需的，因此 1997 年上半年，舍恩开始在贝尔实验室做实习生，在 1998 年获得博士学位以后，正式成为贝尔实验室的研究人员。

---

① 尤吉尼·塞缪尔·瑞驰. 2010. 科学之妖：如何掀起物理学最大造假飓风. 周荣庭译. 北京：科学出版社，12.

二、舍恩事件的经过

作为世界顶级的研究机构，贝尔实验室的科研氛围和研究人员所面临的压力远非康斯坦斯大学可比，因此最初的日子对于只掌握普通半导体处理技能的舍恩来说无疑是异常困难的，他的论文也多次遭到期刊的拒绝，这一度令舍恩感到异常苦恼。然而在度过短暂的适应期后的三年多时间里，舍恩开始以令人眼花缭乱的速度公布自己的研究发现。1998 年，他宣称已获得了聚酰亚胺场效应晶体管，并公布了晶体表面电压和电流的测量值。随后他又通过测量表明，低温环境下有机晶体表面的电荷迁移率是以前测量的几千倍。1999 年，舍恩又利用氧化铝溅镀技术制成了并五苯场效应晶体管，并通过栅电极电压的改变实现了有机材料的属性的改变。1999 年，他还经过实验观测到了并四苯晶体在绝对零度以上 1.7 摄氏度的环境中的量子霍尔效应。此外，他还在《科学》和《自然》杂志上发文，披露了他测量出有机晶体的弹道传输及通过氧化铝绝缘层将场效应施加到一种叫聚噻吩的材料上从而发现超导现象等多项科研成果。随着巴特罗格对舍恩研究结果的宣传推广，舍恩的实验逐渐为其他科研同行所了解，他也因此得到了更多同行的建议和意见，而舍恩总能通过实验对得到的信息进行验证。随着他观察到的有机材料的实验现象的增加，2000 年 7 月，他与巴特罗格和克洛克获得了合成金属国际会议颁发的 1 万美元的产业奖金。在进行有机晶体研究的同时，舍恩的研究兴趣还转向了激光领域，2000 年春季，舍恩称他利用康斯坦茨大学的设备制作了新的激光器并获得相关光谱数据，不久这篇由舍恩和巴特罗格等人合作的论文就被《科学》杂志接受发表了。

随着纳米技术领域的进步和分子电子学的逐渐兴起，舍恩开始表现出对纳米研究的高度热情，他加入了由罗杰斯领导的贝尔实验室凝聚态物理研究部，并与化学家鲍哲南（Zhenan Bao）合作开展分子电子学的研究。2001 年 5 月，舍恩和鲍哲南在投稿给《自然》杂志的论文中称他们制成自组装单分子场效应晶体管，10 月，该文在《自然》杂志上发表。贝尔实验室也发表了一篇新闻稿，宣称实验室在分子级计算的道路上取得了具有里程碑意义的研究成果，从而在整个学术界引起了极大的关注。伴随着舍恩在不同研究领域内的多项重大发现，其学术论文也如搭载了高速列车一样得以迅速刊登出来，2000年，他在《科学》发表5篇论文，在《自然》发表3篇论文；2001年，他又在《科学》发表4篇论文，在《自然》发表4篇论文。据统计，在贝尔实验室的3年多时间里，舍恩总共发表了90多篇论文，而在2001年其论文高产期，平均每8天就有一篇他署名的论文发表。随着其声名逐渐远播，各种奖励也纷至沓来，2001年年末，他获得了材料科学学会组织评选的杰出青年研究奖，同时被引入当年由麻省理工学院《技术评论》杂志公布的“技术评论年度百人名单”，12月他获得柏林自由大学和韦伯银行组织的“奥托-科隆恩-韦伯银行奖”。舍恩还参加了美国的《科学星期五》节目，俨然成为大众眼中的科学明星，而同行们也认为舍恩获得诺贝尔奖只是早晚的事。

三、重复实验的困局

随着舍恩的论文频频发表在顶级科学杂志中及巴特罗格对其研究的肯定和宣传，科研同行们开始逐渐重视舍恩所从事的研究工作。许多科研机构的研究人员都试图在舍恩工作的基础上进一步深入发展有机晶体学研究。加利福尼亚大学伯克利分校的奥伦斯坦教授在获得贝尔实验室提供的晶体后，开始在劳伦斯-伯克利国家实验室准备对其电子结构进行测量，然而令他疑惑的是，在温度下降到绝对零度以上100摄氏度时，晶体碎裂成一些极小的碎片。在对实验的设计进行多次改动后，他们依然没能达到舍恩所称的温度并同时保持晶体的完整，因此，他们所观测到的数据并没有对该研究的前沿做出更多的洞察，正如随后奥伦斯坦所指出的，“这些实验结果并没有特别拉近我们与既定科研目标之间的距离”①。明尼苏达大学的福瑞斯比教授也试图通过实验搞清如何在有机晶体的表面应用场效应，从而把舍恩开创的研究推向一个新的高度。然而在他与明尼苏达大学另一位研究超导的世界级专家高曼合作重现舍恩研究结果时却发现，在制备场效应晶体管过程中，氧化铝绝缘层要么有褶皱和裂痕，要么根本黏不住，晶体表面受损现象也很频繁，根本无法

① 尤吉尼·塞缪尔·瑞驰．2010．科学之妖：如何掀起物理学最大造假飓风．周荣庭译．北京：科学出版社：104．

制造出舍恩所称的场效应晶体管。在经历了多次失败后，他们只能放弃这个研究课题，以免造成更大的损失。此后，加利福尼亚大学圣地亚哥分校的戴恩斯、佛罗里达大学的赫巴德以及新泽西州立大学的波多诺和格里森等人均未能成功地解决氧化铝绝缘层溅镀的问题。在美国之外，也有许多研究小组在试图重复舍恩的实验结果，荷兰代尔夫特大学莫波格、希尔豪斯及德波尔的实验小组在试图重复舍恩的实验过程中也遇到同样的问题，即无法保证氧化铝绝缘层在强电场下不受损坏。在解决了这个问题后，德波尔在实验中也无法获得舍恩报告中的电荷迁移率和物理效应。荷兰格罗宁根大学的帕斯切、日本东北大学的古垣胜己等人也都做着同样的研究。尽管这些国内外的各科研小组尝试了各种方法，但均没有取得与舍恩一致的成果，这不禁引起了包括诺贝尔物理学奖得主劳克林在内的很多科研人员的质疑。

在外界的质疑越来越多的时候，贝尔实验室内部对舍恩研究的态度也出现了差异。舍恩发表在《自然》杂志上关于自组装单分子层场效应晶体管的论文尤其受到了同行的质疑。在其前同事门罗的要求下，2001 年 10 月底，贝尔实验室就舍恩的研究开展了一次内部研讨，与会者针对其分子层场效应晶体管的测试数据提出了几十个技术问题，但并没有得到对其数据的合理的解释。虽然门罗对舍恩的数据进行了卡方检测实验，但依然无法解释舍恩所提供的检测数据为何如此完美，他意识到舍恩所声称的单分子层场效应晶体管可能并不存在。于是，他给部门负责人卡帕索发送了一封电子邮件，指出舍恩的统计数据可能经过了篡改。卡帕索与舍恩的上司罗杰斯进行了沟通，罗杰斯随即与舍恩进行了面谈，在得知罗杰斯的意图后，舍恩很快提供了一份包含若干干扰项的数据集，并对原先过于完美的数据做出了相对合理的解释，从而在贝尔实验室内部平息了门罗的指控。但事情并没有因此而结束，依然有不少的科学家对其分子晶体管的研究表示怀疑，而不久后贝尔实验室琳恩·卢（Lynn Log）和茱莉亚·许（Julia Hsu）的发现成为引爆舍恩谎言的导火索。卢注意到舍恩发表在《自然》和《科学》上的关于分子晶体管的论文内容有较多重复的地方，其中两篇论文的变极器的输出曲线看起来基本一样，包括测量过程中的外部干扰形成的细微波动都是一样的。尽管两篇文章充当晶体管沟道的分子数有很大的差异，但是两次实验的输出曲线却完全一致，而这种情形在真实世界中绝不可能发生。因此，卢和其同事维莱特随即将他们的发现告知了舍恩的上司罗杰斯，并同时告知了一直跟踪舍恩的研究进展的索恩。索恩在阅读了两篇文章后认为这不可能是一个简单的失误，而可能是蓄意的伪造和篡改行为。她将数据雷同的情况做成幻灯片发给其他的同行，并就舍恩在两篇文章中的数据雷同问题与《科学》、《自然》杂志的编辑进行了沟通。在索恩披露此事后，对舍恩重复使用数据的关注越来越多，康奈尔大学的麦克尤恩很快就发现在舍恩2000年发表的一篇文章中存在着和上述两篇文章雷同的数据，而这足以证明舍恩的学术造假行为。2002年5月10日，麦克尤恩与舍恩进行了联系，指责他存在伪造数据的行为，同时还联系了罗杰斯和巴特罗格等人，给他们发去了其搜集的相关证据。贝尔实验室在召开了高层会议通报相关情况后，决定立即开展内部调查。

四、舍恩事件的调查和处理

2002年5月，贝尔实验室成立了调查组对舍恩及其合作者可能的科研不端行为、数据的有效性和其在论文中使用的科学方法是否合理等问题进行调查。为保证调查的公正性，调查组主要由其他科研机构成员为主的5人组成，包括作为组长的斯坦福大学著名超导专家马尔科姆·比斯利，2000年诺贝尔奖获得者、加利福尼亚大学圣巴巴拉分校的凝聚态物理学家克勒默，曾试图重复舍恩实验的普渡大学的物理学家达塔，最早质疑舍恩研究真实性的前贝尔实验室的研究人员门罗，为了更好地与舍恩进行沟通，贝尔实验室还邀请了出生于奥地利格拉茨的美国科学院院士赫尔兹尼克作为调查组成员。调查组对舍恩及其论文合作者展开了调查，而罗杰斯也积极从其他主管那里搜集反馈上来的各种疑问并提交给调查组。

美国的科研不端行为的处理政策主要针对接受联邦政府资助的科学研究项目，贝尔实验室由于隶属于朗讯科技，所以并不在科研不端行为政策的适用范围之内。鉴于朗讯科技并没有针对科研不端行为的处理程序，在与贝尔实验室的管理层进行磋商后，调查组决定依据联邦政府2000年颁布的《关于科研不端行为的联邦政策》所建议的原则、定义和相关程序作为调查的指导性文件，从数据的替换、过于精确的实验数据及与已知物理理论知识相矛盾这三个层面对舍恩及其合作者的研究进行了仔细的审查。调查组对舍恩及其合作者进行了问卷和访谈调查，审查了有问题论文的草稿，包括实验数据文件等。调查组还要求检查舍恩相关论文的原始数据，但由于舍恩没有保存这些数据而未能进行。整个夏天，针对舍恩事件的调查都在有条不紊地进行。2002 年 9 月，调查组公布了《舍恩及合作者科学研究中可能的不端行为调查报告》。该报告指出，在舍恩等人合作开展的研究中，全部的器件制作、物理测量和数据处理等工作都是舍恩独自完成的，其合作者除提供研究所需的原始材料外并未介入整个研究过程，也未亲眼目睹相关实验的结果。在舍恩所发表的论文中，有些表征不同材料和器件的整套数据组被替换和重复使用，如在聚噻吩超导性的论文中，全部相同的曲线多次出现或整图重复。此外，舍恩并没有系统地保存实验室的原始记录，几乎所有的原始数据电子文件均被舍恩删除，而那些可以证明其研究结果的设备不是已经损坏就是被丢弃了，因此对其研究结果也无法进行证实。根据调查结果，调查组认为，在调查组审查的 24 项针对舍恩事件的指控中，有 16 项存在伪造和篡改数据的科研不端行为，其中很多是相互关联的，舍恩故意从事了这些行为并没有告知其科研合作者。在其余的 8 项指控中，有两项与发表的论文没有关联，有 6 项较为可疑，但没有确凿证据表明舍恩实施了科研不端行为[①]。在对舍恩的主要合作者巴特罗格、克洛克等人的调查中，调查组认为他们与科研不端行为没有牵连，也未发现他们的实验工作有违反专业领域常规的证据。

在使用多种理由为自己的行为进行辩护未果后，舍恩终于在调查报告正式公布的前几天递交了一份书面材料，承认了自己的错误，并表示如果可能，希望继续他在贝尔实验室的研究工作，但随后贝尔实验室的管理层还是决定开除他。德国马克斯·普朗克学会的克利钦曾建议该所主任聘请舍恩作为一个研究小组的负责人，但在事件披露后也收回了自己的聘书。2002 年年末，包括《自然》和《科学》杂志在内的各期刊也陆续撤销了舍恩以前所发表的所有论文。2004 年德国康斯坦茨大学经过评估，认为虽然舍恩在读博士期间并没有科研不端行为，但是舍恩后来的不端行为影响了康斯坦茨大学的声誉，因此取消了他的博士学位。德意志研究联合会在确定舍恩的科研不端行为的事实之后，也决定不支持舍恩在未来 8 年的学术研究活动。

---

① Lucent Technologies. 2002. Report the Investigation Committee on the Possibility of Scientific Misconduct in the Work of Hendrik Schön. http：//publish. aps. org/reports/lucentrep. pdf. [2011-09-20].

五、舍恩事件所带来的思考

1. 充分发挥科研团队中资深研究人员的作用，加强机构内部的监督和管理

随着当今科学研究的项目化和交叉性的逐渐增强，团队协作已经成为科学研究的主要模式。作为团队成员的分工可能不同，但是确保自己研究的有效及质疑同事的工作是团队成员的基本职责，尤其是来自团队负责人或资深研究人员正确的评议和监督是研究质量的重要保证。但是在具体研究过程中这一环节却经常遭到忽略，正如本案调查报告所指出的，舍恩所进行的研究从器件制作、物理测量到数据处理工作均由其一人单独完成，其他同事并未参与研究活动的过程，也未亲眼见证其所观测到的物理现象。作为项目负责人的巴特罗格原本是一个严格且审慎的人，但是在舍恩的研究过程中，他却只是醉心于实验的概念设计，并对舍恩的最新数据乐此不疲，却并未对其实验器材的制作和数据获得过程实施有效的监管，甚至对舍恩长期不在贝尔实验室开展研究也没有表示异议。随着后期他为自己离开贝尔实验室加盟瑞士联邦理工学院作准备，其对实验的技术细节更加难以把握，这都为舍恩伪造和篡改数据提供了便利的条件。而舍恩团队另一些主要成员，如克洛克和鲍哲南都是化学家，对电气测试并不精通，因此也未能识别舍恩数据中所存在的问题。此外，贝尔实验室的内部审查传统也未能发挥有效的作用。一直以来，贝尔实验室以其杰出的科学成就而获得了很高的学术声誉，这与其早期技术部研究员和管理层负责人所坚持的内部评审机制是密不可分的。一项研究成果在发表之前，会作为技术备忘录在实验室内部研究人员中进行传阅，从而引发研究人员的非正式的讨论，这样使得研究结果可以得到内部确认，所存在的问题也能够及早发现。但是在舍恩事件披露后，贝尔实验室的管理层也承认，在 20 世纪 90 年代，论文的内部审查机制已基本弃用了。舍恩对于激光器的研究是其加盟贝尔实验室后所受到的第一次严格的内部审查，但是同事们也仅就舍恩实验获得的光谱数据进行了分析和讨论，却并没有要求

舍恩将其激光器样品带到贝尔实验室以供展示和研究。如果他们采取了应有的措施，那么即使无法揭露舍恩数据造假的事实，至少也可以避免该事件成为媒体炒作的丑闻。正是舍恩所在团队和研究机构内部审查机制的失灵，才使得舍恩伪造数据的行为对整个物理学界产生了重大的影响。

2. 遵循科学规律，营造良好的科学研究环境

科学研究是探索未知的活动，其成果的取得主要取决于相关条件的成熟及科研工作者的持续努力，功利化的目标设定并不一定会带来科研成果的预期增长。然而在科学活动的现实情境中，对科研资源的争夺和“不发表就死亡”的压力使得科学研究的整体氛围正发生根本性的改变。回顾舍恩事件，我们可以看出，对数据的伪造和篡改固然有其人格上的缺陷，但也与贝尔实验室当时的整体氛围有关。作为全世界顶级的科学研究机构，贝尔实验室有着辉煌的历史，然而随着 20 世纪 80～90 年代其母公司的变更及研究重心的转移，其研究环境受到了一定的影响，研究条件也日趋恶化。在这种情形下，贝尔实验室需要更多有分量的研究成果来展示其研究活力，维持其前沿的地位。正是这种期待使得实验室的管理者们对前沿成果的获得和传播异常敏感。2000 年 7 月，舍恩关于激光器的论文发表后，朗讯科技随即在新闻公告中宣布发明了“贝尔实验室激光器”，实验室负责人卡帕索也称“这些研究结论可能为电驱动激光器开辟一个全新的领域”①。舍恩关于单分子层场效应晶体管的论文发表后，贝尔实验室立即宣布实验室在分子级计算实现之路上取得了具有里程碑意义的成果，其新闻办公室还组织了电话记者会，对舍恩的研究进行介绍。在其随后的新闻稿中称，“贝尔实验室自 1947 年延续至今的晶体管遗产，其历史将会由我们研发的分子级晶体管来续写”②，而这些研究成果在实验室内部所引起的争议却并没有得到应有的披露。正是贝尔实验室急于掌控研究的制高点才使其将自己的名声与尚未消化的研究成果捆绑在一起，从而在客观上助长了舍恩造假行为的升级。因此，研究机构应致力营造符合

---

① 尤吉尼·塞缪尔·瑞驰．2010．科学之妖：如何掀起物理学最大造假飓风．周荣庭译．北京：科学出版社：74.

② 尤吉尼·塞缪尔·瑞驰．2010．科学之妖：如何掀起物理学最大造假飓风．周荣庭译．北京：科学出版社：139.

科学活动规律的良好研究氛围，通过鼓励内部评议和审查等方式确保研究成果具有更高的可靠性和有效性。

参考资料

[1] 尤吉尼·塞缪尔·瑞驰．2010. 科学之妖：如何掀起物理学最大造假飓风．周荣庭译．北京：科学出版社．

[2] Lucent Technologies. 2002. Report the Investigation Committee on the Possibility of Scientific Misconduct in the Work of Hendrik Schön. http://publish.aps.org/reports/lucentrep.pdf. [2011-09-20]

[3] Consoli L. 2006. Scientific misconduct and science ethics: a case study based approach. Science and Engineering Ethics, (12): 533-541.

[4] 阎康年．2002. 科学史上一次影响深远的事件及教训．中国基础科学，(6)：40-44.

[5] 阎康年．2002. 科学界的诚信——舍恩事件始末综述．国外科技动态，(11)：14-17.

（撰稿人　胡剑）

第十章　柯克·斯佩贝尔篡改和伪造数据事件 >>>>>

在科学研究中，为了得到自己需要的研究结果和结论，有些研究人员会违背科研道德，做出伪造、删减、修饰或者改变实验数据，捏造重复实验次数等科研不端行为。这些科研不端行为一旦被查出，其相关已发表的科研论文会被要求撤回，涉及的基金资助将会被中止和追回。柯克·斯佩贝尔(Kirk Sperber)篡改和伪造数据事件就是其中一个案例。

一、斯佩贝尔事件的概述

斯佩贝尔是美国锡安山医学院（Mount Sinai School of Medicine，MSSM）医学博士，曾任临床免疫学部医学系副教授。2008年10月8日，美国卫生及公共服务部发布调查和处理公告[①]，认定斯佩贝尔博士在3篇文章和3个项目申请书中存在伪造和篡改图表数据的不端行为。斯佩贝尔博士同意关于其科研不端行为的裁定，并签署了《自愿排除协议》。锡安山医学院终止了与斯佩贝尔博士的合约。

---

① Federal Register，October 8，2008（Volume 73，Number 196），Notices，Page 58968-58969. From the Federal Register Online via GPO Access [wais. access. gpo. gov]，DOCID：fr08oc08-69.

二、斯佩贝尔的诸多科研不端行为

斯佩贝尔博士[①] 1972～1976 年在罗格斯-新泽西州立大学新布朗斯维克校区（Rutgers，The State University of New Jersey-New Brunswick）读生物学，1982 年获得新泽西医科和牙科大学（University of Medicine and Dentistry of New Jersey）医学博士学位，2005 年获得福特汉姆大学（Fordham University）医学伦理学专业文学硕士学位，2007 年获得锡安山医学院临床医学专业理学硕士学位，2009 年获得纽约医学院（New York Medical College，Valhalla）生物化学和分子生物学专业理学硕士学位，2009 年获得哥伦比亚大学（Columbia University）政策与管理专业公共卫生硕士学位。1985 年 7 月到 2006 年 5 月，斯佩贝尔博士在锡安山医学院从事科研和教学工作，1990～2006 年在医院和卫生保健部门担任副教授，后受聘于纽约医学院。斯佩贝尔博士的主要研究方向为临床免疫学、临床学、内科医学、过敏症、风湿病、艾滋病等。

根据锡安山医学院的调查报告以及科研诚信办公室在其监管审查报告中附加的分析，美国卫生及公共服务部指控斯佩贝尔博士，在以下 3 篇文章和 3 个项目申请书中存在伪造和篡改图表数据的不端行为：《免疫学杂志》（*Journal of Immunology*）（1998，161：4257～4267[②]；2001，167：2331～2342[③]；2003，170：1566～1578[④]。前两篇于 2006 年 11 月被撤销，后一篇已于 2005 年 12 月被撤销）；国家敏感症及传染病研究所（National Institute of Allergy and Infectious Diseases，NIAID）和国家癌症研究所资助的三个项目（项目编号：grant R01 AI45343～01A1、R01 AI45343～04A2、P01 AI44236～05）的申请书。

---

① LinkedIn. http：//www. linkedin. com/pub/kirk-sperber/15/331/43a [2011-06-18].

② Chen H，Yip Y K，George I，et al. 1998. Chronically HIV-1-infected monocytic cells induce apoptosis in cocultured T cells. Journal of Immunology，(161)：4257-4267.

③ Rakoff-Nahoum S，Chen H，Kraus T，et al. 2001. Regulation of Class II Expression in Monocytic Cells after HIV-1 Infection. Journal of Immunology，(167)：2331-2342.

④ Sperber K，Beuria P，Singha N，et al. 2003. Induction of apoptosis by HIV-1-infected monocytic cells. Journal of Immunology，(170)：1566-1578.

2005年，斯佩贝尔博士及其他作者主动公开撤回其在2003年发表在《免疫学杂志》上题为“Induction of Apoptosis by HIV-1-Infected Monocytic Cells”的文章（*Journal of Immunology*，2003，170，1566～1578）①，承认原文章中存在以下错误。

图2（研究小鼠和兔子Abs防止细胞凋亡能力的实验）中的流式细胞术数据柱状图1、3、4、5和6属于错误复制的数据。为了确认实验结果的正确性，作者通过正确的实验程序重复了该实验，证实小鼠和兔子的Abs都可以抵抗具有致细胞凋亡能力的FLJ21908菌液。通过融合蛋白标记物FLJ21908的基因片段（aa 330～665）定位了该蛋白导致细胞凋亡的功能位点，并标示出与之前文章中描述的原始影响因子分子量一致的一个6 kDa的凋亡产物，另外也利用标记融合蛋白隔离凋亡活性终止150 aa端基。

图6C证实了FLJ21908通过caspase 9蛋白酶诱导细胞凋亡，而对照实验和50%菌液的凋亡产物显示一样。作者重复了该实验，利用FLJ21908融合蛋白和含有最后150 aa的标记蛋白，证实caspase 9蛋白酶在H-9 T细胞和SH-SY5Y神经细胞中具有活性。

图9中显示FLJ21908蛋白处理后caspase 3和PARP的活化作用一样。作者利用不同浓度的FLJ21908标记蛋白重复实验说明caspase 3和PARP的活化作用。

图4B用于说明FLJ21908蛋白是诱导细胞凋亡的必要蛋白的流式细胞术数据的重复性不一致。基于以上错误，斯佩贝尔博士这篇文章中的结论和观点虽然在之后的验证实验中得到了证实（关于艾滋病毒感染的人体巨噬细胞产生的致细胞凋亡肽段的证明依然有效），但斯佩贝尔博士仍主动撤回文章。然而斯佩贝尔博士在撤回文章的公告中称这些为错误，而非科研不端行为。

美国卫生及公共服务部调查发现，在撤回文章公告中作者承认的这些错误事实上更严重，应归属科研不端行为。被举报人复制流式细胞术数据并用于图1A、图2、图4A、图4B和图7中，复制聚丙烯酰胺凝胶的色带并用于图3，复制Western蛋白印迹的色带并用于图5A、图5C、图6C和图9，复

---

① Sperber K，Beuria P，Sing ha N，et al. 2005. Retraction：Induction of apoptosis by HIV-1-infected monocytic cells. The Journal of Immunology. http：//www.jimmunol.org/content/175/12/8438.full.

制琼脂糖凝胶的聚合酶链反应分析结果并用于图 5B；复制激光共聚焦显微镜图并用于图 10 和图 11。另外，被举报人所指出的图 1A、图 2、图 4A 和图 7 代表重复 5 次的实验结果，以及图 3、图 4B、图 5A、图 6C 和图 9 代表重复 3 次的实验结果，与实际重复次数不符，这些都构成另外的伪造行为。这些对数据结果的篡改伪造行为导致错误地表述了一种蛋白质促进细胞凋亡的作用。这种蛋白质是从受到 HIV 病毒感染的人类巨噬细胞系中分离出来的，从全新互补 DNA 无性繁殖系中得到，并且不是存在于 HIV 痴呆患者的脑部组织或者淋巴组织中的。

2006 年，斯佩贝尔博士及其他作者还公开撤回了其在 1998 年发表在《免疫学杂志》上题为“Chronically HIV-1-Infected Monocytic Cells Induce Apoptosis in Cocultured T Cells”的文章（*Journal of Immunology*，1998，161：4257～4267）①，承认原文章中存在以下错误：文章中的图 3B 描述 gp120 对 CD4 和 CD8 细胞的凋亡作用，图 4B 描述与 43HIV 细胞共培养的 CD4 和 CD8 细胞中 Fas-FasL 的凋亡作用，图 6B 描述 43HIV 细胞的分级上清液的凋亡作用。虽然作者曾在 2005 年 12 月 15 日的《免疫学杂志》上发表更正数据的勘误表，但是这些图中仍有错误，作者道歉并申请撤回该文章。斯佩贝尔博士也未承认这些错误是科研不端行为。

美国卫生及公共服务部调查发现，这篇文章中也存在严重的科研不端行为，描述流式细胞术结果的图 3B、图 4B 和图 6B 存在问题。在图 3B 中，使用两幅相同的流式细胞术柱状图分别表示两个不同实验的结果。在图 4B 中，用相同的流式细胞术柱状图来表示 CD-4 细胞和 CD-8 细胞的阴性对照。在图 6B 中，复制位于顶端的两个控制板、中间的两个控制板及底部的两个控制板作为不同分级稀释的结果，从而错误地说明从 43HIV 细胞而来的一个可溶性因子会导致细胞凋亡。此外，被举报人称图 3B、图 4B 和图 6B 中的数据分别代表了不同实验重复三次的结果，而事实上实验并未重复，这构成另外的伪造行为。

2006 年，斯佩贝尔博士及其他作者再一次公开撤回了其在 2001 年发表在《免疫学杂志》上题为“Regulation of Class II Expression in Monocytic

① Chen H，George I，Tyorkin M，et al. 2006. Retraction：Chronically HIV-1-Infected Monocytic Cells Induce Apoptosis in Cocultured T Cells. The Journal of Immunology. http：//www. jimmunol. org/content/177/9/6560. full.

Cells after HIV-1 Infection”的文章（*Journal of Immunology* 2001，167：2331～2342）[①]，承认原文章中存在以下错误：图 10 说明引入 HIV 病毒蛋白后白细胞中 HLA-DR 在细胞内的传输包含三个通道。虽然作者曾在《免疫学杂志》的 2005 年 12 月 15 日的一期上发表更正数据的勘误表，但是这幅图中仍有错误，作者道歉并申请撤回该文章。斯佩贝尔博士也未承认这篇文章中的错误是科研不端行为。

美国卫生及公共服务部调查发现在这篇文章中的图 10 存在问题。被举报人复制并使用了 4 幅共聚焦显微照片来篡改数据，从而导致以下数据均是错误的：Cath D、43pol、CD-63、43neve 的数据，Cath D、43gag、Cath D、43nef 的数据，DAMP、43 nef、M6PR、43nef 的数据，以及 M6PR、43gag、the CD-63、43gag 的数据。被举报人称这些数据是实验重复 5 次得到的结果，而事实上实验并未重复，这构成另外的伪造行为。

除了以上 3 篇文章中存在科研不端行为之外，美国卫生及公共服务部调查发现在斯佩贝尔博士的 3 个项目申请书中也同样存在问题。在国家敏感症及传染病研究所和国家癌症研究所资助的项目编号为 R01 AI45343-01A1 的申请书中，图 5B 来自文章（1998 J. Immunology）中的图 6B，存在伪造数据的行为。项目编号为 R01 AI45343-04A2 的项目申请书中，包含文章（2003 J. Immunology）中的图 1、图 6C、图 7、图 9、图 10 和图 11，而文章中几乎所有的图都是伪造的，因此项目申请书中的这些图和数据不能用来支持其结论。项目编号为 P01 AI44236-05 的项目申请书中，有 2 幅图是伪造的：在图 1b 中，4 个病人的肠内活组织的共聚焦显微照片复制于其他来源；在图 3 中，一个聚合酶链反应（PCR）扩增数据的控制板是复制的，并且被伪造为 4 个肠病例的数据。

根据美国卫生及公共服务部对科研不端行为[②]的定义，“伪造是指捏造数据或结果并记录或报告它们，篡改是指伪造研究原料、设备、程序，或者改变删除数据、结果，致使在研究记录中，没有正确的描述研究”，依据上述锡安山医学院的调查报告及科研诚信办公室在其监管审查报告中附加的分析，

---

① Chen H，George I，Tyorhin M，et al. 2006. Retraction：Regulation of Class II Expression in Monocytic Cells after HIV-1 Infection. The Journal of Immunology. http：//www.jimmunol.org/content/177/9/6561.full.

② PHS. 2005. Policies on Research Misconduct -42 C. F. R. 93. http：//ori.dhhs.gov/misconduct [2011-06-17].

发现了斯佩贝尔博士在科学研究中，伪造、删减、修饰或者改变实验数据，捏造重复实验的次数，以支持自己需要的实验研究结果。另外，在项目申请书中，也篡改、伪造了实验数据，捏造了实验次数，以骗取基金支持。因此，斯佩贝尔博士的这些行为按美国卫生及公共服务部关于科研不端行为的定义，属于伪造和篡改行为。

三、斯佩贝尔事件的处理

经过锡安山医学院、美国卫生及公共服务部、科研诚信办公室的调查和处理，斯佩贝尔博士签署了《自愿排除协议》，此事件的调查和处理结果公布在美国卫生及公共服务部科研诚信办公室的网站上①。根据《自愿排除协议》，斯佩贝尔博士可选择承认或拒绝接受美国卫生及公共服务部对其科研不端行为的指控。然而，由于问题之严重，证据之确凿，斯佩贝尔博士同意不对美国卫生及公共服务部在以上陈述（3 篇文章和 3 个项目申请书中的不端行为）以及锡安山医学院的报告中关于其科研不端行为的裁判提出上诉。

在协议中，斯佩贝尔博士完全出于自愿地同意，从 2008 年 9 月 12 日起的 4 年内，接受以下 2 项处罚。

（1）把自己排除在与美联邦政府任何部门相关的任何合约（或转包合约）之外。不能作为获选人，不得参与美国卫生及公共服务部的任何非获得性项目（根据执行管理和预算办公室的监管指引文件定义，可见美国联邦法规《政府范围的排除与暂停》第 180 条和第 376 条及下列等）②。

（2）不担任美国卫生及公共服务部的任何职位（包括但不仅限于任何美国卫生及公共服务部的咨询委员会和同行审查委员会的职位，或者担任顾问等）。

另外，斯佩贝尔博士的科研不端行为发生在锡安山医学院的教职任期内，其在锡安山医学院的聘任合约已经被终止。美国卫生及公共服务部和科研诚信办公室限制其在 4 年内从事相关研究或担任相关职务的资格。由于不得从

---

① HHS. 2008. Case Summary: Sperber, Kirk. http://ori.dhhs.gov/misconduct/cases/Sperber.shtml [2011-06-18].

② HHS' Implementation (2 C. F. R., Part 376 et seq.) of OMB Guidelines to Agencies on Government wide Debarment and Suspension (2 C. F. R., Part 180).

事相关研究，斯佩贝尔博士攻读并在2009年获得了纽约医学院（瓦尔哈拉）生物化学和分子生物学专业理学硕士及哥伦比亚大学政策与管理专业公共卫生硕士，现在受聘于纽约医学院作为医生从事医疗工作。对从事科学研究的限制并不影响行医，除了存在科学道德意义上的科研不端行为之外，斯佩贝尔博士具有约20年的医学研究和实践经历，因此现在仍是临床学、内科医学及艾滋病方面的专家。

四、斯佩贝尔事件的思索

在斯佩贝尔博士伪造和篡改数据事件中，斯佩贝尔博士在其文章和项目申请书中，大量复制和伪造实验的图表数据，伪造数据的重复性，为得到需要的实验结果对数据进行篡改。这种科研不端行为是非常明显和严重的，也是比较容易得到证据和进行确认的，因此斯佩贝尔博士承认了自己行为的性质。然而，在多数情况下，对科学研究是否存在不端行为的判定并非易事。

在本案例中，斯佩贝尔博士撤回了自己发表的3篇论文。撤回已发表论文是科研诚信办公室对科研不端行为事件中所涉及的科学论文的一种处理方式。对一些确认存在问题并已在期刊上发表的论文需要作撤回处理，并在原发表论文的期刊上或在相关的数据库上刊登撤回声明，说明撤回的理由并标明原刊登论文的出处，或者在数据库中链接被撤回的论文。

一些国际社会公认的享有很高声誉的学术期刊，如《科学》、《自然》、《美国国家科学院学报》（*Proceedings of the National Academy of Sciences*，PNAS）等也时有论文撤回的现象。2010年美国密歇根州立大学的一位植物学家在2008年发表于《自然综述——遗传学》（*Nature Reviews Genetics*，NRG）的一篇文章被撤回，原因是作者在作为《植物科学》（*Plant Science*）匿名审稿人时抄袭了其所评审的一篇综述①。《自然》旗下有15类综述性质的期刊，此次文章撤回尚属首次。对作者的不端行为，《自然综述——遗传学》杂志同密歇根州立

① Nature Reviews Genetics. 2008. Plant genetic engineering for biofuel production：towards affordable cellulosic ethanol. http：//www. nature. com/nrg/journal/v11/n4/full/nrg2777. html [2011-06-18].

大学调查委员会一样，没有直接称其为抄袭，而是采用一种略微不同的说法，将其描述为综述文章中有一处引用的段落内容没有注明原始出处。破译嗅觉工作机制而荣获 2004 年诺贝尔生理学或医学奖的琳达·巴克（Linda B. Buck）陆续撤回了两篇论文，因为她和她的同事无法重现当初的实验结果。论文撤回事件并没有涉及巴克博士当初获得诺贝尔生理学或医学奖的相关研究工作，其撤回公告已经发布在论文发表期刊的网站上。这两篇论文一篇发表在 2005 年的《美国国家科学院院刊》上，另一篇发表在 2006 年的《科学》杂志上。

论文撤回并非都由于科研不端行为，也有一些是因为在研究过程或者数据采集处理过程中存在明显错误。然而无论原始论文中是否存在严重的科研不端行为，一般在原发表论文的期刊上的论文撤回声明，都仅仅简略地描述文中存在的错误，并不会提到作者可能存在的科研不端行为。这对读者的知情权其实是一种侵害。《卫报》在 2011 年 1 月 15 日的“坏科学”栏目①中提到，“学术期刊有时会因为论文有问题而撤回，但撤回通告上很少写明撤回的具体原因，导致读者无法得到明确的解释，这是一个潜藏在深处的系统性问题，比任何单一的科研不端事件都更加有害”。

然而，当事人及相关大学、研究单位、杂志期刊的隐私权和名誉同时也需要保护。另外，如何预防、认定和妥善处理科研不端行为，仍旧是个世界性的难题。政府机构和研究单位的责任意识和相关规章制度也需要进一步的完善，社会舆论和大众的监督作用也需要适当的引导。有时科学领域中一些研究行为的性质判定，不端行为的确认，责任个人或单位的裁定，未有定论，所以，现今各种对科研不端行为事件中的不端行为的确认和处理都十分谨慎，对某些在科学界和公众产生很大影响的事件的调查往往费时数年，甚至有些未有结论。正因如此，对已有定论的科研不端行为案例进行研究，为人们了解科研不端行为事件的调查、判定及处理过程提供一些参考，有益于增加公众的了解和培养公众自己的判断力。

（撰稿人　杨晓果）

① Goldacre B. 2011. Now you see it，now you don't：why journals need to rethink retractions. http：//www.guardian.co.uk/commentisfree/2011/jan/15/bad-science-academic-journal-retraction［2011-06-18］.

第十一章　斯科特·J.布罗迪篡改伪造数据事件 >>>>>

斯科特·J. 布罗迪，分子病理学家，美国联邦委员会认证的解剖病理学家，在病毒学、核酸化学、聚合酶链反应方面都有所研究，曾任美国华盛顿大学检验医学部助理教授、华盛顿大学反转录病毒发病机制和分子病毒学实验室主任。其被指控在向美国公共卫生服务基金提交的申请材料和进度报告中，以及已发表的科研论文、手稿和 PPT 文稿中存在 15 项学术不端行为，而被美国卫生及公众服务部（Department of Health and Human Services，DHHS）处以排外七年的行政处罚。在这七年里，禁止布罗迪承担或外协任何美国政府机构下拨的任何基金或研究项目，并禁止其参与任何公共卫生服务领域的顾问服务。

一、布罗迪案件的背景经过

2008 年 9 月 17 日，美国科研诚信办公室（Office of Research Integrity，ORI）收到指控布罗迪学术不端行为的检举信。指控内容来源于华盛顿大学 2002～2003 年的一项调查，该信称，1999～2002 年，布罗迪在其基金项目提交或答辩的材料中，对有关图片和信息进行了刻意的伪造或篡改，并提供了错误的陈述和数据。科研诚信办公室经过与华盛顿大学的联合调查，发现情况属实，而且涉及范围还包括布罗迪发表在多种期刊上的文章。于是，科研诚信办公室决定向美国卫生及公共服务部对其提起控诉。

2008年10月16日，布罗迪向行政法官提出要求听证，但因为其无法提供任何有力的事实证据反驳其学术不端行为，无法证明其向科研诚信办公室提供的报表、图片、数据均为翔实有效，法官坚决地驳回了他的听证请求。2009年11月20日，布罗迪提供了两位新证人的证词及一些新的证据，但依然未说服法官召开听证会或推翻之前的判决。最终，2010年3月18日，美国卫生及公众服务部负责基金申请管理的副助理部长（Debarring Official）宣布了对布罗迪的排外通知，布罗迪被处以排外七年（2010年3月18日～2017年3月17日），在这七年中，其不得承担任何美国政府机构下达的任何基金或研究项目中的课题和子课题，并且被禁止为美国公共卫生部提供任何咨询服务。

二、科研诚信办公室控诉的主要问题

基于华盛顿大学的一份调查报告和科研诚信办公室对案件进一步审查分析的结果，科研诚信办公室发现，作为前华盛顿大学检验医学部助理教授，华盛顿大学反转录病毒发病机制和分子病毒学实验室的主任，斯科特·J. 布罗迪，在美国公共卫生部支持或资助申请的研究中存在15项学术不端行为，遍及9个公共卫生服务基金的申请材料和进度报告，以及已发表的科研论文、手稿和PPT文稿，具体内容如下：

（1）刻意篡改手稿中的一幅图，并发表在《实验医学杂志》（*Journal of Experimental Medicine*，JEM）和《病毒学杂志》（*Journal of Virology*，JV）上。而在他的若干PPT文稿中利用该图时，其时而声称该图为直肠黏膜白细胞，时而称之为淋巴结。

（2）篡改了若干手稿中的三嵌版图（three-paneled figure）的部分信息，并将其用在PPT文稿和基金申请中。

（3）刻意伪造了一幅图作为其1999年发表在《美国病理学杂志》（*American Journal of Pathology*，AJP）上的1N图（1999，54：1453～1464），并将该图应用于三项美国国家卫生研究院的基金申请和若干PPT文稿中。

（4）将其1999发表于《美国病理学杂志》上的一幅图片（Figure 1K，

AJP 54：1453，1999）进行篡改，并使用在若干美国国家卫生研究院基金申请中。

（5）刻意篡改4绿荧光细胞板图，将其有时表述成分离细胞，有时表述成合成图像，并应用在多个基金申请中。

（6）刻意伪造了一幅图作为其2000年发表在《临床研究杂志》（*Journal of Clinical Investigations*，JAI）上一篇论文的5A图（2000，105：1407），并将其发表在不同的期刊和基金申请中。

（7）刻意伪造了一幅图，该图被标示为Figure 3. III. A出现在其提交给《科学》杂志上一篇名为"肺泡巨噬细胞中HIV-1的顽固性蓄积"的手稿中，并在多个基金申请和PPT文稿中使用了该图。

（8）将一幅描述绿红荧光细胞的图刻意篡改成多个版本，将该图时而标示为图3.3.H和图3.3.I出现在提交给《科学》杂志的一篇手稿中；时而标示为图6C和图6D出现在美国国家牙颅研究所（National Institute of Dental and Craniofacial Research，NIDCR）及美国国家卫生研究院的基金申请中（1 R01 DE14827-01）；时而标示为图C.2.11H和图C.2.11I出现在国家心肺及血液研究所（National Heart，Lung，and Blood Institute，NHLBI）和美国国家卫生研究院的基金申请中（1 R01 HL072631- 01）。另外，还将该图应用于多个PPT文稿。

（9）刻意伪造了一幅图将其标示为图9E出现在美国国家牙颅研究所及美国国家卫生研究院的基金申请中（1 R01 DE014827-01），并将该图使用到其他不同的项目申请与PPT文稿中。

（10）刻意两次篡改国家心肺及血液研究所及美国国家卫生研究院基金申请（1 R01 HL072631-01）中的图C.2.5的下半部分，一次将其标记为实验两小时脂多糖，另一次将其标记为实验十二小时脂多糖，另一幅改过的图也使用过两次，分别被标记为无脂多糖或二十四小时脂多糖。

（11）刻意篡改其原有的手稿图像，声称该图像表示直肠黏膜的病毒衰变，并将其使用在两个PPT报告和三个美国国家卫生研究院的基金申请中。

（12）刻意在以下三个方面进行伪造：①2001年在《传染病杂志》（*Journal of Infectious Diseases*，JID）上发表的一篇科研论文中有一张病理图（2001，83：1466），当时其声称该图是来自于未治愈艾滋病人的腹股沟淋巴结，而实际上该图是来自于表达新霉素标志的一个组织；②对于这一类似于图 2A 和图 C 的凝胶图像，他时而声称是基于淋巴结细胞，在另外一些场合却称来自于直肠组织；③另外，他使用这些图片在某些场合表示为探测 DNA，但在另外一些场合却表示为探测 RNA。

（13）刻意篡改了 2000 年《白细胞生物学杂志》（*Journal of Leukocyte Biology*，JLB）中一篇文章里的两幅图 2DI 和图 2DII（2000，68：351～359）。

（14）通过操纵图像源的方式刻意篡改美国国家牙颅研究所及美国国家卫生研究院基金申请（1 R01 DE014827-01）中的图片。

（15）在与一名同事合作研究后给 HIV-1 和 HIV-2 重新做识别标签，并对绵羊慢病毒作数据研究时，其在国家过敏及感染性疾病研究所（National Institute of Allergy and Infectious Diseases ，NIAID）及美国国家卫生研究院的基金申请（1 R01 AI051954-01）中，刻意篡改大量数据，并做出错误注解。

科研诚信办公室认为，上述学术不端行为不是可以给予谅解的一时疏忽行为，也不仅仅涉及诚信问题。事实清晰表明：布罗迪是在明知真相的情况下故意发表或者试图发表被篡改或编造的信息。在布罗迪提交的或者与同事共同提交的申请书中、其发表的被大众阅读的文章及 PPT 文稿中，均存在错误的或者编造的照片、图片和数据。毋庸置疑：虚假信息，布罗迪要么知道它们是错误的，要么就是对这些材料的真伪毫不关心。基于此，在科研诚信办公室提交的针对布罗迪的检举信中，指控他的问题包括如下三个方面。

（1）布罗迪已经发表或即将发表在期刊、报告演讲、研究基金项目上的文章，包含大量虚假图片、图表、报告。

（2）布罗迪明知信息错误仍然发布或者故意发布错误或者编造信息。

（3）科研诚信办公室提出的剥夺布罗迪七年承接研究项目权利的惩罚措施是合理的。

三、布罗迪对指控的辩驳和 ORI 的答辩

1. 关于蓄意造假

作为科研诚信办公室认定依据的大量的伪造资料是在一台电脑中被发现

的，这台电脑是华盛顿大学在调查期间在布罗迪家中发现的。科研诚信办公室认为这是无可辩驳的证据，它有力地证明了布罗迪篡改图片和数据这一事实。布罗迪的辩驳是，由他负责的华盛顿大学实验室里的电脑是 7 个人共用的，这些被篡改或者编造的信息很可能来源于其他人。而且，他不处在一个可以指挥其他人的权威位置上，并且布罗迪认为，他也缺乏对如下基本常识的了解，即如果用不当方式制作出供自己或他人使用的图片会产生怎样的法律后果。

对此，科研诚信办公室认为，蓄意造假是指有意地发布虚假或者捏造的信息，一种情况是学者知道自己发布的信息是虚假的，还有一种情况是学者发布了信息却不在乎其真实性，学者明知道这种信息将会误导读者，却仍这样去做。如果相关的调查结果表明学者“蓄意地、明知故犯地、不慎重地实施了（不法行为）……”则可认定其存在蓄意不端行为。因此，布罗迪宣称和其他人共用一台电脑，而且其他人很可能编纂出了这些虚假的照片和数据这一说辞，与科研诚信办公室作为控诉依据的结论是不相关的，因为即使这一辩解是真实的，它也并没有免除布罗迪应该确保他的出版物内容具有真实性和准确性的责任。

从布罗迪的出版物中系统地存在虚假和伪造的信息，科研诚信办公室认为，可以得到两个合理的推论：要么布罗迪知道他发布的信息是虚假或者捏造的，要么他发布信息的时候对其内容的真实性毫不在意。他发布或者试图发布的虚假资料的数量和方式不可避免地让人得到以下结论——其公然藐视真相。

2. 关于图表造假

首先，布罗迪一直认为科研诚信办公室所指控的图片均真实地反映了其从实验中获得的结果，他没有不恰当地篡改过他所提供的图片。对此，科研诚信办公室认为，布罗迪没有提供证据来支持他这一辩解，这仅仅是对科研诚信办公室指控的一个直白拒绝，这对已有的事实材料不足以形成一个有利的反驳。相反，科研诚信办公室认为，其出示的证据材料无可辩驳地表明，布罗迪家中电脑里储存的图像被篡改成了另一幅图，而且，他根据不同的对象，多次改变了对这个图的描述，从而导致这个图表的真实含义被更加错误地表述。例如，在2002年3月20日制作的PPT报告中，布罗迪称该图代表淋巴结细胞，在其2002年3月25日的《实验医学杂志》文稿中，他也称该图代表淋巴结细胞，但在2002年5月13日的一次科研会议中，他说这幅图为直肠。接着，2002年5月30日，在他提交给《病毒学杂志》的草稿中，他又称这幅图是淋巴结细胞。但是，2002年6月12日，在一个PPT二次报告中，他说这幅图是直肠黏膜白细胞。在2002年8月23日的第二次提交给《病毒学杂志》的手稿中，他又说这幅图是淋巴结细胞。但是，在2002年9月17日的另一个PPT报告中，布罗迪再次改口，这次他说这幅图为直肠组织。

其次，布罗迪称“直肠黏膜”和“直肠组织”是同一措辞，代表同一个事物，他没有错误地使用图片，这些图片很可能在不同的报告中被标记为“直肠黏膜”或者“直肠组织”。但是科研诚信办公室认为，这一说辞同样难以成立。因为这个辩解没有解释他为什么把图表的标记从原始标签“舌扁桃体”改为“直肠黏膜”，也无法解释为了在同一个基金项目中创造两个看起来不同图像而扭曲图像的事实。

再者，布罗迪坚持认为，是其他人在他不知情的情况下获得了有问题的图片。科研诚信办公室认为，这是一个赤裸裸的没有任何证据的辩护，因为有证据清晰地表明，是布罗迪自己把图片给了其他人。况且，即使布罗迪的言论是正确的，这也不能让他免于伪造图片的责任。布罗迪还辩解称，所有被质疑的图像都不是在他家中的电脑里，而是他在购买电脑之前就被装进里面了。这也是一个缺乏论据的辩护，只是为了回应对其科研不端的控诉。华盛顿大学扣押了他家里的电脑，而这些图片就是在这台电脑上发现的。对在他获得这个电脑之前这些文件是怎么进入到他电脑里的，他一直没有提供有说服力的解释。

最后，布罗迪再次辩称，对伪造或者篡改原始图片，其他人也要负责任。科研诚信办公室认为，针对布罗迪的指控是正确的。在任何方面，布罗迪都没有对其在申请基金或者其他地方使用篡改后的图像这个不端行为提供有效地辩解。作为基金项目的主要负责人，布罗迪要对其内容的真实度负责任，但所有事实均倾向于得出如下的结论：或者布罗迪为了获得虚假数据而蓄意地篡改了图像，或者他使用了这些图像却没有鉴定他们的真实性和精确性。最后，科研诚信办公室发现，在整个事件发生过程中，“错误”表现出来的就是直接地捏造事实，布罗迪经过深思熟虑地或者不计后果地使用了篡改的图像，却忽视了发布的那些真相或者错误。

四、布罗迪案件的处理结果和影响

以上毫无争议的事实说明这是一个严重的学术不端事件，这些明显的错误表明布罗迪应该承认他的不端行为或者对此表示后悔。但是，布罗迪不仅曾拒绝对已发布或者试图发布的那些伪造的图片和数据负责，他还针对那些数据图片提出了一系列的解释，这既让人难以置信，又觉得荒谬可笑。最让人惊讶的是布罗迪甚至拒绝承担对其家中电脑里的数据图片真实性所应负的责任，那些东西一看就是经过篡改和伪造的，他连一个似乎合理的解释都没有，如这些图片和数据是怎么合成的、怎么保存的，为什么他不鉴定一下它们的真实性就使用了这些看起来显而易见是错误的资料。

科研诚信办公室认为，布罗迪的科研不端行为，表现为大规模的在基金申请、期刊、报告演讲中发布或者尝试发布伪造或篡改的图片以及信息。在一个相对短的时期内，布罗迪行为不端的程度与范围十分惊人。科研诚信办公室记录了他在 15 项不同的指控中存在大量明确的弄虚作假行为，时间长达两年多。这些事实表明，布罗迪显然不值得被信任去获得、利用或者分配联邦基金。

最终，科研诚信办公室发出一封指控信，枚举布罗迪上述学术不端行为，提议美国卫生与公众服务部采取行政措施。布罗迪随后要求在部门上诉委员会的行政法官面前举行听证会，以抗议上述指控。2009 年 1 月，行政法官做出裁决，认为科研诚信办公室的指控在其文字陈述、图像证据及在相关出版物的其他数据方面不存在实质性的虚假，科研诚信办公室指控的证据材料翔实有效。

2010 年 1 月 12 日，行政法官向美国卫生及公共服务部的助理部长发出建议性的决定，给予科研诚信办公室的指控简要的处置。行政法官还指出，布罗迪博士多次犯下学术不端行为，其行为使法庭有充分理由对其宣判排外七年。根据联邦法规 42 卷 93 款 523 条段落 c（42CFR 93.523（c）），助理部长向美国卫生及公共服务部负责基金申请管理的副助理部长转交了行政法官的建议决定。

2010年2月1日，布罗迪向卫生及公共服务部负责基金申请管理的副助理部长提交了一封信，在其附件里要求否决行政法官全部的建议性决定。2010年2月26日，布罗迪又提交了一封信，要求与副助理部长会面，当面陈述否决行政法官决定的理由。然而，副助理部长认为，按照联邦法规42卷93款523条段落c，布罗迪博士已经被赋予了一次机会以澄清科研诚信办公室关于其科研不端行为的调查结果。有鉴于此，副助理部长做出决定，布罗迪否决行政法官裁决的要求无效，排外的裁决不可动摇。进而，副助理部长也拒绝了布罗迪当面陈述的要求，并发出通知，从2010年3月18日开始实行排外，至2017年3月17日结束。2010年3月23日，布罗迪提交了一封信，要求推迟排外的生效日期，副助理部长在2010年4月6日拒绝了这一要求。

虽然调查取证的过程是漫长而复杂的，但最终，面对华盛顿大学和科研诚信办公室缜密深入的联合调查，布罗迪承认了其捏造、篡改数据和图片的行为，并签署了《自愿排除协议》。依据卫生及公共服务部执行署（Department of Health and Human Service's Implementation）的规范文件《政府范围机构的排外和暂停的准则》（*Guidelines to Agencies on Government wide Debarment and Suspension*，2 CFR part 180）之规定，布罗迪被处以排外七年的处置。至此，斯科特·J. 布罗迪学术不端行为的调查结果在法律上生效了，伴随而来的是长达7年的行政处罚，自2010年3月18日开始：

（1）卫生与公众服务部根据管理与预算局对政府范围的资格取消准则（联邦法规2条第376部分起）以及联邦法规第2条第180部分，禁止布罗迪博士承担或外协任何美国政府机构下拨的任何基金或研究项目，并剥夺其参与非政府授权的项目或“关联交易”的资格；

（2）禁止布罗迪博士参与任何公共卫生服务事业的顾问服务，包括但不局限于服务于任何公共卫生事业的顾问委员会、董事会和/或同行审查委员会，或以顾问身份服务这些组织。

事实表明，布罗迪的不端行为已经造成了很大的影响。若干研究基金项目和期刊都受其污染，布罗迪的同事由于接受和使用了他提供的伪造材料也受到牵连。当伪造的文章被披露后，有一份期刊认为，其必须收回由布罗迪署名的文章。美国学术界对该事件也给予了严厉批评和声讨，认为其随意篡改数据满足私欲的行为对自己、对科学、对他人都是极其不负责任的，不仅有悖于科学家严谨严肃的治学态度，模糊了科学的焦点，其发表的文章和图表更是一种严重的资源浪费，浪费了阅读者的时间和精力，该事件将为斯科特·J. 布罗迪自身带来长久的诚信危机和能力怀疑。

参考资料

[1] The Department of Health and Human Services Departmental Appeals Board Civil Remedies Division. 2010. Recommended decision granting summary disposition to the office of research integrity. http://www.hhs.gov/dab/decisions/civildecisions/cr2056ok.pdf [2010-06-02].

[2] The Department of Health and Human Services Office of the Secretary. 2010. Case Summary-Scott J. Brodie. http://ori.hhs.gov/misconduct/cases/Brodie_Scott.shtml [2010-06-02].

（撰稿人　陈小林）

第十二章　震惊科学界的尼诺夫造假事件

>>>>>>

数十年前，核物理学家根据壳模型计算预言，在比自然界存在的元素重很多的区域可能存在着超重元素稳定岛，此后世界上的许多实验室便开始了对超重元素的寻找。1999 年 6 月，美国劳伦斯-伯克利国家实验室（Lawrence Berkeley National Laboratory，LBNL）一个 15 人的研究小组宣称，他们“发现”了 118 号元素，随后《物理评论快报》（*Physical Review Letters*）第 83 期发表了他们的学术研究成果。该成果的发表，引起了科学界的强烈反响。该实验室的重元素物理学家拉菲德（R. Lougheed）说：“结果令人振奋。我怀疑它将导致这个领域中出现新同位素的旋风。”① 德国重离子研究中心（GSI）的 S. 霍夫曼（Sigurd Hofmann）认为这真是“激动人心的消息”②。不久，这一成果被列为“1999 年世界十大科技进展”的标志性成果之一。然而，仅仅时隔三年的 2001 年 7 月，美国劳伦斯-伯克利国家国家实验室发表声明指出，该实验室 1999 年发现的两种超重元素（即 118 号元素和 116 号元素）的实验数据是“捏造”的，有关研究人员从事了“不正当科学行为”③。2002 年 7 月 15 日的《物理评论通讯》上，劳伦斯-伯克利国家实验室遗憾地

---

① 转引自郭保章．2000．1999 年度超重元素发现述评．科学（中文版）．(3)：15-17.

② Schwarzschild B. 2002. Lawrence Berkeley Lab concludes that evidence of element 118w as a Fabrication. Physics Today，55（9）：15.

③ BERKELEY. Results of element 118 experiment retracted. http：//www. lbl. gov/Science-Articles/Archive/118-retraction. html［2001-07-21］.

宣布撤回他们三年前的研究结论。该事件的始作俑者维克托·尼诺夫(Victor Ninov)被该实验室开除。这就是曾经发生在科学界震惊一时的尼诺夫造假事件。

一、尼诺夫事件的发生经过

尼诺夫，早年从保加利亚移民到德国，在达姆施塔特重离子研究中心工作多年，20 世纪 90 年代中期参加了著名的发现 111 号和 112 号元素的科学实验工作，其结果得到了美国劳伦斯-伯克利国家实验室和世界其他地方实验室的证实，之后，转到美国劳伦斯-伯克利国家实验室核科学部工作。尼诺夫一直被认为是核研究领域的知名科学家。

1999 年，美国劳伦斯-伯克利国家实验室的科学家使用了一个 88 英寸（约 2.24 米）的回旋加速器，并以大密度高能氪离子束连续对铅靶轰击 11 天。终于，他们观察到了一系列高能量的 α 粒子和第 116 号元素——按照理论，这意味着他们发现了第 118 号元素。虽然新发现的化学元素因其放射性很快衰变成为其他的元素，118 号元素前后也仅仅存在了不到 1 毫秒的时间，但无疑，对于科学界来说，这仍是一个期待已久的好消息。劳伦斯-伯克利国家实验室的研究小组把这一结果报告给了《物理评论快报》杂志。

美国劳伦斯-伯克利国家实验室报告指出，原子量为 293 的 118 号化学元素的同位素拥有 118 个质子和 175 个中子，其诞生后在不足千分之一秒的时间里通过放射 α 射线而迅速衰变为原子量为 289 的另一种放射性化学元素——116 号化学元素的同位素，但这种原子核内含有 116 个质子和 173 个中子的化学元素也是不稳定的，随即便释放出 α 射线而衰变为 114 号化学元素的同位素，此衰变过程持续不断，直到最后衰变为 106 号元素为止。劳伦斯-伯克利国家实验室尼诺夫研究小组 1999 年的论文还宣称，在长达 11 天的实验中，他们三次观察到有明显的 α 粒子释放的过程——118 号元素释放出 α 粒子以产生更稳定的结构。除此之外，研究人员还观察到了第一次 α 衰变产生的 116 号元素。这也是以前未观察到的。劳伦斯-伯克利国家实验室的实验结果一经发表就在科学界引起了轰动，许多专家认为，118 号元素的“发现”不仅是 1999 年科技界的最重要的突破之一，而且必将极大地促进对门捷列夫元素周期表范围的研究。该研究小组负责人格雷戈里奇（K. Gregorich）说："研究组的下一步骤是将铅靶换为多一个质子的铋靶。"[①]

科学的特征之一是其数据和结果必需经受重复验证。1999 年夏天，德国达姆施塔特重离子研究中心、法国国家重粒子加速器（GANIL）和日本的物理与化学研究院（RIKEN）的研究人员试图重复该实验，希望能够制造出更多的第 118 号元素。但最终一无所获，他们没有能够发现 118 号元素。是因为他们用的设备不够灵敏，还是因为运气不好？2000 年春天，劳伦斯-伯克利国家实验室重复了实验，这次连他们自己也没能检测到 118 号元素。2001 年秋天，劳伦斯-伯克利国家实验室对检测设备作了改进后，再次重复实验，仍然毫无所获。于是，科学界包括劳伦斯-伯克利国家实验室开始怀疑 118 号元素"发现"的真实性。俄罗斯杜布纳核科学研究所是最早持有怀疑观点的研究小组。美国核化学家 W. 洛夫兰（Walter Loveland）率先向劳伦斯-伯克利国家实验室开了第一炮，认为其中必有蹊跷[②]。第 118 号元素在元素周期表上突然消失了，再没有什么比这离奇的失踪案更令人困惑的了。迫于外界的压力，118 号元素研究小组重新分析了 1999 年的原始实验数据。分析结果发现，实验中的一项重要指标，即与超重元素衰变相伴产生的大量 α 粒子原来根本就是子虚乌有，实验数据并不能表明他们曾经观测到了理论预测的 α 衰变，这也就意味着他们提出的所谓"发现 118 号元素"的结论是不成立的。2002 年 8 月，美国劳伦斯-伯克利国家实验室的研究小组不得不对外发布新闻稿，否定了 118 号元素的发现，并向《物理评论快报》提交报告，宣布撤回他们对该项研究的已发表的声明。

二、对尼诺夫事件的调查和处理

118 号元素的"得而复失"，震惊了美国劳伦斯-伯克利国家实验室，乃至整个科学界。2001 年 4 月，美国劳伦斯-伯克利国家实验室成立了以达尔

① 郭保章．2000．1999 年度超重元素发现述评．科学（中文版）(3)：59-61．

② 诸平．2003．118 号元素的"发现"、隐退与再发现．信阳师范学院学报（自然科学版），(10)：481-484．

林·霍夫曼（Darleane Hoffman）为首领导的一个工作组，对1999年和2001年的实验数据文件进行检查。检查中，他们发现这两次实验文件中都没有关于118号元素衰变系列的记录。2001年6月，再次成立了以盖拉尔德·林奇（Gerald Lynch）为首的技术复查委员会，对事件进行复查。林奇的复查组经过4个月的调查，形成了一份详细的技术报告，并递交给美国劳伦斯-伯克利国家实验室计算部前主任斯特瓦尔特·罗肯（Stewart Loken）。基于林奇的技术报告及同尼诺夫和参与事件的其他人员的访谈结果，美国劳伦斯-伯克利国家实验室根据罗肯的提议，决定按照实验室关于研究工作诚实性的政策条款，对尼诺夫的造假行为正式展开全面调查。

2001年10月，尼诺夫事件调查委员会正式成立。在美国加州理工学院物理学家罗彻斯·沃格特（Rochus Vogt）的领导下，由4位来自研究小组之外的科学家组成了独立调查小组，着手对事件进行彻底调查。起初，调查小组怀疑是尼诺夫的程序出了问题，但是这个怀疑很快被否决了。后来，调查人员在研究分析程序的日志文件时，发现该程序在运行时，文档数据曾多次被人为篡改过。经过了为期1年多的反复核查，调查人员认为118号元素研究小组存在着严重的造假行为。2002年3月，调查小组在向实验室报告时指出，“我们找到了清楚而令人信服的证据，它表明，所报道的关于发现118号元素所基于的1999年的数据是伪造的”。报告表示，“有明确的证据可以判定，尼诺夫博士在科学研究中采取了伪造事实的不正当行为”，遗憾的是，“我们的发现揭露了有意的编造……而不是非欺骗性的错误和在解释数据方面的差异”[①]。报告中虽然没有谴责118号元素研究小组中其他人牵涉到数据伪造，但报告仍指出，关于尼诺夫研究小组的同事没能检查出尼诺夫错误的说法是“不可信的”，这一疏忽反映出该研究小组在工作上有令人不安的弱点，他们缺乏对保证科研至关重要的持续警觉。报告最后对该组在1999年实验中的做法提出了严厉批评和谴责。

虽然种种事实表明研究小组存在着造假行为，但尼诺夫本人一直坚持声称自己是无辜的，甚至认为自己受到了他人的陷害。一日，他在和昔日同仁德国重离子研究中心S. 霍夫曼谈起此事时说：“一旦你被认为是一个伪造者，

---

① 周书华．2003. 劳伦斯-伯克利国家实验室做出结论：118号元素的证据是伪造的．周书华译．物理新闻与动态．(2)：136-138.

事情的发展就会像雪崩一样。如果你想陷害某个人，你就还会去追究他的过去。”[①] 在接受调查时，尼诺夫就递交了声明反驳内部调查小组的裁决。独立调查小组成立之后，他只去过一次和调查人员当面会谈，此后便拒绝出席。对调查人员提出的问题，尼诺夫都只是通过他的律师代为书面回答。2001 年 7 月，当劳伦斯-伯克利国家实验室的科学家提出向《物理评论通讯》递交一份收回论文的声明时，尼诺夫同样毫不犹疑地断然拒绝了。由于涉嫌造假，这年秋天，美国劳伦斯-伯克利国家实验室先是为尼诺夫安排了最终解雇前 6 个月不定期的带薪休假。待证据确凿后，2002 年 5 月，尼诺夫被实验室正式除名。被实验室除名后，尼诺夫不服裁决，他开始准备各种申诉材料为自己的行为辩护。他还私下通过各种手段，包括通过接受媒体采访等方式，为自己鸣不平，否认自己有任何故意作假行为或科学研究上的不轨行为。他在接受《旧金山时报》记者的电话和电子邮件采访时指出：“在实验及实验数据的分析处理与解释过程中，我会依然继续保持自己最高的行为准则。”尼诺夫坚持认为自己只是劳伦斯-伯克利国家实验室的“替罪羊”[①]。尼诺夫的诉讼材料最终未被主管部门受理。此后，尼诺夫不得不离开科研岗位，因为他已经不适合继续从事这项工作了。

三、尼诺夫事件的影响和启示

诚实是科学工作者最重要的品质之一。科学研究是以诚实守信为基础的事业，科学研究容不得半点虚假、自欺欺人。否则，科学将失去其本身的价值。马克思曾经说过：“科学绝不是一种自私自利的享乐。有幸能够致力于科学研究的人，首先应该拿自己的学识为人类服务。”[②] 如何做到这一点？首先应该摆脱名缰利锁，摆正自己的位置，以诚信的态度对待科学。美国劳伦斯-伯克利国家实验室是美国大型的多学科研究中心，是美国能源部的多功能实验室之一，在科学界享有盛誉，在其中工作的科学家们几乎全部是该领域内

① 周书华. 2003. 劳伦斯-伯克利国家实验室做出结论：118 号元素的证据是伪造的. 物理，(2)：136-138.

② 保尔·拉法格. 1973. 忆马克思. 中共中央马克思恩格斯列宁斯大林著作编译局译. 摩尔和将军——回忆马克思恩格斯. 北京：人民出版社：88.

的权威。当然，尼诺夫也不例外。118号元素造假案件发生前，他早已是国际核研究领域的知名科学家，甚至被认为是“核物理学界最有才华者之一”。然而，他还是禁不住诱惑，为了赢得荣誉和尊重，不惜铤而走险。从“知名科学家”一夜之间沦为“科学骗子”，这种大起大落不仅对尼诺夫本人是一次沉重的打击，而且让美国劳伦斯-伯克利国家实验室为之蒙羞。

令人欣慰的是，美国劳伦斯-伯克利国家实验室并没有因此而对该事件遮遮掩掩，或者包庇袒护，而是态度坚决地积极处理，严格按照实验室规定，对尼诺夫进行了彻底的调查和处理，并在事后进行了认真的检讨和深刻的反省。在一次会议上，实验室主任查理斯·沙恩克（Charles Shank）在谈到这次事件给实验室带来的影响时，他向全体人员表达了歉意，并指出，应从这一事件中吸取深刻的教训。其中最重要的一条，就是“在一篇论文发表之前，所有作者都有责任核实数据”。沙恩克特别强调了“科学诚实”的重要性。他说：“对于一个实验室来说，没有什么比它的科学上的诚实更重要的了。只有拥有了这种诚实，资助研究的公众才会对我们有信心。”[①] 他认为，美国劳伦斯-伯克利国家实验室应为他们能够“彻底搞清这一事件所进行的内部复查的力度和专业水准而感到骄傲”[②]。作为为人敬仰、尊重的科学殿堂，美国劳伦斯-伯克利国家实验室面对科研不端行为时所表现出来的这种严肃认真的态度、敢于解剖自己的勇气、实事求是的作风，不仅维护了自己在科学上的信誉，而且充分展现了求实求真的科学精神。

尼诺夫事件无疑是科学界的一个悲剧，它给后人的教训是深刻的。由于诚实在科学事业中的特殊地位，在相当长的时期内，人们都愿意相信科学是诚实的事业，并且把责任、科学及科学家联系在一起。但现实中，随着日益加剧的对科研资源的激烈竞争，对学术荣誉、知识产权以及与其相关的种种利益的追求等，一些科学工作者的道德失范现象亦随之出现，科研诚信开始受到严峻挑战。学术不端行为是对学术规范的背离，是正常科研活动之外的异常。其中科学的规范系统不仅包括技术规范，还包括行为（或道德）规范。科学不是不允许犯错误，某种意义上说科学正是在不断试错的过程中才得以

---

① Muir H. 2002. Elementary mistake due to falsified data. http：//www. newscientist. com/news/news. jsp? id：ns99992545［2010-09-15］.

② 周书华．2003. 劳伦斯-伯克利国家实验室做出结论：118号元素的证据是伪造的．物理，(2)：136-138.

发展进步的。然而，科学研究必须诚实，不诚实行为在科学研究中是绝对不可原谅的道德错误。例如，在科学活动中，制造数据或结果、改变或错误地报告数据或结果、没有给适当的荣誉就利用别人的观点或原话等，这些都严重冲击着科学基础的价值核心。这些科研中的不端行为不仅损害了科学进步，而且严重侵蚀着科学事业以之为基础的全部价值。科学家一旦涉及这些行为，便是置其自身的科学生涯于危险境地。正如 118 号元素研究组成员阿尔伯特·吉欧索（Albert Ghiorso）后来在回忆尼诺夫事件时所谈到的，“当你使用像充气分离器这样复杂的装置时，你会信任组内最好的人去干好它”，他说，“这是我们第一个错误。尼诺夫确实各方面都很能干：理论、实验、计算机、建设备，而且他是很惹人喜欢的。在有了确凿的证据之前，我们都不愿相信这一谴责。这是一个悲剧”①。

这场悲剧还警示人们，科学道德建设仅仅靠科学界和科学家本身的自律是不够的，还必须要有制度的约束和有效的监督手段作后盾。反学术不端行为，要有直面学术造假行为的勇气和决心，需要铲除产生这种现象的土壤，营造正直严谨的社会氛围。近年来，我国科学界科研不端行为频频曝光，科研不端行为的泛化导致了学术声誉的失落。遏制科研不端不能知而不揭、揭而不打、打而不疼、只打苍蝇不打老虎。包庇纵容，只会使学术不正之风愈演愈烈，治理难度越来越大。捍卫学术尊严、净化学术环境，重在务实。这里，美国劳伦斯-伯克利国家实验室为维护科学尊严，不护短，不姑息，不怕自曝家丑，以务实姿态直面问题的勇气和做法，值得我们深思和学习。

四、118 号超重元素的再发现

时隔四年之后，俄罗斯杜布纳（Dubna）核研究所（Unified Institute for Nuclear Research）和美国劳伦斯-伯克利国家实验室的科学家们宣布，他们利用俄方的回旋加速器设备，成功合成出元素周期表上的第 118 号元素，并

① 周书华．2003．劳伦斯-伯克利国家实验室做出结论：118 号元素的证据是伪造的．物理，(2)：136-138.

观察到其存在[①]。科学家宣称，他们通过设在俄罗斯杜布纳核研究所的 U400 回旋加速器实验设备，两次将许多钙- 48 离子加速，用来轰击人造元素锎－249，从而制造出 3 个 118 号超重元素的新原子。这种超重元素只持续存在不到 1 毫秒，之后迅速衰变为 116 号元素，并继续衰变为 114 号元素。科学家们观察到了 118 号超重元素的原子“衰变链”过程，证实了这一超重元素的存在。该研究报告发表在 2006 年 10 月的美国《物理学评论》杂志上。尽管科学家们通过艰苦努力，最终使得 118 号超重元素重新载入化学元素周期表。但是，尼诺夫事件留给人们的思考仍是极其深刻的。

（撰稿人　方本新）

① Oganessian Y T，Utyonkov V K，Lobanov Y U，et al. 2002. Results from the first $^{249}Cf+^{48}Ca$ experiment. http：//www. jinr. ru/publish/ or http：//www. jinr. ru/ publish/preprints/2002/287（D7-2002-287）r. pdf［2010-09-15］.

第十三章　麦·阮篡改和伪造数据事件

>>>>>

虽然对生物医学领域的科研不端行为已有相对严格的定义和解释，但很多情况下对科研不端行为的认定仍旧比较困难。政府机关、科研单位、大学、当事人以及利益相关者对同一事件的处理和理解亦有很大出入，因此如何对相关行为做出正确的评判和处理还需要更加完善的制度、程序和权责分配。下面所述的麦·阮（Mai Nguyen）篡改和伪造数据事件，就是一起处理结果仍有争议的科研不端事件。

一、麦·阮事件的概述

麦·阮是美国加利福尼亚大学洛杉矶分校外科医生，曾任该校副教授。2009 年 1 月 29 日，美国卫生及公共服务部发布调查和处理公告①，认定阮医生在 2 篇文章和 1 份项目申请书中存在伪造实验结果、篡改实验过程的行为。阮医生签署了《自愿排除协议》，协议中她承认美国加利福尼亚大学洛杉矶分校的调查报告的结论，但拒绝接受科研诚信办公室将其行为判定为科研不端行为。美国加利福尼亚大学洛杉矶分校解除了阮医生的职务。

---

① Federal Register, January 29, 2009 (Volume 74, Number 18), Notices, From the Federal Register Online via GPO Access [wais. access. gpo. gov], DOCID: fr29ja09-52. 5161, 5162.

二、麦·阮的不端行为

阮医生曾获加利福尼亚大学欧文分校最杰出毕业生奖，1988年毕业于哈佛大学医学院，1995年在哈佛布莱根妇女医院完成了外科/肿瘤外科培训，其就医经历包括加利福尼亚大学洛杉矶分校医学中心（乳腺癌中心和肿瘤学中心）和洛杉矶退役军人医学中心，随后供职于加利福尼亚大学洛杉矶分校强生综合癌症中心。

加利福尼亚大学洛杉矶分校负责科研的副校长罗伯特·佩西（Roberto Peccei）表示2000年他第一次从阮医生实验室的一名博士后 Wang Jingliang 那里听到阮医生可能行为失当的消息①。之后佩西将此事告诉了学校的特权与教职委员会（Privilege & Tenure Committee）。该委员会在2004年展开独立调查后发现阮医生确实行为不端。

对科研不端行为举报的处理，一般首先由所在单位负责。在任何大学或研究机构供职、作为负责人、与研究项目或机构存在合同或协议相关的个人所可能产生的科研不端行为，该单位都有责任和权利调查处理。因此加利福尼亚大学洛杉矶分校的委员会负责对此举报调查处理。

另外，科研诚信办公室对相关机构处理科研不端行为的政策和程序也有一些建议。大学或研究单位根据科研诚信办公室关于科研不端行为的政策和程序规定，制定自己的行为规范和调查处理程序，并应设置专门负责的委员会或办公室。根据自己的办学理念及所在研究领域的相关科学道德，各大学或研究单位可以形成自身的指导政策，包括负责引导正确的科学研究价值观，制定书面的指导原则规范，预防科研不端行为，以及保护举报人、证人和调查委员会成员的职位和名誉等政策。除了科研诚信办公室的相关规定和准则之外，研究机构可以有自己额外的标准。需要注意的是，研究机构自己的标准和行为规范与科研诚信办公室所规定的标准要易于区分，研究机构的规定和行动标准只能应用于单位内部的调查和处理意见，不适用于科研诚信办公

---

① Ghose T. 2009. UCLA prof falsified cancer data. http://classic.the-scientist.com/blog/display/55408，http://www.bioon.com/trends/news/384487.shtml [2011-06-20].

室的相关调查和处理。

虽然美国卫生及公共服务部对科研不端行为的定义[①]已经较为明确，“指在建议、进行或者报告研究时发生的伪造、篡改和剽窃行为”，然而有时对一些案例科研不端行为的调查和判定仍旧很困难，因此科研不端行为的判定标准也一直在不断修正。在加利福尼亚大学洛杉矶分校的调查报告中可以发现，阮医生在研究中存在篡改样本数目、来源，伪造实验数据等不端行为。

根据加利福尼亚大学洛杉矶分校的调查报告及阮医生的供词，美国卫生及公共服务部指出，阮医生的科研不端行为涉及以下三个基金项目：国家癌症研究所（National Cancer Institute，NCI）和国家卫生研究院（National Institutes of Health，NIH）资助的项目（基金号：grant 1 R01 CA69433），国家非西医中心（National Center for Complementary and Alternative Medicine，NCCAM）和国家卫生研究院资助的项目（grant 1 P50 AT00151-01），以及国家糖尿病、消化道和肾脏病研究所（National Institute of Diabetes and Digestive and Kidney Diseases，NIDDK）和国家卫生研究院资助的项目（grant T32 DK03688）。

美国卫生及公共服务部调查表明，阮医生存在伪造实验结果和篡改实验过程的行为，具体表现在 2 篇文章和 1 份国家卫生研究院的项目申请书中。她在 2001 年《肿瘤学报告》（*Oncology Reports*）上发表的论文[②]（2001，8：1355～1357）和在 2000 年《柳叶刀》（*The Lancet*）上发表的论文（2000，356：567～569）[③]用了伪造的数据，《肿瘤学报告》上的论文被引用了 5 次，《柳叶刀》上的论文被引用了 25 次。这些论文考证了一种中国蒲葵的提取物对小鼠纤维肉瘤的作用效果，以及基础成纤维细胞生长因子（bFGF）和血管内皮细胞生长因子（VEGF）在乳头吸取液中，各自作为癌症生物标记的用途。存在问题的项目为 1999 年 5 月 19 日申请的

---

① PHS. 2005. Policies on Research Misconduct-42 C. F. R. 93，http：//ori. dhhs. gov/misconduct [2011-06-20].

② Sartippour M R，Liu C H，Shao Z M，et al. 2001. Livistona extract inhibits angiogenesis and cancer growth. Oncology Reports，(8)：1355，1357.

③ Liu Y H，Wang J L，Chang H，et al. 2000. Breast-cancer diagnosis with nipple fluid bFGF. The Lancet，(356)：567-569.

国家卫生研究院资助的编号为 P50 AT00151-01 的项目。

美国卫生及公共服务部调查发现阮医生的问题有以下几个方面。

阮医生在 2000 年发表的文章（*The Lancet*，2000，356，567～569），旨在研究乳腺癌患者不分泌乳汁时的乳房乳液与正常乳汁相比，乳液抽吸物中的基础成纤维细胞生长因子和血管内皮细胞生长因子是否会显著升高。在该文中，阮医生伪造了实验者数目，宣称基础成纤维细胞生长因子数据来自 4 个不同的实验者，而实际上来源于 2 个实验者的 4 个乳房。

在联邦卫生研究院资助的编号为 P50 AT00151-01 的项目申请书中，存在两处问题。申请书中的图 8 的数据来源于阮医生实验室在 1998～1999 年的一个单独实验，该实验研究了蒲葵提取物对人脐静脉内皮细胞（HUVEC）的抗血管增生影响，对含有提取物的培养液中培养的细胞重复计数，对不含提取物的培养液中的细胞却在同一个培养孔重复计数。申请书中图 9 的数据来源于阮医生实验室的一个单独实验，旨在研究蒲葵提取物注射到裸鼠的 MDA-MD-231 细胞后对细胞生长的影响。药物通过溶于小鼠饮用水的方式进行投放，肿瘤尺寸用测径器每周测两次。而在其结果中存在篡改和拼凑数据的现象：文中宣称每组 10 只小鼠，每次实验重复 1 次，而实际操作中每组 5 只小鼠，每次实验未重复；有意遗漏在 2 周和 3 周半两个测试时间对照组的数据，篡改另外 3 次实验的时间。

阮医生在 2001 年发表的文章（*Oncology Reports*，2001，8，1355～1357）中存在两处问题。文章中的图 1 使用了编号为 P50 AT00151-01 的项目申请书中图 8 的相同数据，并把其伪造为研究细胞内 DNA 侵吞放射性胸苷时相对空白组的归一化增长率。加利福尼亚大学洛杉矶分校调查证实图 1 的数据确系伪造，阮医生承认她对数据进行了“艺术加工”而非实测，虽然这个伪造数据并不影响本文的结论。文章中的图 3 的数据来源于阮医生实验室的一个单独实验，旨在研究蒲葵提取物注射到 C3H 小鼠的纤维肉瘤细胞后对细胞生长的影响。相关调查表明其结果中存在篡改和拼凑数据的现象：伪造的对照组数据来自于植入人乳腺癌细胞的裸鼠实验，而不是植入鼠纤维肉瘤细胞的实验，在实验室记录中未找到鼠纤维肉瘤细胞植入 C3H 小鼠的对照组实验数据。

三、麦·阮事件的处理

经过加利福尼亚大学洛杉矶分校、美国卫生及公共服务部、科研诚信办公室的调查和处理，阮医生签署了《自愿排除协议》，此事件的调查和处理结果公布在美国卫生及公共服务部科研诚信办公室的网站上[①]。根据该协议，阮医生承认加利福尼亚大学洛杉矶分校的调查报告的结论，但拒绝接受科研诚信办公室把其行为判定为科研不端行为，对其而言该协议并非认罪书。阮医生完全出于自愿同意，从 2008 年 12 月 29 日起的未来 3 年内，接受下面 2 项处罚。

(1) 不担任美国卫生及公共服务部的任何职位（包括但不仅限于任何美国卫生及公共服务部的咨询委员会和同行审查委员会的职位，或者担任顾问等）。

(2) 尽管阮医生目前并不从事美国卫生及公共服务部资助的研究，然而任何机构在提交有阮医生参与或者阮医生担任任何职位的美国卫生及公共服务部资助的项目申请，或者提交涉及阮医生的美国卫生及公共服务部资助项目的报告时，必须同时提交对阮医生的监督计划。监督计划必须保证阮医生进行研究的科学道德。阮医生必须同意对她的监督计划，并将监督计划提交到科研诚信办公室的相关部门申请批准。阮医生同意在监督计划提交到科研诚信办公室之前，不得参与美国卫生及公共服务部资助的任何研究项目。

从该事件的调查报告中可以看出，阮医生在论文和申请书中的伪造、篡改现象比较隐蔽，然而经过加利福尼亚大学洛杉矶分校、美国卫生及公共服务部、科研诚信办公室的调查，可以证实阮医生违背了科学研究的严谨性，即便不影响最终的实验结果，也违反了科学道德，并对学校的声誉造成了不良影响。因此加利福尼亚大学洛杉矶分校解除了阮医生的职务，解散了其实验室。

---

① HHS. 2009. Case Summary: Nguyen, Mai. http://ori.dhhs.gov/misconduct/cases/NguyenM.shtml [2011-06-18].

四、麦·阮事件的影响与反思

加利福尼亚大学洛杉矶分校副校长佩西表示，阮医生和加利福尼亚大学洛杉矶分校对禁止她进行相关研究这一规定的理解并不相同。尽管阮医生关闭了她的实验室，但她从2005年起以她婚后的名字Mai Brooks发表了几篇文章，并继续与一些她当初发在《肿瘤学报告》和《柳叶刀》的文章的合作者合作。根据2009年《分子生物学方法》（*Methods in Molecular Biology*）一篇综述文章①的职位信息来看，阮医生仍是加利福尼亚大学洛杉矶分校医学院外科肿瘤医生。

佩西表示，这一切使得加利福尼亚大学洛杉矶分校修改了一些调查政策。在本案例之前，加利福尼亚大学洛杉矶分校中全权负责科研不端行为的调查和处理的机构为学校的特权与教职委员会，该委员会既具有调查事件的权力，也具备给出最终裁定和处理意见的权力，专门负责学校中相关人员的科学道德问题。对各个大学或研究机构的调查和裁决委员会的定义和职权分配，美国卫生及公共服务部科研诚信办公室不予干涉。这些委员会的职责主要分为两类：一是对疑似或者被举报的科研不端行为事件执行调查程序，包括初步问询调查、正式调查及形成书面调查报告等；二是裁定职责，对所有形式的调查给出裁决意见。有时两类职责可能归属于一个办公室或委员会，比如加利福尼亚大学洛杉矶分校的特权与教职委员会。

阮医生事件的发生，在加利福尼亚大学洛杉矶分校产生了很大的影响。虽然阮医生承认自己在研究中存在行为不端之处，并签署了《自愿排除协议》，但她不承认自己的行为构成了科研不端行为，校内对此也有一些争议。学校认为特权与教职委员会不能“又当法官又当评审团”，因此后来加利福尼亚大学洛杉矶分校把调查和处理科研不端行为事件的权责进行了拆分。科研不端行为的调查权由科研副校长办公室负责，当科研不端行为被发现和认定后，由特权与教职委员会接手处理。委员会权责的拆分，在一定程度上有助

① Brooks M. 2009. Methods in Molecular Biology, chapter 13. Breast Cancer Screening and Biomarkers. http://www.springerlink.com/content/x3661m5t764756nk/fulltext.html [2011-06-18].

于对科研不端行为事件的判定和处理，使其更加科学合理和令人信服。

此外，在科研不端行为案件中，除了调查和判定有时很困难以外，调查判定结束后对裁定处理结果的执行也会出现问题。对科研不端行为处理意见是否真正执行，对当事人从事相关研究的限制是否真正落实，没有一个明确负责的专员或办公室给予监督。执行基金申请的限制相对比较容易，在基金会的数据库中可以明确地标示受限人的信息，在医学院或医院中对当事人的研究的限制和监督则相对困难。因此，除了大学或研究机构自身对负责科研不端行为事件处理的机构、专员的划分和职责的分配进行适当和及时的调整外，政府的科学诚信相关机构也需要进一步完善。

（撰稿人　杨晓果）

第十四章　塔氏的气泡核聚变案

>>>>>

核聚变是核能产生的主要方式之一，核聚变研究主要有磁约束核聚变和激光引发核聚变两种方式。现今学术界有种观点认为，利用“声致发光”（sonoluminescence）原理可达到核聚变临界温度，即利用超声波作用于液体使其内部产生气泡，气泡随即坍塌到一个非常小的体积，内部产生高温，在此过程中会发出瞬间的闪光。如果气泡内的温度和压力都足够高的话，核聚变效应就可以在如此微小的气泡中发生。这就是所谓气泡核聚变（bubble fusion）。然而，在现有的实验条件下，能否实现这一过程则是学界所关注的。因此，当塔氏，即拉什·塔拉亚克汉（Rusi Taleyarkhan）宣称实现气泡核聚变时，国际科学界引起了一场轩然大波。

一、气泡核聚变案事件的过程

1. 背景：烧杯中实现核聚变

2002 年 3 月 8 日，第 295 期美国《科学》杂志刊登了美国田纳西州橡树岭国家实验室的核工程师塔氏等人一篇题为“声空化期间产生核发射的证据”（Evidence for Nuclear Emissions During Acoustic Cavitation）的论文。他们让一个大烧杯所盛液体中的小气泡产生内部爆炸，从而在实验室获得核聚变的效果。实验中，他们利用中子发生器产生的 14 兆电子伏特高能中子在氘代丙酮液体中产生了直径 10～100 纳米的气泡，接着用声致发光技术在负压周期下使气泡膨胀到直径约 1 毫米，在正压周期下将气泡压缩成高温、高密度"液体"泡，并在超声波场中内爆①，同时产生几千度高温和局部的高压，并伴有大量的冲击波、闪光和能量的释放。这一过程的持续时间为 1 皮秒。在发表于《科学》杂志的论文中，作者声称观察到近 2.5 兆电子伏特的中子发射证据，从而推测在内爆气泡中发生了氘-氘聚变，并将其作为核聚变发生的证据。这一生产能源的"简易方法"，立即在全世界引起了巨大轰动。长期以来，能用巧妙、安全的桌面条件来实现可释放较大能量的核聚变一直是人类的梦想。如果气泡核聚变可作为一条新的聚变途径，即相当于掌握了无穷无尽的矿石燃料，就可以为人类解决能源危机提供全新的方案。图 14-1 为实验装置示意图。

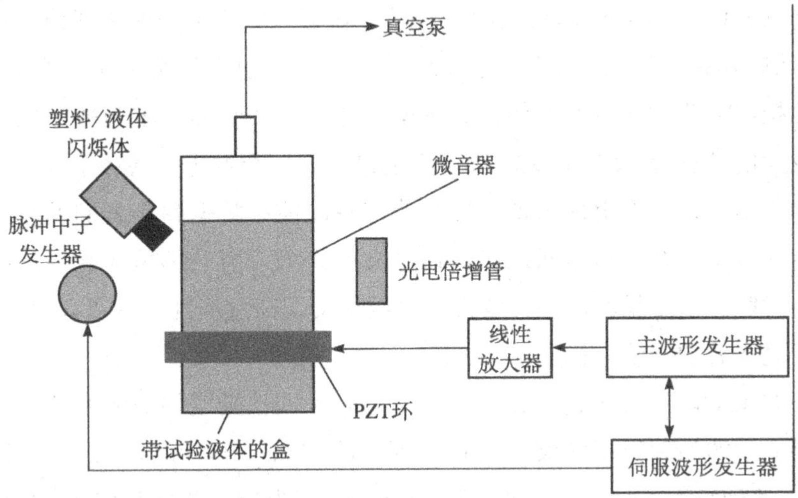

图 14-1　实验装置示意图②

① 艾小白．2002．声致发光能否引发"气泡核聚变"．激光与光电子学进展，39（5）：1.

② Taleyarkhan R P，West C D，Cho J S. 2002. 声空化期间产生核发射的证据．晓晨等译．激光与光电子学进展，39（5）：3.

2. 学术界对气泡核聚变的反应

鉴于“气泡核聚变”事关重大，加上多年前“冷核聚变”事件的不良影响，此文一出便引起了各国科技界和传媒的极大关注，引发了世界范围内科学家们的激烈的争论。只是围绕这篇论文发表还是不发表，就引发了一场激烈的科学辩论。查尔斯·塞费（Charles Seife）撰写了《科学》新闻，密歇根州大学物理系兰德尔实验室的贝凯蒂（F. D. Becchetti）写了一篇专评。最异乎寻常的是，《科学》杂志主编肯尼迪（Kennedy）为此专门写了题为“发表还是不发表”的长达一页的说明。

《科学》杂志在对该论文的外部评审过程完成之后，于2002年1月30日正式接受该论文并确定了论文发表的时间。在橡树岭国家实验室同意塔氏和合作者提交论文之后，实验室分管科技工作的副主任李·里丁格（Lee Riedinger）要求第二个科学家小组的两名物理学家夏皮拉（Shapira）和萨尔特马施（Saltmarsh）使用相同的实验设备和更灵敏的中子探测器检验该项工作，但测出的中子数目比塔氏等人测到氘所需的中子数至少小三个数量级，夏皮拉指出“我们没有看见任何有中子、伽马射线和高于本底的光辐射之间同时发生的证据”。他们认为塔氏等人的结果是一个幻想。随后李·里丁格多次与《科学》杂志编辑部联系，称实验室对以前的数据和作者们的解释已经逐步有些保留，并试图撤回发表这篇论文的许可，力劝编辑部推迟这篇论文的发表时间。但是编辑部坚持要发表这篇论文。经过谈判之后双方达成妥协，论文经过作者的修改，回应了一些质疑①。

一波未平，一波又起。2002年2月底，美国核聚变领域的两位权威，普林斯顿大学的物理学家威廉·哈珀（William Happer）和国际商用机器公司（IBM）的理查德·加文（Richard Garwin）分别致信《科学》杂志主编肯尼迪，强烈要求“重新考虑发表此文的计划”。与此同时，《科学》杂志编辑部接到了无数个电话和电子邮件，要么希望将该文拒之门外，要么希望推迟发表。当然，支持者也是大有人在。正反两方面的意见在互联网上飞来飞去，争辩十分激烈，几乎到了彼此对骂为骗子的地步。用《科学》杂志上一篇文

---

① 高俊方译．2002．伟大的发现还是又一个错误．科学世界．(7)：34.

章的话来说，围绕塔氏等人论文的“争论都足以引发核聚变了”。发表一篇论文本是学术杂志的内部事务，权威期刊《科学》杂志也很少遇到如此恼人的外界干涉。杂志主编肯尼迪对此十分不快，他在《科学》杂志上发表了长达一个页面的编者按《此文该不该发表》为自己辩护，并在文中抱怨，“很清楚，有些人不愿意我们发表此文”。他说：“我们没有那么聪明，我们不能保证发表的每个结果都是准确无误。”① 不过，面对种种压力，肯尼迪主编也有所妥协，选择了在他们自己看来是“折中”的做法：发表论文，但不把该文作为该期封面文章。

当 2002 年 3 月 8 日《科学》杂志正式发表塔氏这篇原始性论文后，3 位参与该文同行评审的匿名审稿人，加利福尼亚大学洛杉矶分校（UCLA）的赛斯·帕特曼（Seth Putterman）、伊利诺伊大学（UIUC）的肯尼斯·萨司利克（Kenneth Suslick）和华盛顿大学（UW）的劳伦斯·克拉姆（Lawrence Crum）三位教授，采取非同寻常的做法，他们站出来公开亮出自己的身份并公开批评《科学》发表这篇论文，因为他们认为，塔氏的实验结果严重不可靠，结果掀起了更大风波，把《科学》杂志和“气泡核聚变”案的作者都推上了风口浪尖。

塔氏与普渡大学原本没有什么关联，但他发表在《科学》杂志上的论文却深深地吸引了该校核工程学院院长楚卡拉斯（Lefteri Tsoukalas）。这位院长对塔氏的研究抱有浓厚兴趣，但他和几位同事重复塔氏的实验均未成功。为开发这一领域的专门技术，2003 年年底，楚卡拉斯设法鼓励塔氏离开橡树岭国家实验室到普渡大学工作。2004 年春天，塔氏正式成为普渡大学的全职教授。塔氏加盟后，楚卡拉斯等人完成了几个实验，但仍然没有看到气泡核聚变的证据。

2004 年 5 月下旬，普渡大学核工程学院发现塔氏将公共实验室的设备搬到了不在校园区的实验室。这让早就计划在这台设备上做“气泡核聚变”实验的相关人员非常恼火。尽管塔氏对这台设备有部分贡献，但它主要是用院长楚卡拉斯和同事的经费购买的。楚卡拉斯说：这让他们很难进行需要重复三次的实验，以验证他们的实验结果，但楚卡拉斯又做出一个不追究此事的决定，“这是一位初来乍到的新教授，我们需要一种宽容的气氛，因为这有利

① 唐·肯尼迪．2002．此文该不该发表．罗山译．激光与光电子学进展，39（5）：11.

于创新”①。2005年1月，风波再起。普渡大学核工程学院公共实验室的其他成员就他们的“气泡核聚变”实验的负面结果写了篇论文，但塔氏反对发表。楚卡拉斯等人再次退让，理由一是他们手边已经没有实验装置来补充验证数据，二是希望避免同事间的分裂。

3. 针对气泡核聚变案进行的调查

2005年3月1日，美国海军研究署（ONR）批准了加利福尼亚大学洛杉矶分校研究人员尝试重现塔氏在橡树岭实验室做出的气泡核聚变实验的申请，这是一个所谓“镜像”实验，且要求塔氏的协助并参与以重现实验。因此，加利福尼亚大学洛杉矶分校向普渡大学提供一笔经费以支持该项合作，结果，由加利福尼亚大学洛杉矶分校主持的“镜像”实验无法重现或证实塔氏最初关于气泡核聚变的发现结果②。

塔氏则继续进行更深入的实验，试图证实其最初的气泡核聚变发现。例如，2005年7月12日，塔氏要求普渡大学新闻办公室发表一份新闻通告，声称核聚变的发现被由来自普渡大学的科学家徐（Xu）博士和亚当·巴特（Adam Butt）所证实。而事实上这两名成员皆来自于塔氏自己的实验室。紧接着，在2006年1月，徐博士和巴特在他们共同发在《核工程和设计》（NED）期刊上的文章中，声称塔氏的研究已经获得独立证实。2006年1月13日，普渡大学的德（de Bertodana）教授在学校发表官方声明，质疑塔氏的气泡核聚变实验和它不寻常的结果。与此同时，《自然》杂志也展开了对此事件的调查。《自然》杂志所作的调查发现，徐博士和巴特发表的论文根本没有经过匿名的同行评审，这篇发表在《核工程和设计》期刊的文章正是由塔氏担任主编的，同时这篇论文本身也有可疑之处，包括论文中数据的来源和性质。当《自然》杂志试图与塔氏联络时，他在2006年2月22日通过电子邮件回复说，将在未来10天内做出答复，从此以后，他再也没有回答有关这篇论文的任何问题。2006年3月8日《自然》杂志发表专题文章公开质疑

---

① 王丹红．2006-03-10．气泡核聚变：又一个科学谎言．科学时报，2.

② Moore J K. 2009. Memorandum for the Department of the Navy Suspending and Debarment Official. http://www.ipst.umd.edu/ethics/chph714/debar.pdf [2011-05-01].

"气泡核聚变"的真实性，总结说，迄今为止，没有一项独立的研究能证实塔氏的发现。更多的评估显示，如今物理学界已经普遍严重质疑塔氏的研究成果①。

面对众多质疑，作为塔氏新东家的普渡大学当然不能不关注，就在《自然》杂志发表专题文章的当天，普渡大学教务长在声明中说，该校一周前获知相关情况后就已开始启动内部审查，审查事务由分管研究的副教务长邓恩负责。普渡大学新闻办负责人于2006年3月10日下午进一步通报了事件的最新进展，将由3名普渡大学教授组成审查委员会，副教务长邓恩则为该委员会提供行政支持②。令人瞠目结舌的是，经过2006年一个夏天的内部审查，普渡大学的调查已证实塔氏有"严重背离"的科研违规行为，但在2007年2月宣布的结果居然是塔氏"没有构成科研不端行为"。这一审查结论立即招致了广泛批评。塔氏的批评者强调指出，审查的范围太狭窄，普渡大学审查委员会甚至没有询问过他们对此事的怀疑和担心。美国国会在一份调查报告中得出的结论是："在这起事件的调查过程中，普渡大学背离了自己的行为程序标准，没有对塔氏进行全面的调查。"为了平息外界的强烈批评，普渡大学不得不决定成立新的调查委员会展开新一轮调查，但这个新组成的调查委员会的资质，又立即遭到了质疑。因为新的3人调查委员会的成员均是前一次审查委员会的成员，美国国会因此建议普渡大学"至少新增一名外部成员，以确保委员会的独立性"①。

由于塔氏的研究曾获得美国海军研究署的资助，2007年3月，根据美国海军研究署总监察长的指示，由普渡大学牵头成立专门委员会对塔式气泡核聚变事件进行调查。这是2006年3月以来，普渡大学对塔氏的第三次调查。普渡大学的生物化学家马克·赫尔默生（Mark Hermodson）担任委员会主席，但6名成员中只有2名来自普渡大学。在此次行动中，普渡大学按照正常的行为程序进行调查，发现塔氏在普渡大学工作期间就"气泡核聚变"实验弄虚作假，存在两起科研不端行为。调查委员会的报告于2007年4月1日送交美国海军研究署，但直至2007年6月18日才被正式接受和公开。

① 王丹红.2006-03-10.气泡核聚变：又一个科学谎言.科学时报，2.

② 李虎军.2006-03-16.气泡核聚变，重大突破还是空欢喜.南方周末，26.

二、塔氏受到的指控以及塔氏的辩解

1. 塔氏受到的指控

根据普渡大学调查委员会的调查显示，塔氏存在两项科研不端行为。

首先，塔氏存在篡改意图。2004年春秋之交，普渡大学塔氏的博士后助手徐博士做出气泡核聚变，并先后将论文投到《科学》杂志和《物理评论快报》(PRE)杂志，但都遭到拒绝。理由都是审稿人认为这个实验是由一个人单独做出来的，缺少对实验结果的交叉检查和证实，很“特别”，不能刊载。2005年年初，塔氏要求他的硕士研究生巴特帮忙校读这篇论文，检查其中的部分数据。随后这位硕士研究生就被作为共同作者加在了论文上。“这样做的目的是创造出一个显而易见的共同作者，表明他参与了实验。”调查委员会在报告中指出：“这是一起不端行为。”①

其次，普渡大学调查委员会在塔氏发表的论文中找到了第二项不端行为。尽管没有任何一家科研结构或验证小组能够重复塔氏的气泡核聚变实验，但2002年之后塔氏不仅经常宣传他的发现，还发表了几篇进一步证实该发现的论文，固执地为自己辩护。塔氏2006年在《物理评论快报》上发表的论文，不仅引用他的博士后助手徐博士刊登在《核工程和设计》上的那篇文章，把它作为气泡核聚变的唯一证明，而且他在论文中“关于独立证实的声明”其实“是对研究记录的伪造”②。塔氏是用自己实验室的工作来证实他最初的研究结果。调查委员会的报告还显示，所有其后号称证实了塔氏研究成果的论文，都多少与他相关。由于迄今没有任何一家竞争研究机构能够通过重复实验获得塔氏的研究结果，这一不合规矩的行为就显得更加可疑。由此坐实塔氏在“气泡核聚变”的科研中的确存在不端行为。

随后，根据美国海军研究署总监察长指示，美国海军研究署科学技术诚信

---

① 王丹红. 2008-07-29. 普渡大学“气泡核聚变”实验存在不端行为. 科学时报，3.

② Moore J K. 2009. Memorandum for the Department of the Navy Suspending and Debarment Official. http://www.ipst.umd.edu/ethics/chph714/debar.pdf [2011-05-01].

委员会（STIB）评估并认可了普渡大学调查委员会提交的报告，并建议美国海军研究署采取行动或进行制裁。美国海军研究署科学技术诚信委员会认为普渡大学的调查是充分的、客观的，且合乎程序，美国海军研究署执行委员会（ED）对此也表示同意。最终，美国海军研究署总监察长向普渡大学通报了他们的调查结果，并建议将此案例保持公开直至采取更合适的防止科研不端行为的措施为止。根据普渡大学和美国海军研究署的调查，美国海军研究署于2009年2月3日裁定对塔氏执行排除处罚，且提交一份书函详述了塔式事件，并告知塔氏在接到通知30天内，可递交反对排除处罚的理由或证据。随后，塔氏作了一份口头的陈述并被准予延长至2009年4月13号提交补充信息①。

2. 塔氏对事实的辩解

塔氏认为普渡大学和美国海军研究署的调查以及在2009年2月3日提交的排外提案书函中存在诸多不准确之处，随即对执行排外处罚提出反对。塔式反对事宜被接受并进行了彻底的审查。但在大量证据前，塔氏的反对陈词显得十分无力。概括起来，塔氏的反对理由包括以下五个方面。

第一，塔氏声称，被指控的科研不端行为是发生在美国海军研究署资助之前的，所以这种排除起诉主体是独立于海军部权利之外的。这项陈词显然违背了联邦法规非调度排外处罚的整体原意，根据《美国联邦法规》第2篇第180节第125小节（2 C. F. R. Part 180. 125）规定，“为保护公共利益，联邦政府要确保联邦计划的完整性，只有通过有责任感的人进行事务管理”，“联邦机构使用排除与暂停系统，以排除那些没有社会责任感的人”②，监察长补充道，由于塔氏的欺诈行为已被排除在与政府订立合约人之外，所以，对其执行排除处罚是符合联邦政策的。

第二，塔氏声称作为更高级别的审查机构，美国物理协会编辑委员会没有在他发表的期刊文章中发现篡改。普渡大学对塔氏所谓的不端行为及被证

---

① Wilkoff M O. 2009. Certified Mail Return Receipt Requested Re: Debarment of Rusi Taleyarkhan. http: //www. ipst. umd. edu/ethics/chph714/debar. pdf [2012-05-01].

② U. S. Government Printing Office 2012. Title 2: Grants and Agreements § 180. 125What is the purpose of the nonprocurement debarment and suspension system? http: //ecfr. gpoaccess. gov/cgi/t/text/text-idx? c=ecfr&tpl=/ecfrbrowse/Title02/2cfr180 _ main _ 02. tpl [2012-05-01].

实的两项指控进行了彻底的审查。随后监察长再次确认了普渡大学的调查发现是合乎实际的。这些重要的证据皆支持了普渡大学的调查结果及被推荐的排除指控，故塔氏的此项声辩在大量证词前是无力的。

第三，为了支持徐博士和巴特先生关于独立证实的说法，塔氏提供了一个非正式的函件，由徐博士在 2008 年 1 月 31 日提交给普渡大学调查委员会。信中提到，徐博士推荐巴特作为投向《核工程和设计》文章的共同作者，并表明巴特先生“收集并核对数据，且将有效恰当的数据输出并用于后期数据处理，最后进行了数据分析并给出结论”。此外，徐博士还声称“塔氏没有参与发表在《核工程和设计》的文章的工作”。然而，调查显示事实并非如此，塔氏“与徐博士的每一步工作包括他的研究、论文的撰写和向《核工程和设计》投稿都有密切的联系”。首先，普渡大学调查委员会发现徐博士于 2004 年1～5月进行了报告中提到的实验，期间于 2004 年 3 月 19 日按照塔氏的实验方法进行了此项实验。徐博士“充其量只是这个项目的首席研究员”。普渡大学调查委员会还发现在那份早些时候投向《物理评论快报》并被拒的原稿中，巴特先生并没有作为合著者，而后为了增加实验的可信度，塔氏让他的研究生巴特成为徐博士投向《核工程和设计》的文章的共同作者。巴特同时作证说他“仅仅核对电子数据表的数据并将其输出至原稿”，并不知晓自己的名字被加进了原稿直至论文投稿。

第四，塔氏声称，关于此次指控的基础，即两项科研不端行为，在 2007 年普渡大学就已对两项科研不端进行了首次调查并得到了证实，所以此番再次起诉已构成了二次审理（对被告的同一违法行为或罪行进行第二次起诉和审理，此种做法为美国宪法所禁止）。然而实际情况是，在 2006 年 12 月普渡大学在对塔氏的调查中，由于“证据不足”，调查是保密且不全面的。更重要的一点，两项科研不端行为是在 2008 年被证实的而在 2006 年则从来没被考虑过。当发现更多证据进行正当调查时，普渡大学则不同于以前的做法而是将其公开。因此，本案件并未涉及二次审理。

第五，塔氏争辩说，他被发现的两项科研不端行为是由普渡大学伪造的。然而此项陈词没有从行政记录中得到证实。普渡大学对其进行了内部审理，后又经过第二个独立的委员会的审查，随后，调查结果交由美国海军研究署监察长分析和审查。毫无疑问，没有任何证据证实普渡大学或任何其他组织伪造证据以此反对塔氏。总而言之，尽管塔氏提供了大量信息驳斥普渡大学和美国海军研究署指控的两项科研不端行为，但是反对的理由在大量证据面前是没有说服力的，仅仅是对事实的狡辩。

三、气泡核聚变案的处理结果及其造成的影响

1. 气泡核聚变案的处理结果

根据调查委员会的调查，普渡大学仲裁委员会于 2008 年 8 月 27 日正式宣布了对塔氏进行为期三年的处罚。普渡大学教务长威廉·伍德森（Willian Woodson）在致塔氏的处罚信中提到："大学教授如被发现存在科研不端行为则不宜再作为院系成员。至少在未来三年，你将不再享有讲席教授身份，虽可以继续待在普渡大学的研究生教师队伍中，但你的身份将是'特殊研究生教师'，且不得独立或者共同担任研究生导师。在此期间，你指导的研究生将被监督和审查。根据目前的处罚决定，在三年的制裁期满后，你将再次接受审查，以确定能否恢复你普渡大学研究生院全职教授的身份。"随后，2009 年 5 月 4 日，美国海军研究署总监察长办公室下达判决书驳回了塔氏的反对，认为塔氏的研究行为具有欺诈性，是不道德的、不诚实的，同时塔氏出于个人目的有意漠视法律责任。根据《美国联邦法规》第 2 篇第 180 节第 800 小节第 b 条第（1）款和第 d 条（2 C. F. R Part 180. 800（b）（1）and（d））的规定，维持对塔氏的排除处罚，禁止其获得联邦基金，并宣布对他的排除处罚判决从即日起生效直至 2011 年 9 月 3 日，时长 28 个月①。

2. 气泡核聚变案造成的影响

此案完结后，核聚变的泡沫已经破灭了，塔氏的一系列论文不再会激起人们期望产生廉价且取之不尽的核聚变能源的梦想。而那些热衷于气泡核聚变的人现在可以轻松了，他们可以去探索其他的方法，或实验其他类型的声

---

① Moore J K. 2009. Memorandum for the department of the navy suspending and debarment official. http：//www. ipst. umd. edu/ethics/chph714/debar. pdf [2011-05-01].

学箱和气泡爆裂，用科学的方法寻找新的能源①。而此案带给整个科学界及科技工作者的震撼却发人深省。对于塔氏本人来说，虽然制裁期限为三年，对于一个人而言并不算特别漫长，但是在这一事件曝光后，对塔氏的未来，学术界并不看好。其实，比制裁时间长短更重要的，是一个学者的名誉。

四、气泡核聚变案的启示

纵观这场由“气泡核聚变”触发的学术风波，人们始而震惊，继而沉思，气泡核聚变案之所以能够发生并持续六年之久具有多重原因，要杜绝此类科研不端行为，科技工作者应正视并采取更根本的措施。

与纯数理科学不同，实验科学的成果都需要进行重复实验才能最终检验其真伪。重复实验是判断科学理论和实验正确与否的关键。就本案来说，中国科学技术大学近代物理系的李定教授和余昌旋教授提出一致的看法：“第一，实验的重复性是非常重要的。如果别的科学家小组不能重复该实验，则无法认定其实验结果的正确性。第二，在发表任何一项新奇的实验结果之前，必须慎重地检验新结果，排除任何产生假象的因素。第三，由于氘和氚均为正离子，离子之间的库仑排斥力非常大，所以受控热核聚变所要求的条件非常苛刻。没有条件的实验室不要一哄而上，不要指望用初级的方法就能解决世纪难题。”② 此案的死结就在于没有任何一家科研机构或验证小组能够重复塔氏的实验。《科学》杂志编辑部发表塔氏等人的论文，虽然符合编辑程序，经过了同行评议的过程，但对同行评议中的不同意见重视不够，特别是对无法重复验证这一明显弊端，没有引起足够的重视。未能坚持基础研究中重大突破的认定必须通过重复验证这个“最高检验标准”，为追求论文刊登带来的轰动效应而强行发表，世界顶尖学术期刊之所以犯下如此低级的错误，原因如同美国劳伦斯·里弗莫尔国家实验室的物理学家莫斯所指出的那样，“气泡核聚变可能会获诺贝尔奖，因此很容易使一些人失去客观公正性”。所以，伊

---

① 王丹红．2006．气泡核聚变：又一个科学谎言．科学时报，2.

② 陈敬农．2002．《科技日报》特别关注：是聚变还是“混乱”．http：//202.38.64.2/ch/detail.php? siteid=1&catalogid=3&pid=2&tplset=ustc2&postid=232［2011-10-01］.

利诺伊大学肯尼斯·萨司利克教授认为：“《科学》杂志的主编唐·肯尼迪应该受到像塔氏一样的责备。”①

美国竞争十分激烈，虽然财大气粗，但相对于需求来讲，优质资源还是稀缺的。为了生存和发展，即使是美国著名大学，在争取办学经费等社会资源方面也面临着巨大的竞争压力，卓越的科研实力和突出的科研成果成为大学这个非营利性机构在资源竞争中获胜的关键。一相情愿地相信或希望塔氏能在“气泡核聚变”方面取得突破，提高学校的学术声望并获得更多社会资源，或许是普渡大学力邀塔氏加盟该校并对其迁就和“宽容”的主要原因。再者，由于现在还没有一种既能绝对防止科研不端行为发生，又能保证整个科学研究正常运转的办法，及时发现并制止科研不端行为则显得尤为重要。加大对科研不端行为的审核与调查力度能够有效地抵制科研舞弊的发生与扩散，同时调查科研不端行为应遵循合法、客观、公正的原则。而在前期针对塔氏不端行为的调查中，普渡大学对塔氏的放任和姑息，在客观上为“气泡核聚变”科研舞弊案的进一步发展容留了生存空间。因为经过几次调查而坐实的两起科研不端行为，均是塔氏在普渡大学供职之后发生的，所以，政府部门、相关管理机构、科技机构和高等学校应根据各自的管理职责制定科研不端行为处理规定和程序，并设立专门渠道受理有关科研不端行为的举报，然后根据职责权限和有关规定，加强对科研不端行为的调查处理力度，对经查证属实的科研不端行为责任人给予行政处罚或纪律处分，并将处理情况在适当范围内予以公布②。

科研中的不端行为受三种主要因素的影响：一是有益可图，二是对被抓获的可能性的判断，三是科学家个人的品德。一个科学家的品德如何，就要看他对科研不端行为的诱因有没有克制力。赢得荣誉和博取同行尊敬的欲望，对于几乎所有的科学家来说都具有强大的吸引力。出于对名望的追求，塔氏急功近利，为了使结果支持自己的实验，不以实验中所取得的真实数据作为得到理论或验证假说的依据，而是用主观取舍、篡改甚至编造数据等手段有意偏离真实情况，取得“人为的成果”；同时安排学生为实验制造独立证实，

① 方玄昌，冯亦斐，杨亮. 2006. “气泡核聚变”尚未被判科学死刑. 中国新闻周刊，(14)：60.

② 科学技术部，教育部，财政部，等. 2009. 关于加强我国科研诚信建设的意见. http://www.edu.cn/zheng_ce_fa_gui_1115/20091112/t20091112_420585.shtml [2011-10-01].

为增加论文可信度不当署名等。塔氏抱着侥幸心态违背实事求是的科学精神铤而走险是有原因的。塔氏在普渡大学的讲席教授职位每年可为他带来 2.5 万美元的额外收入。自宣布实现气泡核聚变以来，他得到美国海军研究署的大量研究经费，且美国能源部曾为其申请专利。塔氏一再违背追求真理、尊重客观事实这些最基本的科学精神，不断地弄虚作假，用错误掩盖最初的失误，不仅令人痛心，而且为“气泡核聚变”案留下了永久的伤痛。

弄虚作假的科学实验、旁门左道的研究方法、篡改伪造的研究成果等诸如此类的科研不端行为的发生，既不能因为社会因素的存在而宽宥那些有道德失范行为的个人，也不能只看到那些有道德失范行为的个人责任，而看不到这些不端行为产生的社会根源。科研不端行为现象并非科研竞争激烈的美国独有，在其他国家同样存在。但我们相信，自律和他律是保证科技人员行为规范所不可或缺的两个方面①。只要把科技人员的道德自律和制度化他律更加有效地结合起来，防止与制止此类科研不端行为的发生还是可能的和可行的。

参考资料

[1] Moore J K. 2009. Memorandum for the Department of the Navy Suspending and Debarment official. http：//www. ipst. umd. edu/ethics/chph714/debar. pdf [2011-05-01].

[2] Wilkoff M O. 2009. Certified Mail Return Receipt Requested Re：Debarment of Rusi Taleyarkhan. http：//www. ipst. umd. edu/ethics/chph714/debar. pdf [2011-05-01].

（撰稿人　蔡甜）

① 秦伯益. 2007. 科研道德失范的背后. 中国高校科技与产业化，(5)：33.

第十五章　萨博伪造篡改研究数据案

>>>>>

挪威对科研伦理问题的关注历时较长，早在 20 世纪 90 年代，该国就建立了关于研究伦理的国家委员会，以对不同领域科研活动中的伦理问题提供咨询。1994 年，挪威研究理事会（RCN）又建立了关于健康研究中不诚信问题的国家委员会。但此后，其在科研不端治理领域并没有采取更进一步的举措。随着 2006 年挪威奥斯陆雷迪厄姆医院（The Radium Hospital）的乔·萨博（Jon Sudbø）博士在《柳叶刀》杂志上发表的论文中伪造篡改数据事件的曝光，超过 330 家国内外媒体对此事进行了报道，在国际范围内引起了巨大的关注，从而进一步推动了挪威的科研不端治理体系的建设。

一、萨博事件的缘起

萨博是挪威奥斯陆雷迪厄姆医院的医学研究人员，早期曾是一名牙科医生。1993 年，雷迪厄姆医院的里斯与奥斯陆大学雷德尔教授取得联系，要求其招募一名研究人员从事癌症病变前期的研究工作。雷德尔教授认为萨博可以胜任这一职位，而萨博本人对该项目也比较感兴趣，因此，里斯和萨博开始了由癌症协会资助的合作研究。2001 年，萨博获奥斯陆大学医学博士学位，后又成为奥斯陆大学的助理教授。2001 年 4 月，萨博与其他合作者在《新英格兰医学杂志》（NEJM）发表了一份研究报告，报告称其在对 150 例确诊为上皮不典型增生的口腔黏膜白斑患者进行了平均时间为 103 个月的随访之后，病变为二倍体、四倍体和非整倍体者的口腔癌发生率分别为 3%、60%和 84%，基于调查的结果，萨博认为口腔黏膜白斑的染色体倍性分析可用于预测口腔癌患病的风险①。其后进行的进一步研究表明，口腔黏膜白斑为非整倍体者一旦发生口腔癌，其癌症的恶性度更高，死亡危险也更大。2005 年 10 月，萨博与其合作者又在医学权威期刊《柳叶刀》上发表了一项巢式病例对照研究的结果。在这篇论文中，萨博及其合作者称在对挪威 9241 名口腔癌高危人群（即严重吸烟者）进行了研究后，对其中检出的 454 例口腔癌患者与 454 名对照者进行了对比分析，最终得出了长期使用非类固醇类抗炎药（NSAID）有助于预防口腔癌的结论②。这在癌症研究领域引起了巨大的轰动，因为口腔癌属于较为常见的癌症之一，在部分地区发病率可达到所有癌症的 1/3，而萨博的研究结论对口腔癌是否可以预防这一问题做出了较为明确的回答。以往的研究表明，绝大多数口腔癌都以口腔黏膜白斑为首发表现，但有 5%～15%的口腔黏膜白斑在组织学上表现为上皮不典型增生，又有 15%～20%的不典型增生会发展为鳞癌，由此而引发了是否所有口腔黏膜白斑患者都应采取措施来预防口腔癌的问题，而萨博的研究显然给口腔癌这种致死性疾病的预防以希望和可能。

然而事情在 2005 年圣诞节期间发生了转变，作为国内乃至世界都知名的癌症研究专家，萨博发表于《柳叶刀》杂志的论文引起了挪威公共卫生研究院负责人斯图尔滕贝格（Camilla Stoltenberg）的注意。在该文章末尾的注释中，萨博称其研究所使用的数据是从挪威国家癌症数据库（CONOR）中获得的，该数据库是挪威公共健康研究院与奥斯陆大学、卑尔根大学及特罗瑟姆大学等研究机构合作建立的，主要保存了挪威健康调查中获得的数据及血液样品，以便对疾病进行系统而深入的研究。然而令斯图尔滕贝格感到疑惑的是，该数据库直到 2006 年 1 月才正式对外开放，因此研究人员不可能在开放前就使用数据库中的数据，进一步的核对发现，在萨博研究中的 908 名被

---

① Sudbo J, Kildal W, Risberg B, et al. 2001. DNA content as a prognostic marker in patients with oral leukoplakia. N Engl J Med, 344: 1270-1278.

② Sudbo J, Lee J J, Lippman S M, et al. 2005. Non-steroidal anti-inflammatory drugs and the risk of oral cancer: a nested case-control study. Lancet, 366: 1359-1366.

试人员中，有250人的生日都是相同的[①]。这引起了斯图尔滕贝格的极大怀疑，随后她与癌症注册处等多个组织进行了联系，同时还联系了CONOR督导委员会成员怀特教授。怀特教授在仔细地核对了文章后，发现几处与实际情况不符的地方。2006年1月5日，怀特教授以邮件的形式与萨博取得了联系，询问了文中与实际情况不一致的原因。1月10日，怀特教授又参加了由癌症协会召开的有萨博和其导师里斯参加的会议。1月12日，萨博向雷迪厄姆医院的负责人承认其发表在《柳叶刀》杂志上的论文中调查对象的数据是伪造的，他同时还承认发表于2001年和2004年的两篇文章中也存在伪造和篡改数据的问题。

二、萨博事件的调查和处理过程

虽然挪威自20世纪90年代初就开始建立研究伦理国家委员会体系，但是其主要负责为研究团体、政府部门和公众提供研究伦理问题方面的咨询服务及相关伦理指南的发布等，该委员会并没有处理科研不端问题的权力。医学研究领域由于其特殊性而更多由医药健康研究的法律规范所调整。自20世纪末以来，立法机构在科研领域特别是医学研究领域发挥了更加积极的作用。总体看来，该国涉及科研行为的法规主要有三类。第一类是保护性的法律法规，主要是对医学研究的主体进行保护，包括要求研究活动必须符合良好的科学实践的要求、项目开展前要接受当地医学伦理委员会的审查等。1999年通过的《个人权益法案》和《病人权利法案》，2000年颁布的《个人信息法案》等均属于这一类法案，由于可导致他人面临很大的健康风险，所以违反这类法律规范被视为较为严重的问题。第二类是科研诚信的相关规范，主要是针对研究活动进行制约，以确保研究成果的有效性，如不得伪造、篡改数据，不得对实验被试进行主观取舍，以及研究数据应合理保存等，这类规范主要有挪威伦理委员会在1993年颁布的《社会科学，法律以及人类研究中的伦理问题指南》等。第三类则是科学研究成果出版的行为规范，这些规范的主要目的是保证成果出版的真实可靠，具体内容涉及署名、剽窃及版权等方

① Gerber P. 2006. What can we learn from the Hwang and Sudbø affairs? MJA，(6)：632.

面。在这一点上，挪威主要遵循一些国际通行的出版准则，如1978年通过的《生物医学期刊投稿的统一要求》等。一般而言，挪威的法律法规比较强调个人对其行为的责任，个人需要对自己的行为或应该有而没有的行为负责，同时其雇用机构也须承担雇员违规行为的连带责任。虽然政府有一个专门的委员会负责研究活动的日常管理和指导，但是具体的管理和指导职责主要还是由科研机构以及相关的负责人所承担，因此萨博伪造篡改数据一事受到了雷迪厄姆医院和奥斯陆大学的高度重视。

2006年1月13日奥斯陆大学和雷迪厄姆医院就此事发表了声明，随后两家单位迅速成立了一个特别委员会对该事件进行调查以确认事件的真相。该委员会是临时性和职业性的独立行政机构，主要代表雷迪厄姆医院和奥斯陆大学展开调查。该委员会由来自卡罗林斯卡医学院、挪威癌症注册处、卑尔根大学法学院、挪威公共卫生研究院和卑尔根大学社会医学系等部门以及研究机构的专家组成，所涉及的领域包括医学、法学、社会学等多个领域，以尽可能为整个调查过程提供公正和综合的视角。委员会对萨博自1997年来的38篇论文进行了审查，主要审查和确证与萨博2005年文章相关的数据、证据、与此相关的其他材料的真实性，包括参加研究的病例真实与否、病人的数据有没有遭到篡改、有无研究方法的错误、有无严重违反公认准则的行为等，同时他们还对该事件带来的负面影响进行了评估，包括对癌症病人治疗的过程、对雷迪厄姆医院和奥斯陆大学的影响等。此外，他们还将对两家单位的科研不端行为处理政策等进行评估和审议。由于萨博的博士研究项目是其后续所有研究的基础，经过慎重的考量，委员会决定从萨博的博士研究项目开始调查。

在接下来的调查过程中，该委员会共召开了13次全天会议和11次电话会议，与15名与此事有关的主要人物进行了会谈，并审核了事件所涉及的所有书面和口头的材料，包括萨博作为主要作者和合作者的论文、个人和机构的联络信件、作为原始材料的数据文件、经电子邮件传递的文件以及电话录音等。同时他们还对数据的获取情况作了调查，将获得的原始资料与萨博所发论文中的数据进行仔细比对，以确认是否存在错误遗漏等问题。经过调查委员会的调查确认，萨博2001年和2004年发表在《新英格兰医学杂志》及其他刊物上的文章中均存在较多的问题，如研究中病例样本的数量不对、有些病例在实验过程中重复出现，从而使得萨博等声称的基于150人的实验研究实际只有141人参与，其中69个病例由于在实验时已经患有口腔癌也不应被列入实验人员名单。文中病人接受的整体倍性分析次数虽与人数相符，但是有些病例进行了重复分析，还有一些病例则未进行分析研究。同时，文章中被试者的年龄分布和其所从相关数据库中所获信息的年龄分布也不同。经过进一步分析和确认，委员会认为萨博对数据进行了伪造和篡改，正是通过这种伪造和篡改，使得研究结果变为非整倍性的患者五年后大概有近90%罹患口腔癌，而整倍性的患者口腔癌患病率只有5%左右，从而验证了萨博所提出的口腔黏膜白斑的染色体倍性分析可用于预测口腔癌的假设。这些经过伪造和篡改的数据被广泛地应用于其博士论文、2001年发表于《新英格兰医学杂志》上的文章及随后的一些文章中①。

调查还发现，作为萨博的博士研究导师和首要的合作者，里斯没有充分履行自己在萨博研究中的监管职责，存在对病人数据的保密方面工作不到位、对萨博论文的审查不严格等问题。委员会还确认了萨博和里斯等人在研究中的其他不规范行为，如按照规定，萨博和里斯向不同的研究机构搜集病人的敏感信息需事先向相关的管理部门申请相应的许可，但没有证据表明萨博等人申请过许可。还有一些研究在开展前按照规定也须经伦理委员会的评估和审议，但是委员会在调查中也没有发现他们的研究经过地方伦理委员会的事前审查。委员会还对萨博的其他合作者进行了审查，但并没有发现他们参与伪造和篡改数据的证据，正如调查委员会主席艾克波姆后来所指出的“对这起事件唯一的解释是，萨博一个人实施了伪造和篡改数据的行为，而他的合作者们则很少了解他的工作”②。

随着萨博事件调查结果的逐渐明朗，《柳叶刀》等刊物陆续撤销了萨博及其合作者发表的论文。鉴于萨博在博士研究项目中就存在伪造和篡改数据行为，奥斯陆大学医学系学术委员会经研究决定撤销其博士学位。2006年11月，萨博的牙医和临床医生资格也被挪威卫生监督局吊销。由于萨博的研究

---

① Riksho spitaler-Radiumhospitalet HF og Universiteteti Oslo. 2006. Rapport fra gransknings-kommisjon oppnevnt av Rikshospitalet - Radiumhospitalet HF og Universiteteti Oslo 18. januar 2006, http: //www. etikkom. no/Documents/Granskingsrapporter/Sudb% C3% B8-saken% 20UiO% 202006. pdf [2011-03-01].

② 维基百科 Jon Sudbø 词条 . http: //en. wikipedia. org/wiki/Jon _ Sudb%C3%B8 [2011-03-01].

还获得了美国国家癌症研究院（NCI）和国家卫生研究院的资助，所以其还与美国方面签署了《自愿排除协议》，根据该协议，萨博终身不得参加美国联邦政府各部门及联邦政府的科研项目，同时终身不得在公共卫生部的顾问委员会、同行评议委员会等组织中任职。在协议中，萨博还自愿同意不向美国卫生及人类服务部申请推翻或减少永久排除范围以及所受到的其他行政处罚。萨博的导师里斯及雷迪厄姆医院和奥斯陆大学也因对萨博的研究监督和管理不力而受到批评。

三、萨博伪造篡改数据事件所造成的影响

随着科学活动与社会生活关系的逐渐密切，知识的探索活动不仅可以扩展已有知识的边界，而且还提供了解决具体问题的视角和手段，因此，当今社会的知识探索活动具有极强的实践性特征。尤其是在人类健康和医学研究领域，对一项研究结果的普遍认同不仅为我们提供了关于人类的疾病和康复方面更为完整的认识图景，而且也直接影响疾病的诊断和治疗路径。该领域科研不端行为的影响很多时候可能并不仅局限于对科研资源的浪费和科学在公众中既有印象的破坏，而是威胁到人类主体的健康和安全。在本案中，萨博及其合作者就曾基于自身的研究致信给挪威健康委员会提出应改变对口腔白斑病人的治疗方法。而随着萨博研究结果得到广泛承认，德国、美国、英国等口腔白斑病人的诊断和治疗也发生了相应的变化，如其在《柳叶刀》杂志中提出的白斑患者服用止痛药增加了患者罹患心血管疾病的风险的论断，就造成部分病人在治疗过程中不再服用止痛类药物而只有忍受痛苦的结果。此外，作为北欧国家，挪威在流行病学研究方面一直享有较高的声誉，它拥有比较完善的疾病调查和注册制度，每个公民都有唯一的 ID，因此在病例数据的搜集整理等方面具有独特的优势。由于拥有这样的优势，挪威与国外的科研机构建立了良好的合作关系，作为一个人口和面积均较小的国家，这是融入国际学术界，参与学科前沿研究的有效方式。然而科研不端行为事件的发生将会动摇该国的研究人员在国际学术界中的形象，降低他国与挪威进行合作研究的兴趣，从而从根本上影响其国内科学研究发展的进程。

为消除这起科研不端行为的国际影响，营造有利于本国科学研究活动健

康稳定发展的良好环境，提高应对科研不端行为措施的规范性和有效性，2006年6月，挪威颁布了《研究中的伦理与诚信》法案，该法案的目的是“确保挪威公共和私人研究机构所从事的研究活动符合既有的伦理标准”，根据该法案，挪威将成立科研不端行为国家调查委员会，享有对研究活动进行调查和报告的最高权力。委员会成员的组成中必须包括一名拥有法律知识背景的成员，从而使得在案件的具体调查处理过程中能够更为公正和规范。此外，该法案还规定基层科研单位在科研不端行为的处理中负有首要责任，其适用范围也涵盖了私人研究机构。随着该法案的颁布，挪威的绝大多数科研机构也开始制定和执行相应的科研不端行为的规范。

四、萨博事件所带来的启示

1. 科研机构应加强管理，营造良好的科研环境

科研环境是影响和决定科学研究各环节的所有因素的总和，它不仅包括科研基础设施、人员、经费等构成要素，同时也需要科技政策、管理机制和支持系统的相互配合。通过本案我们不难发现，科研机构制度性约束的缺乏是萨博伪造篡改数据事件发生的重要因素之一。作为萨博和里斯等人进行学术研究活动的主要场所的雷迪厄姆医院和奥斯陆大学并没有良好地履行自己的管理职责，从而使得萨博的研究活动在多数时间内没有得到有效的监督。萨博等人所进行的研究并未获得相关管理机构及伦理委员会的认可，所签订的协议中也未包含数据使用许可的证明和遵守伦理规则和指南的声明。另外，科研部门开展的与科研伦理相关的教育活动也较为缺乏，雷迪厄姆医院和奥斯陆大学并未建立关于保密、署名权等科研伦理问题的相关培训体系，从而造成研究人员对良好科学实践的标准认识不足，对萨博的不端行为缺乏足够的关注和敏感性。因此，诚如美国科学院、美国工程院以及医学科学院在其《科研道德：倡导负责行为》一书中所指出的，科研机构应当一贯有效地提供关于良好的科研行为培训、教育、监督和治理的政策、程序，以及相关的工具和支撑系统，这是营造良好科研氛围，防止科研不端行为产生的重要保证。

而在目前各国科研不端行为的治理实践中，基层科研机构作为科研人员开展研究活动的直接场所，在营造负责任的研究环境，防止科研不端行为的发生方面也承担首要的责任。所以，基层科研机构应逐步建立严格的科研管理和监督制度，完善相应的制度体系，从科研活动的各个环节加强监督和管理，规范科学研究的过程。此外，还要加强科研诚信培训体系建设，探索建立多种方式相结合的教育体系，使诚信教育贯穿科研人员的职业生涯，不断增强他们对科研不端行为的敏感性和识别、处理研究过程中伦理困境的能力，从而营造起良好的科研活动实施氛围，减少科研不端事件的发生。

2. 加强国际合作研究中的科研不端行为的治理问题

经过长期的历史演进，科学已逐渐成为全球性的事业。尤其是自“大科学”时代以来，随着科学投入的强度加大、参与人员的人数增多及多学科的交叉和融合，合作研究已经成为科研活动的主要形式，类似人类基因图谱研究、国际热核聚变实验研究、欧洲核子研究中心的强子对撞机等国际性的合作模式也在逐渐增多。在科研合作国际化现实环境中，科研不端行为的发生不仅会造成科研资源的巨大浪费，也必然会危及科学同行的相互信任，从而给这种新的合作模式带来较大的损害。在本案例中，由于萨博与美国得克萨斯大学 M. D. 安德森癌症研究中心合作从事美国国家癌症研究院和国家卫生研究院的项目研究，所以，伪造篡改数据事件的曝光直接导致美国癌症研究院中止了他们共同从事的以特罗凯和西乐葆作为口腔癌化学预防剂的口腔癌预防实验研究。事件发生后，该中心采取了多种措施试图挽回影响，以继续开展相关研究工作。该中心负责人齐威林（Leonard Zwelling）说：“我们正与癌症研究院进行协商，我们仍希望能把这项研究进行下去。”[①] 可见，在科学研究全球化的现实情境中，各国政府和学术界理应加强相互间的交流和合作，共同探索科研不端行为的应对机制。然而正如博斯和提图斯所指出的，当前科学研究的跨国合作模式面临着极为复杂的制度和文化环境[②]。各国间

① Vastag B. 2006. Cancer fraud case stuns research community, prompts reflection on peer review process. Journal of the National Cancer Institute,(5):374.

② Bosch X, Titus S L. 2009 Cultural challenges and international research integrity. The Lancet,(2):610.

关于科研不端行为的界定各不相同，针对科研不端行为的治理模式也有较大的差异，许多国家对此问题的关注才刚刚起步。此外，各国的文化背景的不同导致各国的研究人员对负责任研究行为的认识各不相同，对研究行为的容忍程度也各有差异，这些差异性的存在无疑都会阻碍合作研究模式的进一步发展和深化。因此，就目前的研究实践而言，各国政府和学术界需要对什么是负责任的科研行为及促进科学界在科研诚信建设方面取得共识，使不同国家的科研管理部门、专业学会、研究机构等可以在此基础上为特定群体制定全面而具体的行为指南，并进一步增进各国的共识，逐步建立国际学术界认可的科研不端行为的监督和处理模式，从而使科研活动能够合理健康地发展。

参考资料

[1] 美国医学科学院，美国科学三院国家科研委员会 . 2007 科研道德：倡导负责行为 . 苗德岁译 . 北京：北京大学出版社 .

[2] Act of 30 June 2006 No. 56 on Ethics and Integrity in Research. 2006. http：//www. etikkom. no/en/In-English/Act-on-ethics-and-integrity-in-research [2011-03-15].

[3] ESF. 2008. Stewards of Integrity Institutional Approaches to Promote and Safeguard Good Research Practice in Europe. http：//www. esf. org [2011-03-01].

[4] Rikshospitalet-Radiumhospitalet H F og Universiteteti Oslo. 2006. Rapport fra granskningskommisjon oppnevnt av Rikshospitalet - Radiumhospitalet HF og Universitetet i Oslo 18. januar 2006，(Report from the Inquiry Commission appointed by Rikshospitalet-Radiumhospitalet MC and the University of Oslo 18 January 2006) . http：//www. etikkom. no/Documents/Granskingsrapporter/Sudb%C3%B8-saken%20UiO%202006. pdf [2011-02-12].

[5] Vastag B. 2006. Cancer fraud case stuns research community，prompts refl ection on peer review process. Journal of the National Cancer Institute，(5)：374-376.

（撰稿人　胡剑）

第十六章　乔伊·布赖恩特调换血液样本事件 >>>>>

生物医学领域是科研不端行为的高发区。生物医学科研中实验样本的来源、数量和重复次数对实验结果和结论的正确性与可靠性具有决定性的影响，而大多数科研不端行为都与实验样本有关。乔伊·布赖恩特（Joy Bryant）在调换血液样本事件中的行为就是生物医学项目中最简单的科研不端行为：伪造实验样本。

一、布赖恩特事件的概述

2007年9月，美国卫生及公共服务部的简报公布了布赖恩特调换实验样本事件[①]。布赖恩特作为采血职员供职于美国俄克拉荷马大学卫生科学中心（University of Oklahoma Health Sciences Center，OUHSC），参与了一项关于塔河县地区儿童血液铅含量的调查项目（Tribal Efforts Against Lead，TEAL）。经调查发现，在此研究项目中，布赖恩特和另外一位采血职员把自己和其他工作人员的血液样本伪造并标记为被调查儿童的血液样本。伪造实验样本属于典型的科研不端行为。经过科研诚信办公室的调查和协商处理，

① ORI. 2007. Newsletters，15（4）：9-10. http：//ori. dhhs. gov/publications/newsletters. shtml [2011-06-20].

布赖恩特签署了《自愿排除协议》，自愿同意在三年内不参与美国联邦政府以及美国卫生及公共服务部相关的项目或担任职务。

二、布赖恩特事件的调查过程

塔河县位于美国俄克拉荷马州的渥太华，20 世纪初，该地区开始进行大规模铅锌矿石的开采。然而，锌铅矿石加工过程会产生大量的废弃物和矿山酸性排水，其中含有高浓度的重金属铅及其他金属，会造成大面积的铅污染。重金属铅污染会造成十分严重的健康问题，长期暴露于重金属铅的环境中可能会导致儿童的学习障碍和其他健康问题。当地居民有可能接触到排水道和院子里残留的铅和其他重金属，因此有必要调查当地居民铅中毒的可能性，并采取预防措施以保护当地环境和居民的健康。

一些关于重金属铅污染的调查报告显示该地区存在严重的环境和健康问题。儿童的大脑还在发育，因此他们对重金属铅中毒更为敏感。一项 1994 年印第安人公共卫生服务的研究发现，居住在俄克拉荷马州四个地区（Picher，Cardin，Quapaw，Commerce and North Miami）的儿童体内的血铅含量是美国平均水平的 4 倍，州平均水平的 8 倍，处于很高的水平，会严重危害儿童的身体健康和发育[①]。哈佛大学公共卫生学院在 2001 年开展的一项研究选取 7 岁儿童到中年居民为研究对象，结果显示，在原住民的血液中存在很高含量的铅、砷、锰和其他金属。因此，对当地的铅等重金属的监测和处理，对当地居民铅中毒情况的实时监测，对预防重金属中毒知识的科学宣传，以及对环境污染处理措施效果的评估，都具有非常重要的意义。

美国国家环境保护局（Environmental Protection Agency，EPA）从 1983 年开始监测和处理该地区的环境污染状况，TEAL 项目（基金号：grant R01 ES008755）[②] 就是其中一个监测和评估铅中毒情况的项目。TEAL 项目由国家

---

① Stogsdill S. 2007. Deal in Study-falsification Case Blocks Federal Funds for Two Women. http://www.joplinglobe.com/local/x212072008/Deal-in-study-falsification-case-blocks-federal-funds-for-two-women/print [2011-06-20].

② EMORY. Rolling School of Public Health，1996-2005. TEAL. http://www.sph.emory.edu/cms/departments_centers/bshe/research_resources/teal.html [2011-06-20].

环境卫生科学研究所（National Institute of Environmental Health Sciences，NIEHS）和国家卫生研究院共同资助，旨在测量居住在美国塔河县的印第安儿童血液中的铅含量。TEAL 项目的起止时间为 1996～2005 年，是一个 10 年的合作项目，负责人为米歇尔·凯格勒（Michelle C. Kegler）博士，由几所大学和当地 9 个部落（Wyandotte，Quapaw，Miami，Seneca-Cayuga，Eastern Shawnee，Ottawa，Peoria，Modoc，Shawnee Nations）进行合作，利用以社区为基础的参与性研究方法（community-based participatory research method，CBPR），针对俄克拉荷马州东北农村地区的居民铅中毒情况来评估环境风险，设计健康建议指导。TEAL 项目中也招聘和训练当地社区工作人员，作为业余健康指导员来教育当地社区居民，使他们具备预防重金属铅中毒的科学知识。此项研究的结果预期分为三个级别，包括个体、网络和组织社区。TEAL 项目的评估设计通过健康调查员在社区里进行广泛的挨家访谈，分别在 1997 年、2000 年和 2004 年进行了三次具有代表性的居民血铅残留含量的详细测定。TEAL 项目也涉及对业余健康指导员活动的效果评估以及组织广泛的居民访谈。另外，1997～2004 年在本地区对居民每年进行一次常规血铅含量测定，并长期考察开展的预防铅中毒措施的实际效果。TEAL 项目的另一个目的在于加强当地对塔河矿区采矿废料导致的环境健康问题的处理能力。具体而言，TEAL 项目在塔河县地区的调查始于 1997 年，在该地区挨家挨户访问并提取儿童的血液样本，共收集了 335 份年龄不超过 6 岁的儿童的血液样本。TEAL 项目通过各种手段调查铅中毒情况和加强塔河县地区的重金属的监测，指导当地父母和儿童远离矿石开采产生的废弃物。

在 TEAL 项目的长期调查中，儿童血液样本需要雇用采血职员挨家挨户上门收集血液样本，这是个很烦琐的过程，工作量很大。2004 年 11 月，詹尼弗·安德鲁斯（Jennifer Andrews）、斯蒂芬妮·克瑞森（Stephanie Krewson）和利萨·伊登斯（Lisa Edens）三人在迈阿密发现一个儿童家中的空血液样品管到血液中心后却装有血液样本。三人认为有人伪造了血液样本，不管采血职员因何原因伪造血液样本，这都是一种不负责任的行为，可能会直接影响 TEAL 项目调查结果的正确性，会造成长期的严重后果。因此，安德鲁斯、克瑞森和伊登斯举报了这个可疑行为。

对科研不端行为的举报，美国卫生及公共服务部有着以下明确的规定[①]：所有成员都有责任向科研诚信办公室官员（Research Integrity Officer，RIO）报告其发现或怀疑的科研不端行为，如果不确定，可以用非正式或匿名的方式与科研诚信办公室官员沟通，在任何时候都可以讨论，并可以采用举报的形式和程序。科研诚信办公室对事件进行评估，如果情况符合美国卫生及公共服务部关于科研不端行为的定义，则指派调查委员会成员开展问询调查。科研诚信办公室官员要确保调查委员会的所有成员与案件相关人员无任何的利益冲突。对可疑的不端行为的评估一般在一周内得出结论，期间不需要接触举报人、被举报人、证人，不需要再收集资料，只需要决定对不端行为的举报是否真实。然而在被举报人得知被举报之前，科研诚信办公室官员可能需要取得相关研究数据资料的监管权，保护后面的调查可能需要的所有研究记录和证据，如有需要则可能采取临时限制措施，查封研究数据或证据并确保安全，保护相关当事人的隐私，另外将情况通知被举报人，让其提出申辩和提供证明材料，关于随后的调查程序步骤将会通知到被举报人、举报人和证人。此外，科研诚信办公室与其他机构或者政府部门，有义务保护或者恢复事件中无过失当事人的职位，使其名誉不受其他个人或团体的威胁。

科研诚信办公室调查该事件的负责官员为达尔伯格（Dahlberg），此后开展的初步调查发现，TEAL 项目的前雇员布赖恩特和黛安娜·雷曼（Diana Layman）可能涉嫌用自己的血液样本伪造被调查儿童的血液样本，但二人否认此事。科研诚信办公室委托俄克拉荷马大学血液中心对此事开展调查，调查宣称在 TEAL 项目中不存在血液样本造假的现象。俄克拉荷马大学调查委员会的调查报告并未在美国卫生及公共服务部的裁定专员处获得通过。

对科研不端行为的调查和裁定，美国卫生及公共服务部也有明确规定[①]。裁定专员负责给出关于科研不端行为调查的决议，裁定专员完全独立于科研诚信办公室官员及相关的问询调查程序。而科研诚信办公室官员主要负责科

---

① ORI. 2005. Sample Policy and Procedures for Responding to Allegations of Research. http://ori.dhhs.gov/misconduct/ Misconduct [2011-06-20].

研不端行为的调查程序，指定调查委员会，调查委员会随时汇报调查的政策、程序和结果，科研诚信办公室官员将最终的问询调查报告和建议递交裁定专员，裁定专员以书面形式决定是否开始正式调查。裁定专员给出决议 30 个工作日内，科研诚信办公室官员将书面决议和问询调查报告上交科研诚信办公室，并通知任何需要通知到的人员。向科研诚信办公室上交的报告中必须包括问询调查中的政策和程序，涉及的研究记录和证据，任何会谈的记录和副本，所有相关文件资料的副本，随后的正式调查涉及的控告内容。这些档案资料将归档保存 7 年时间。

正式调查的目的在于找到确凿的证据，通过调查事件的所有细节深入调查证据资料，以确认是否存在科研不端行为，以及不端行为当事人和严重程度。正式调查也需要弄清是否可能存在被举报以外的其他相关不端行为，这样可能在原先举报内容的基础上拓宽调查范围和影响。在科研不端行为的举报涉及临床实验，或者对相关个人或普通大众的健康存在潜在威胁，或者会影响到社会公共政策、医疗事务、公共卫生政策的制定时，拓展调查范围是十分必要的。在该事件中，如果存在科研不端行为，小至被调查儿童的身体健康，大至政府在该地区的环境保护和居民健康政策的制定都会受影响。

2005 年 1 月，俄克拉荷马大学办公室重新成立调查委员会开展调查，并提交科研诚信办公室进行进一步调查。俄克拉荷马大学对 27 个血液样本进行了 DNA 测试，发现 4 个血液样本标记的性别错误，11 个血液样本不属于标记的儿童本人。更多的测试表明血液样本来源于工作人员。2005 年 7 月，布赖恩特和雷曼承认自己伪造血液样本的行为。调查证明，TEAL 项目迈阿密的地区负责人查克·韦德（Chuck Wade）并未涉及伪造血液样本的行为。2006 年 5 月 25 日，俄克拉荷马大学卫生科学中心办公室宣布①，应该来源于塔河县地区儿童的 15 个血液样本，实际上包含 TEAL 项目工作人员的血液及一份不明来源的血液。

---

① Stogsdill S. 2006. Investigation Yields Evidence of Blood Sample Tampering. http: //newsok.com/investigation-yields-evidence-of-blood-sample-tampering/article/1853438 [2011-06-20].

三、布赖恩特事件的处理

对科研不端行为[①]的处理范围，美国卫生及公共服务部也有明确的规定：包括任何在研究机构供职、作为负责人、与研究项目或机构存在合同或者协议相关的个人，在美国卫生及公共服务部支持或者资助的生物医学和行为研究、研究培训及其他相关活动（研究项目的运作、资料的收集、研究信息的获取和传播、美国卫生及公共服务部的基金项目的申请和进行）中发生的不端行为，在建议、进行或者报告研究时发生的伪造、篡改和剽窃行为。从上面俄克拉荷马大学卫生科学中心的调查报告可以看出，布赖恩特和雷曼在原始材料收集过程中，伪造、篡改了实验样本，属于严重的科研不端行为。

布赖恩特和雷曼，来自于印第安纳州的费尔兰，作为采血职员签约参加了俄克拉荷马大学的 TEAL 项目。根据俄克拉荷马大学卫生科学中心的调查以及美国科研诚信办公室的附加调查报告，美国卫生及公共服务部确认，布赖恩特在 TEAL 项目中调换研究样本，在 10～15 名儿童的血液样本中，把自己和其他职员的血液样本标记为被测儿童的血液样本。

科研诚信办公室调查该事件的负责人达尔伯格称，虽然很难知道布赖恩特和雷曼伪造血液样本的动机，然而可以猜测有可能是由于挨家挨户提取血液样本的工作量压力或者提取好动活泼儿童血液样本比较困难。然而医学领域的研究中，实验样本和数据需要进行统计分析，实验样本的采集直接影响评价结果的正确性和可靠性。

经过美国卫生及公共服务部、科研诚信办公室的调查和协商处理，布赖恩特签署了《自愿排除协议》，此事件的调查和处理结果公布在美国卫生及公共服务部科研诚信办公室的网站以及工作简报中[②]。在协议中，布赖恩特完全出于自愿地同意，从 2007 年 5 月 30 日起的三年内，接受以下两项处罚。

（1）把自己排除在与美国联邦政府任何部门相关的任何合约（或转包合

---

① PHS. 2005. Policies on Research Misconduct -42 C. F. R. 93. http：//ori. dhhs. gov/misconduct [2011-06-20].

② ORI. 2007. Newsletters. 15（4）：9-10. http：//ori. dhhs. gov/publications/newsletters. shtml [2011-06-20].

约）之外。不能作为获选人，不得参与美国卫生及公共服务部的任何非获得性项目（根据执行管理和预算办公室的监管指引文件定义，可见美国联邦法规《政府范围的排除与暂停》第 376 条以及下列等）[①]。

（2）不担任美国卫生及公共服务部的任何职位（包括但不仅限于任何美国卫生及公共服务部的咨询委员会和同行审查委员会的职位，或者担任顾问等）。

四、布赖恩特事件的启示

布赖恩特调换实验样本的行为很简单也很容易认定，可以称之为最简单的科研不端行为，但却是医学研究中科研不端行为最易发生的类型。这个案例虽然简单，但美国卫生及公共服务部对科研不端行为的处理程序，体现出科研诚信办公室在科研机构处理内部科研不端行为中起到的指导和监察的重要作用。这对我国处理类似问题是有借鉴意义的。

美国卫生及公共服务部对科研不端行为的处理程序包括以下九个步骤[②]：收到事件举报→初步评定→开展问讯和调查→调查委员会决议→科研诚信办公室监察审议→公共卫生部决议→行政法庭裁定之前的申辩机会→如果科研不端行为确认将强制执行公共卫生部的行政决定→最后形成案件总结文件。另外，科研不端行为在科研组织和机构中毕竟属于少数人的行为，一般的机构不具备处理科研不端行为的经验和能力，对此类行为的调查和处理比较困难，然而科研不端行为对学术界的影响又很大，因此由美国卫生及公共服务部的科研诚信办公室向科研机构和单位提供技术援助和培训项目。

本案例的调查处理，也是在科研诚信办公室的监察和指导下，由被举报人所在单位俄克拉荷马大学卫生科学中心展开调查，美国公共卫生部和

---

① HHS. 2007. HHS'implementation of OMB Guidelines to Agencies on Government wide Debarment and Suspension（2 C. F. R.， Part 376 et seq. ）. https：//www. federalreqister. gov/articles/2007/03/01/07-946/depavtment-of-health-and-human-serrices-implementertion-of-omb-quidance-on-non-procnrement-debarment [2011-06-20].

② ORI. 2005. Sample Policy and Procedures for Responding to Allegations of Research Misconduct. http：//ori. dhhs. gov/misconduct [2011-06-20].

美国卫生及公共服务部进行附加调查后进行指控，确定被举报人的科研不端行为的。被举报人承认自己的行为，签署《自愿排除协议》，在一定年限内不得参与美国公共卫生部、美国卫生及公共服务部等相关部门的研究项目，如要参加，则需要提交监督计划给相关资助机构和科研诚信办公室批准。

一份美国卫生及公共服务部以及科研诚信办公室的调查报告[①]显示，其调查和处理的科研不端行为事件所在的机构，约 70%为医学院，另外约 30%为大学和研究机构，约 80%的科研不端行为发生于研究项目中。而不端行为当事人的身份包括正教授、副教授、助理教授、博士后、科研助理、学生、技术人员、其他签约雇员等，分布也比较平均。在本案例中，布赖恩特和雷曼就是俄克拉荷马大学卫生科学中心在 TEAL 项目的雇员。这提示我们，医学院中的研究项目是科研不端行为事件的高发区，如何有效地预防和避免事件的发生是一个十分重要的课题。

（撰稿人　杨晓果）

---

① Lawrence J R. 2004. ORI Closed Investigations into Misconduct Allegations Involving Research Supported by the Public Health Service：1994-2003. http：//ori. hhs. gov/sites/default/files/Investiqutions 1994-2003-2. pdf [2011-06-20].

第十七章 韩国“克隆之父”黄禹锡造假

>>>>>>

黄禹锡，韩国著名生命科学家，因其在克隆研究领域，特别是人类胚胎干细胞方面一系列卓越的研究成果轰动了世界，被誉为韩国“克隆之父”，一度成为韩国的民族英雄。然而，自2004年5月开始不断升级的黄禹锡造假事件再次轰动世界，其行为涉及伪造研究成果、违背科学伦理规则等，黄禹锡也从韩国的“民族英雄”一落成为韩国的“耻辱”。黄禹锡造假事件引起了世界范围内的对生命科学研究的关注和反思。

一、黄禹锡的学术成就及荣誉

黄禹锡1953年出生于韩国忠清南道扶余郡一个贫寒的农村家庭。1972年，黄禹锡考入韩国汉城大学（现称首尔大学）兽医药学院，直至1982年，他在该院取得了学士、硕士和博士学位。之后，黄禹锡留校任教。1985年，黄禹锡前往日本北海道大学进修，接触到了当时国际克隆研究领域知名的科学家和一些年轻有为的学者。这成为黄禹锡科研生涯的转折点，他开始把科研精力和方向放在克隆研究上。

1987年，黄禹锡进修结束后回到首尔大学任教授，正式开始其克隆方面的研究。在随后的十几年间，黄禹锡带领他的科研小组创造了多项第一：1999年在世界上首次培育成体细胞克隆牛，2002年克隆出了猪，2003年又首次在世界上培育出“抗疯牛病牛”，2005年他在《自然》杂志宣布成功培育出最难克隆的动物——世界首条克隆狗“斯纳皮”。

自2001年起，黄禹锡的研究重点从动物转向了人类胚胎干细胞。2004年2月，黄禹锡在美国《科学》杂志上发表论文，宣布在世界上率先从242个卵子中成功培育出人类胚胎干细胞系。2005年5月，黄禹锡又在《科学》杂志上发表封面论文，宣布用11个患者的体细胞克隆出人类胚胎干细胞系，攻克了利用患者体细胞克隆胚胎干细胞的科学难题，为全世界癌症患者带来了希望。

黄禹锡的研究成果轰动了世界。在韩国，黄禹锡被捧为领导韩国科技未来的重要人物，鲜花、掌声、荣誉不断飞来。2005年首尔大学国际干细胞研究中心成立，黄禹锡担任主任。2005年6月韩国政府隆重授予黄禹锡独一无二的“最高科学家”荣誉称号，并发行特种邮票，以表彰和纪念他创造的一个又一个奇迹。韩国政府向黄禹锡研究小组提供了数百亿韩元资金用于研究。黄禹锡不断出现在国内外各种学术会议和公开场合，成了韩国“国宝”级人物，甚至享受政府提供的保镖服务。

二、黄禹锡的干细胞伪造行为及其他

黄禹锡出身贫寒。5岁时，父亲因中风过世；母亲借钱买了一头牛，以抚养6个孩子。年幼的黄禹锡在放学后帮助母亲照看牛，并决心长大后以研究动物为职业。最终，黄禹锡实现了他的理想，并一步步走到了世界生命科学研究的最前沿。谈及自己的成长经历，黄禹锡曾经说，“我是靠个人奋斗取得成功，这是所有普通韩国人的梦想。”然而，这个梦想无情地破灭了。

2004年5月，英国《自然》杂志披露，黄禹锡人类胚胎干细胞研究小组中两名女科学家的名字出现在卵子捐献者名录中，首次揭开了黄禹锡造假事件的盖子。2005年年底，韩国文化广播公司新闻节目“PD手册”栏目组记者在接到匿名者举报后深入采访，制作了专题片《黄禹锡神话的卵子疑惑》，对黄禹锡的研究成员提出质疑。然而，专题片播出后，黄禹锡断然否认，主流舆论也站在黄禹锡一边，“PD手册”被迫道歉和停播。

此后，事态急转直下。黄禹锡的一名重要合作伙伴、韩国米兹枚迪

（Mizmedi）医院理事长卢圣一透露，该院曾向提供卵子的女性每人支付150万韩元补偿金。随后，黄禹锡的研究小组成员指出其在2005年论文中有造假成分。2005年11月12日，黄禹锡的另一名重要合作伙伴——美国匹兹堡大学教授杰拉尔德·夏腾（Gerald Schatten）突然宣布停止与黄禹锡的合作，理由是黄禹锡的研究小组涉嫌用“不道德”手段获取人类卵子。2005年11月24日，黄禹锡公开承认，他2004年2月发表在《科学》杂志的论文，采集了两个研究生的卵子，并用金钱购买了部分卵子，在伦理上犯了错。黄禹锡向公众和科学界道歉，辞去政府和社会的一切兼职，表示“将会继续当一名纯粹的科学家”，并将致力于使韩国当之无愧地再次成为这个领域的领跑者。同日，首尔大学道德规范委员会裁定，黄禹锡研究小组内两名女科学家为科学研究贡献出自己的卵子是“自愿行为”，没有触犯法律和伦理道德规范。调查也确认，研究组确实向部分卵子提供者支付过报酬。不过，因为捐献发生在2005年1月1日生效的韩国《生命伦理法》之前，所以有偿捐献在当时并未违法。

2005年12月23日，首尔大学成立的调查委员会发布中期调查报告认定，黄禹锡2005年5月发表于美国《科学》杂志的论文中涉及的关于11个干细胞系的实验数据至少有9个并不存在，另外2个是否属实仍有待验证。中期调查报告发布的当天，黄禹锡再次向韩国公众和科学界道歉，并辞去首尔大学教授职务。同时，《科学》、《自然》杂志宣布要检查黄禹锡的其他论文有无造假。

2005年12月29日，首尔大学调查委员会进一步查明，黄禹锡实验室5个胚胎干细胞是从受精卵中提取的，并不是与患者相匹配的克隆胚胎干细胞。黄禹锡所谓克隆出与患者相匹配的胚胎干细胞，纯属子虚乌有。

2006年1月10日，首尔大学调查委员会公布黄禹锡造假事件的最终调查结果。调查报告指出，黄禹锡于2004年2月及2005年5月，在美国《科学》杂志上先后发表的2篇关于胚胎干细胞系克隆技术的论文确属伪造，“黄禹锡教授研究小组既没有实施2005年论文中所称的培育与患者匹配的胚胎干细胞的过程，也没有实施过2004年论文中所称的培育出首个克隆细胞系……这种行为只能是对科学界和公众的彻底欺骗”。调查报告证实，黄禹锡及其研究小组培育出世界首条克隆狗“斯纳皮”属实，说明他们的确掌握了一定技巧，但是这项技术在克隆技术方面并不突出，他们掌握的只是基础技术。同日，韩国检察机关提出，将对黄禹锡造假事件展开正式调查，调查将着重于黄禹锡及其科研小组如何伪造论文，以及如何获取并使用国家提供的科研资金，一旦发现违法行为，检察机关将对黄禹锡等人提出指控。随后，韩国政府取消了授予黄禹锡的韩国“最高科学家”荣誉称号，解除其一切公职，撤销其科研项目资金。美国《科学》杂志也在随后宣布撤销黄禹锡发表的前后2篇造假论文。

2006年3月20日，首尔大学惩戒委员会举行会议，讨论如何处分黄禹锡。会议认为，黄禹锡2004年2月及2005年5月在美国《科学》杂志发表的有关人类胚胎干细胞的论文造假行为，在根本上违背了作为学者和教授所应遵守的诚信道德准则，损害了首尔大学的名誉和韩国的国际信誉。会议决定撤销黄禹锡首尔大学教授职务，禁止黄禹锡在5年内重新担任教授等公职，退职金减半发放。这是首尔大学惩戒委员会级别最高的处分。同时，会议还决定，对与黄禹锡论文造假事件有关的文信勇、李炳川等4名教授分别处以停职3个月和2个月的处分，李昌圭等另外2名教授因情节轻微，被处以减薪1个月的处罚。

由于首尔大学调查委员会的调查权限仅仅局限于查清论文的真实性，2006年1月11日，首尔大学调查委员会将调查结果移交给韩国首尔中央地方检察厅。所以，黄禹锡造假事件进入司法调查阶段。韩国首尔中央地方检察厅于2006年5月12日发表了黄禹锡干细胞造假事件的最终调查结果，决定以欺诈罪、挪用公款罪以及违反《生命伦理法》的罪名起诉黄禹锡。

关于欺诈罪，韩国首尔中央地方检察厅查明如下事实。黄禹锡在美国的实验室由其合作伙伴、美国匹兹堡大学教授夏腾负责。2004年1月，黄禹锡在该实验室发现，从韩国带去的1号干细胞照片清晰度不够。黄禹锡随后给助手朴钟赫打电话说：“其他干细胞照片也行，寄来清晰的照片。”之后，相关虚假照片作为论文一部分于2004年2月刊登在美国《科学》杂志上。此外，黄禹锡还涉嫌指示研究组捏造有关干细胞数量、干细胞DNA分析结果、畸胎瘤的形成、类胚胎体的形成和适应性免疫结果等各种数据，并将这些捏造的数据发表于2005年5月的美国《科学》杂志。因此，韩国首尔中央地方检察厅认为，黄禹锡是整个论文造假事件的总策划人，涉嫌欺诈罪。

关于挪用公款罪，韩国首尔中央地方检察厅查明如下事实。黄禹锡在通过编造论文骗取国民信任后，夸大了其干细胞技术的效率和转向实用的可能性，并于2005年9月分别从两个民间机构骗取10亿韩元的研究经费。黄禹锡还涉嫌在2004年11月至2005年2月利用虚假增值税发票，骗取1.93亿韩元政府支援研究经费和5000万韩元新产业战略研究院的研究经费。此外，2000年10月至2005年2月，黄禹锡从新产业战略研究院提供的“购牛费”中累计挪用5.92亿韩元，经洗钱后贪污。因此，韩国首尔中央地方检察厅认为，黄禹锡私自挪用政府和民间组织提供的28亿韩元研究经费，用于非法收购人类卵子进行研究及向政界人士提供政治捐款等，涉嫌挪用公款罪。因为挪用公款罪而同时遭到起诉的，还有黄禹锡的重要助手李炳川、姜成根和尹贤洙，他们涉嫌挪用研究资金的数额在5800万至2.96亿韩元。

关于违反《生命伦理法》，韩国首尔中央地方检察厅查明如下事实。在《生命伦理法》生效后的2005年1～8月，黄禹锡向汉拿山妇产医院的25名患者提供3800多万韩元（约合4万美元）手术费，作为她们提供卵子的报酬。因为违反《生命伦理法》而同时遭到起诉的，还有黄禹锡的几名重要助手及汉拿山妇产医院院长张尚植。

2009年10月26日，韩国首尔中央地方法院对黄禹锡涉嫌侵吞研究经费案进行了长达100分钟的宣判。判决称，黄禹锡不仅非法利用人体卵子，还以做假账等手段骗取、冒领经费达8.3亿韩元，犯罪性质严重。法院同时认定，黄禹锡于2004年2月及2005年5月发表于美国《科学》杂志的有关人体干细胞的研究论文部分造假事实成立。但是，法院考虑到黄禹锡本人在科研领域的贡献等几方面因素，决定对黄禹锡处以缓刑。针对检察部门对黄禹锡提出的诈骗指控，法院认定，黄禹锡从韩国SK财团和金融机构领取的20亿韩元研究经费并未违反《特定经济犯罪加重处罚法》，诈骗罪名不成立。法院当天还对黄禹锡科研小组的数名成员判处缓刑或处以罚金。最终韩国首尔中央地方法院对黄禹锡涉嫌侵吞研究经费案做出一审判决，以侵吞政府研究经费和非法买卖卵子罪，判处黄禹锡有期徒刑2年，缓期3年执行。

一审判决后，黄禹锡和检察机关均表示不服并提起上诉。

2010年12月16日，韩国首尔高等法院对黄禹锡涉嫌侵吞研究经费上诉案做出判决。韩国首尔高等法院在二审判决中表示：学术造假和接受企业赞助并无因果关系，不能看做欺诈；但研究经费并非个人所得，被用于科研以外的用途即属侵吞；研究中有偿采用实验用卵子也属违法。韩国首尔高等法院表示，黄禹锡有计划地侵吞研究经费，在国际上造成很坏的影响。但由于黄禹锡被指侵吞费用中的部分内容查无实据，特别是考虑到黄禹锡本人在科研领域的贡献等几方面因素，决定对其侵吞部分研究经费而判处有期徒刑18

个月，缓期2年执行。

三、神话破灭后的反思

黄禹锡造假首先是从伦理失范开始的，黄禹锡神话的破灭也是首先因为伦理失范暴露出来的。伦理失范，是黄禹锡造假事件与其他学术造假丑闻不同的特点，但是，在生命科学研究领域，这却是特别需要关注和反思的重大问题。生命科学研究，特别是涉及人体的医学研究，必须遵守基本的伦理准则，这已经取得国际生命科学研究界的一致认可。为此，世界医学会（World Medical Association，WMA）于1964年6月在芬兰首都赫尔辛基召开的第18届世界医学大会上制定通过了《世界医学大会赫尔辛基宣言》（简称《赫尔辛基宣言》），成为世界生命科学研究界共同遵守的涉及人体医学研究的伦理准则，更是世界各国制定相关伦理准则和管理法规的重要依据。到目前为止，《赫尔辛基宣言》分别经过1975年10月日本第29届世界医学大会、1983年10月意大利第35届世界医学大会、1989年9月香港第41届世界医学大会、1996年10月南非第48届世界医学大会、2000年10月苏格兰第52届世界医学大会、2008年10月韩国第59届世界医学大会共6次修正①。黄禹锡神话破灭时，适用的是2000年版的《赫尔辛基宣言》。在我国，《赫尔辛基宣言》的所有内容被作为附录直接纳入部门规章，作为国家食品药品监督管理局（SFDA）于2003年发布的《药物临床试验质量管理规范》附录，具有法律拘束力。

凡涉及人体的实验研究，一定要经过当事人自愿的知情同意，签署书面的知情同意书，不能胁迫也不能引诱。这是公认的生命伦理规范，为《赫尔辛基宣言》所明确指出。2000年版《赫尔辛基宣言》第8条规定：“医学研究应遵从伦理标准，对所有的人加以尊重并保护他们的健康和权益。有些受试人群是弱势群体需要加以特别保护。必须认清经济和医疗上处于不利地位的人的特殊需要。要特别关注那些不能做出知情同意或拒绝知情同意的受试

① 2008年10月的修正案提高了人体医学研究的伦理标准。首先，修正案扩展了宣言的适用对象，即要求临床试验的整个过程及所有参与研究试验的人员都遵守宣言规定的原则；其次，修正案重申并进一步澄清了涉及人体的医学研究的基本原则和内容；最后，修正案加强了对受试者的权利保护，特别加强对弱势群体的特殊保护，增加了临床试验数据注册和使用人体组织时的同意等新内容。

者、可能在胁迫下才做出知情同意的受试者、从研究中本人得不到受益的受试者及同时接受治疗的受试者。”第 20 条规定：“受试者必须是自愿参加并且对研究项目有充分的了解。”第 23 条规定：“在取得研究项目的知情同意时，应特别注意受试者与医生是否存在依赖性关系或可能被迫同意参加。在这种情况下，知情同意的获得应由充分了解但不参加此研究并与受试者也完全无依赖关系的医生来进行。”

胚胎干细胞研究的关键一环是把体细胞的遗传物质，即细胞核抽出来，注射到去核的卵细胞中，以培育出早期胚胎（囊胚），从中提取胚胎干细胞。因此，胚胎干细胞研究必须采集卵子。但是，育龄女性每月仅排卵一次。为了采集卵子，首先需要给女性注射激素刺激卵巢，其次再用手术的方法获得卵子。对于女性来说，采集卵子存在一定风险并且相当痛苦。因此，国际生命科学研究界对卵子的采集，一般来源于辅助生殖剩余卵子所有者的自愿捐献，同时，要避免对捐献卵子女性的身体伤害。

然而，黄禹锡科研组在采集卵子的过程中，存在着用金钱购买卵子及对同一名捐献者过度采卵的问题。韩国首尔中央地方检察厅查明，2005 年 1～8 月，黄禹锡向汉拿山妇产医院的 25 名患者提供 3800 多万韩元手术费，作为她们提供卵子的报酬。韩国生命伦理审议委员会于 2006 年 2 月 2 日发表的声明称，从 2002 年 11 月起，黄禹锡科研组从 199 名女性体内提取了 2221 颗卵子，并对其中 66 名女性支付了每人 30 万～150 万韩元的酬金。而且，在向科研组捐献卵子的女性中，还有捐过几次卵子的，甚至还有一位女性在不到一年内捐过 4 次卵子。

黄禹锡科研组在研究中，还采集、使用了自己研究小组女研究生的卵子，明显违背了当事人自愿的知情同意这个公认的生命科学研究伦理规范。因为，这两名女研究生处于对黄禹锡的依赖关系中，即使没有被强迫，也有可能因为压力而并非真的自愿捐献卵子。事实上，据韩国文化广播公司新闻节目“PD 手册”的报道，有一名女研究生的确是在黄禹锡的强迫下捐献卵子的，因为她在 2003 年 3 月在实验室误打翻了一个装有卵子的培养皿。她起初拒绝捐献卵子，但是最终还是屈服于压力，捐献了卵子[1]。而且，韩国生命伦理审议委员会于 2006 年 2 月 2 日发表的声明称，黄禹锡科研组取得卵子的过程

① 刘复晨 .2006-01-16. 神话破灭：韩国黄禹锡克隆造假案的始末 . 法制日报，003.

中，并没有向捐卵女性解释取卵后的副作用。还要求捐卵女性在“捐卵子同意书”上签名[①]。这同样违背了当事人自愿的知情同意原则。

利益冲突回避原则是另一个公认的生命伦理规范。这里最起码有两个方面的要求：一是科学家应该保证自身独立于研究项目之外，而且没有受到强迫；二是捐献者和研究者必须分开，任何人不能同时既是研究者又是捐献者。对此，2000年版《赫尔辛基宣言》第15条规定：“人体医学研究只能由有专业资格的人员并在临床医学专家的指导监督下进行。必须始终是医学上有资格的人员对受试者负责，而绝不是由受试者本人负责，即使受试者已经知情同意参加该项研究。”第13条规定：“每项人体实验的设计和实施均应在试验方案中明确说明，并应将实验方案提交给伦理审批委员会进行审核、评论、指导，在适当情况下，进行审核批准。该伦理委员会必须独立于研究者和申办者，并且不受任何其他方面的影响。该伦理委员会应遵从实验所在国的法律和制度。委员会有权监督进行中的实验。研究人员有责任向委员会提交监查资料，尤其是所有的严重不良事件的资料。研究人员还应向委员会提交其他资料以备审批，包括有关资金、申办者、研究机构及其他对受试者潜在的利益冲突或鼓励的资料。”黄禹锡研究小组中的两名女研究生，既是捐献者，又是研究者，可能会在研究过程中“特殊化”实验样本，无法保证研究的真实可靠，严重违背了利益冲突回避原则。

如果说伦理失范是黄禹锡造假事件与其他学术造假丑闻不同的特点，那么黄禹锡本人声称的“直到事发才知道《赫尔辛基宣言》”则更令人震惊。不管事实是否如此，作为世界生命科学研究领域的领军人物，黄禹锡所表现出来的对基本伦理规范的漠视甚至否认，以及由此引发的对生命科学研究的伦理规范状况的质疑，需要的不仅仅是生命科学研究界的反思。必须承认，严格伦理规范、践行伦理原则，从伦理学的角度对科学研究提出的有理有据的质疑，不是对科学家的迫害，不是对科学研究的阻碍。恰恰相反，科学研究越发展，越需要来自外界的监督，越需要遵守科研道德、伦理规范、法律规范等。这是对科学研究健康发展的支持，更是对科学家的保护。

在黄禹锡造假事件中，还有一点特别需要反思，那就是科学研究所处的

---

① 姜贵瑛．2006. 黄禹锡被指强迫妇女捐献卵子．http：//tech. sina. com. cn/d/2006-02-03/1115832221. shtml [2010-06-02].

急功近利的社会环境。如果说，出身贫寒的黄禹锡的内心对成功的追求和渴望可能是学术造假的内在诱因的话，那么，韩国政府和民众恰恰为黄禹锡学术造假提供了一个激发、促进甚至保护的社会环境。从起初对黄禹锡研究成果不适当地宣传和吹捧，到质疑初起时的支持、力挺甚至韩国政府还决定尽快拟定有关提供卵子的相关法案，出台《〈生命伦理法〉施行令修正案》和总统令，为黄禹锡的研究提供法律支持①，韩国政府和民众在整个事件中的"推波助澜"反映出目前普遍存在的对科学研究的不切实际甚至急功近利的追求。事实上，这绝不是对科学研究和科学家的保护；恰恰相反，科学研究的规律性和严肃性要求的是一个冷静、理性甚至"波澜不兴"的环境。任何违背科学研究的规律性和严肃性而对研究成果的盲目追求，都将最终影响甚至破坏科学研究的健康发展。

参考资料

[1] 丛亚丽，邱仁宗．2001．赫尔辛基宣言及其修改．医学与哲学，4：91，92.

[2] 沈铭贤．2006．黄禹锡事件震惊与反思．自然杂志，1：51-54.

[3] 李建会．2006．从黄禹锡事件看伦理学对科学的重要性．医学与哲学，2：14-18.

[4] 李亚明．2006．重视干细胞研究中的伦理问题．医学与哲学，2：9-21.

[5] 张锦芳．2006．"黄禹锡神话"破灭的启示．瞭望新闻周刊，2：47.

[6] 祝莉娟．2008．解析《赫尔辛基宣言》2008 年修正案及其意义．法制与社会，35：331-337.

[7] 杨丽然．2009．更高的伦理标准与更多的利益冲突——《赫尔辛基宣言》2008 年的修订．医学与哲学，5：76-78.

[8] 方益昉，江晓原．2011．当代东西方科学技术交流中的权益利害与话语争夺——黄禹锡事件的后续发展与定性研究．上海交通大学学报（哲学社会科学版），2：35-42.

[9] 陈宝成．2006-01-15．从黄禹锡事件看学术不端治理之道．新京报，A03.

[10] 科学技术部科研诚信建设办公室主办中国科研诚信网．2009．黄禹锡论文造假事件．http：//www. sinori. cn/jsp/archives/archivesViewDt！archivesViewDt. action？ modelId=1&columnId=&archivesId=1523 [2010-06-02].

（撰稿人　汤俪瑾）

---

① 郃举．2005-12-24．黄禹锡干细胞论文数据确系伪造．科技时报，002.

第十八章　美国东北大学某研究员美国国家科学基金会项目作假事件>>>>

基金会的项目评审和项目申请书也是发生科研不端行为的主要领域，在申请或执行研究项目、评审项目申请书及项目结题报告中会存在伪造、篡改、剽窃等科研不端行为。美国东北大学一研究员在美国国家科学基金会（National Science Foundation，NSF）项目中的作假事件就是一例典型的项目评审和项目申请中的科研不端行为。

一、美国国家科学基金会项目作假事件的概述

2009年9月，美国国家科学基金会的检察长办公室（Office of Inspector General，OIG）在半年度报告①中，公布了美国东北大学（Northeastern University，NEU）的一位研究员（PI）在四个国家科学基金会项目的申请书中存在科研不端行为，剽窃其评审的其他项目书中的文字、图表和引用文献，美国国家科学基金会决定在五年内禁止对此人的资助，禁用此人作为国家科学基金会的评审或顾问，并要求此人签署遵守为期三年的"排除协议"的保证书。

---

① NSF/OIG. 2009. NSF/OIG Semiannual Report to Congress. http：//www. nsf. gov/oig/pubs. jsp [2011-06-22].

二、美国国家科学基金会项目作假事件的曲折调查认定过程

美国国家科学基金会规定，基金会的职员得知疑似科研不端行为后，必须立即谨慎地通知检察长办公室，或者将被举报人的信息递交检察长办公室。如果举报人要求身份保密，那么在法律和规章的允许下，其身份将被严格保密。如果检察长办公室发现事件可能牵涉到民事或刑事法律，检察长办公室会将案子送交法律部门。一般情况下，检察长办公室将通知相关的受资助单位并建议其开始初步的问询调查过程。

美国国家科学基金会对科研不端行为的定义和调查程序也制定了规则①。这个调查程序一般基于事件所在机构自己的调查，美国国家科学基金会在此基础上作进一步的调查，然后基金会相关行政部门给予裁定。基金会办公室收到科研不端事件的举报后，首先进行秘密的初步调查以确认是否属实。在这项调查中，基金会办公室只联系被举报人，而不联系被举报人所在的机构。如果被举报人能够提供足够的解释推翻举报，基金会办公室将终止调查，在上述程序中，只有被举报人知道对其举报曾被提交到基金会办公室，以保护其隐私和名誉。在所有的调查和裁定中，调查委员会将尊重和保护被举报个人或单位的隐私权。

如果经过初步调查发现举报属实，美国国家科学基金会将进入调查程序，大多数情况下委托被举报人所在机构开展调查。被举报人所在机构调查并提交报告，由基金会办公室审查其公正性、准确性和完整性。报告中如未把被举报人的所有问题完全调查清楚，基金会办公室将开展独立的附加调查。根据被举报人所在机构的调查报告及基金会办公室的附加调查，依据基金会对科研不端行为的定义和相关规定，如果被举报人的行为被认定为科研不端行为，基金会办公室将给出一份调查报告，并给予被举报人一次申诉机会，重新考虑被举报人的申诉后，给出一份最终报告，提交基金会负责的副主任裁

---

① NSF. 2002. Research Misconduct. 45 C. F. R. part 689. http://law.justia.com/cfr/title45/45-3.1.2.4.28.html [2011-06-22].

决。如果被举报人不接受副主任裁定有科研不端行为及处罚措施，被举报人可以向基金会主任申诉，基金会主任的裁定将是终审。关于科研不端行为的调查和处理，在美国国家科学基金会的机构中，检察长办公室负责监督对科研不端行为的调查，基金会副主任负责对调查委员会调查报告的裁定，如被举报人个人或单位申诉，基金会主任负责最终裁定。

2009 年美国国家科学基金会检察长办公室的一份调查[①]表明，美国东北大学的一位研究员在 4 份国家科学基金会的项目申请书中存在违反评审保密协议的行为，从不同的来源剽窃文字、图表和引用文献。收到国家科学基金会检察长办公室的调查报告后，美国东北大学的调查委员会协助了调查。

有举报称，美国东北大学的该研究员的一份美国国家科学基金会项目的申请书中，存在大量的复制材料，这些复制材料来源于之前一份其他研究人员提交的美国国家科学基金会项目申请书。美国国家科学基金会对科研不端行为的认定，必须经过初步的信息资料收集和实情调查，包括对真实资料记录的调查评估程序，这些调查的主体可以是相关被资助单位、联邦政府机构或美国国家科学基金会本身。美国国家科学基金会检察长办公室根据初步调查结果向该研究员发出质疑函。该研究员声称是一家私人公司合作者为其提供了这份其他研究人员提交的美国国家科学基金会项目申请书，她提供了一份 E-mail 的备份文本作为证据，E-mail 中记载了提供来源申请书的时间和落款，但她拒绝提供合作者的姓名。这些证据不足以取消对其不端行为的指控，检察长办公室要求美国东北大学协助开展进一步的调查。

东北大学调查委员会集中调查了这份项目申请书，发现其中 80 %的内容剽窃于来源申请书。该研究员向东北大学调查委员会提供了一个供职于这家私人公司的兼职学生的名字，辩解说是这名学生向她提供了来源申请书的一份副本。然而此学生拒绝承认，并表示是该研究员要求其作伪证，谎称是自己收到了这份申请书，并提供给该研究员。最终在法庭调查员的帮助下，东北大学调查委员会确认此研究员在之前提交给检察长办公室和调查委员会的那份证明 E-mail 电子文件中更改了日期，认定该研究员编造事实、更改文件以掩饰自己的剽窃行为。

---

① NSF/OIG. 2009. NSF/OIG Semiannual Report. http：//www. nsf. gov/oig/pubs. jsp [2012-06-22].

后来，调查有了新的进展。美国东北大学调查委员会发现，该研究员的剽窃资料来源于另一份其曾评审过的美国能源部的项目申请书，在国家科学基金会的协助下，从美国能源部得知并确认该研究员曾评审过一份与来源申请书非常类似并由相同的作者提交的项目申请书。因此，美国东北大学调查委员会认定剽窃文字来源于这份美国能源部项目申请书而非之前认定的那份。综合两方面的证据，美国东北大学认定该研究员违背了美国能源部项目申请书评审程序的机密性，并编造事实以掩饰自己在申请书中的抄袭行为，属于典型的科研不端行为。

美国国家科学基金会规定对科研不端行为的认定必须满足以下几点：明显地违背相关研究领域或团体的行为规范、这些行为是有意的或大意造成的、有充分的证据。美国国家科学基金会检察长办公室认可了美国东北大学调查委员会的调查结果，并且经过进一步的调查，发现该研究员在 4 份美国国家科学基金会的申请中复制文字、图片和引用文献，明显违背了相关研究机构的规定。另外，在科研不端行为认定之前，检察长办公室给予被举报人正式的通知，并给予其申诉的机会。在完成美国国家科学基金会规定的对科研不端行为的认定程序之后，检察长办公室正式裁定东北大学该研究员在美国国家科学基金会项目的评审和申请中存在科研不端行为。

三、美国国家科学基金会项目作假事件的处理

在美国国家科学基金会的规定中，对科研不端行为的最终处理意见从轻到重可以分为三个级别。第一级的处罚包括向个人或单位发申诉信，在规定时间内申请美国国家科学基金会资助项目需要基金会的预先核准等特殊要求；在规定的时间内有专门的负责人监督研究报告的准确性；或者需要递交遵守相关规定的保证书。第二级的处罚包括完全或部分暂停正在进行的资助项目；在规定时间内限制其从事相关的研究活动或使用经费；在规定时间内，审核与申请相关的所有资质和资料，以确保在各环节避免不端行为，纠正以前研究报告中的错误。第三级的处罚包括终止正在进行的资助项目，在规定时间内禁止接受美国国家科学基金会资助或者作为评审顾问，在规定时间内禁止从事相关联邦政府的项目或担任职务。

除了对科研不端行为的最终处罚意见之外，有时在调查过程中可能需要一些临时的限制措施。采取临时限制措施的目的是保护政府资源，或者预防任何科研不端行为继续发生。临时限制措施一般由美国国家科学基金会检察长办公室提出，然后与基金会的政策和监督处、授权和协议处、总顾问办公室、负责的主管、基金会的其他相关部门协商。如果协商通过了临时限制措施，那么事件的程序转为基金会规定中相关的临时限制措施机制和程序，由基金会副主任或者副主任指定的行政官员负责。这些临时限制措施包括完全或部分地暂停正在资助的项目，根据《政府范围的排除与暂停》的规定暂时取消其申请联邦政府资助的资格，暂时限制从事相关方面的研究活动以保护他人或其他机构的权益，暂时需要特殊的许可、保证或行政监督，需要美国国家科学基金会的预先核准，推迟相关项目的资助，暂停与基金相关的职务或顾问等。值得注意的是，这些临时限制措施并不是最终裁决。然而在做出最终的处罚决议之前，需要考虑科研不端行为的严重性，当事个人或单位的认知程度（故意的还是疏忽造成的），是单独的个别行为还是大量不端行为中的一部分，对研究记录、研究目标、其他研究人员、科研机构、社会公益等方面的利益是否具有明显的影响或损害，以及其他细节等因素。检察长办公室根据以上考虑最终给出处罚意见。

美国国家科学基金会检察长办公室认为，美国东北大学的该研究员在项目申请书中大量剽窃复制文字、图片和引用文献，明显违背了相关研究机构和基金会的有关规定。而且，在第一份项目申请书中，该研究员违背了评审程序的保密协议，编造事实（包括更改电子文件），并牵涉一位无辜的学生，致使她的行为性质更加严重。因此在该事件中，检察长办公室对该研究员处以第三级别的处罚裁定。美国国家科学基金会发布公告，公布该研究员的科研不端行为，5 年内禁止此人获得联邦资助，5 年内取消其评审人资格。该研究员签署了为期 3 年的“排除协议”的保证书。美国东北大学辞退了该研究员。

四、美国国家科学基金会项目作假事件的启示

该事件是基金项目申请领域中科研不端行为的一个典型案例。美国国家科学基金会对科研不端行为的定义主要涉及申请或执行美国国家科学基金会

资助的研究项目、评审项目申请书，以及在项目结题报告中存在的伪造、篡改、剽窃等科研不端行为。在项目书评审或项目申请中的科研不端行为的具体表现如下：违反评审过程中的保密协议，抄袭自己评审过的材料中的文字、图表、引用文献等并用于自己的项目申请书；抄袭其他来源的文字；有意漏引重要资料来源，在申请书中复制他人的文字或数据而不标明出处。在美国国家科学基金会检察长办公室的半年度报告中，科研不端行为的调查和处理多属于以上类型。

本案例中涉及对基金申请书的同行评议，同行评议在科学研究中被广泛采用。1937年，美国癌症研究咨询理事会开始引用同行评议审定研究基金的发放，美国海军研究署也采用同行评议的方法资助大学的研究工作。20世纪50年代初，美国国家科学基金会也采用了海军研究署的方法并进行了规范化，形成了一套比较完整的同行评议系统。然而在对基金申请的同行评议中也容易出现问题，有人可能违背保密原则和科学道德，剽窃他人的文字或者成果。因此对科学领域的同行评议，除了需要个人的修养和科学道德以外，更需要严格的行为规范和规章制度约束。

此外，从该案例中我们也可以看出科研机构本身的作用和职责。在美国国家科学基金会的规定中，接受基金资助的相关研究单位，应起到首要预防和监察科研不端行为的作用，并负责事件的初步问讯、调查和裁定。在大多数情况下，美国国家科学基金会依赖相关研究单位快速着手问询任何可疑的或被举报的科研不端行为案件，如果需要则开展随后的正式调查。在问询和调查过程中，应采取必要的措施以保证科学道德、科研目标和社会的利益，或者出于法律要求提供必要的安全措施以保护举报者的利益。任何调查都需要向基金会提交正式的书面总结报告。

在调查过程中，如果出现以下几种情况，相关单位需要意识到严重性并立即通知美国国家科学基金会：公共健康或者安全可能受到危害，基金会的资源、名誉或者其他利益需要保护，有迹象显示违反民事或刑事法律，有研究活动需要暂停，需要联邦政府的行动以保护调查目标或者他人的利益，需要通知科学机构或者公众等情况。

通过美国国家科学基金会对研究单位在调查处理科研不端行为过程中所负职责的有关规定的介绍，可以发现研究单位的问询调查权限及在不同情况下的行为规则都有着很细致的划分，这就为相关单位对科研不端行为的调查处理提供了详细的程序指导，有利于事件的及时处理和相关个人、团体甚至公众利益的保护。此外，也可以看出，虽然美国国家科学基金会检察长办公室可以随时展开自己的独立调查，但美国国家科学基金会对科研不端行为案件的处理一般都会依托相关的研究单位来调查。如果调查遇到困难，也不排除与其他单位或政府部门合作进行调查。

在该案例中，我们也可以了解到美国国家科学基金会在处理科研不端行为事件中对当事人隐私权的保护。无论在调查过程或在基金会的书面报告中，当事人或相关人员的个人信息都得到了很好的保护。这为我国处理类似案例提供了很好的参考，毕竟在科学领域不端行为的嫌疑或指控对当事个人或单位的声誉都有很大的影响，因此在调查和处理结果出来之前，直至在裁决之后，对其隐私的保护都是需要特别注意的。

（撰稿人　杨晓果）

第十九章 从“成才典型”到“造假先锋”的蜕变——李富斌剽窃事件 >>>>

作为新中国首例公开披露和处理的科研不端事件，李富斌事件引起了国内学术界和媒体的广泛关注。《中国科学报》、《科技日报》、《人民日报》及《光明日报》等权威媒体都对此事的处理过程进行了披露和报道，知名学者郝柏林、何祚庥、陈佳洱等也对李富斌剽窃他人论文的行为进行了谴责。该事件为我国科研不端行为的调查处理积累了宝贵的经验，而李富斌由“艰苦条件下成才的典型”到背叛科学真理的蜕变历程则需要我们给予更多的关注与反思。

一、李富斌事件的发生和披露过程

李富斌出生于一个贫寒的农村家庭，他自幼学习努力，成绩优良，1963年，年仅16岁的李富斌考入兰州大学现代物理系学习原子核物理专业，1968年毕业后先后在宁夏回族自治区银川市新市区8039部队农场和冶金部第四冶金建筑公司第五公司第五中学锻炼和任教。1974年进入中国科学院兰州近代物理研究所开始从事科研工作，此后他还在西北建筑工程学院基础部物理教研组工作过一段时间。1985年，李富斌又应聘调入淮北煤炭师范学院物理系从事教学和科研工作。由于其工作表现出色，1986年被评为优秀教师，1987年又破格晋升为讲师[①]。在随后的几年里，李富斌的论文开始在国际知名期

① 坎迪.1993.周末版选萃.北京：中国物资出版社：87.

刊上发表，仅1990年，他就在《瑞士物理学报》上发表了《标量粒子和旋量粒子的非相对论超对称二体方程》，在美国《数学物理杂志》上发表了《在直接相互作用中 N 个相对论粒子的非相互作用定理的证明》，此外他还在加拿大《物理杂志》上发表了另一篇关于量子色动力学的文章①。随着其在国际知名期刊上发表的文章逐渐增多，李富斌不仅以“富有创新精神”和“高产”成为“艰苦条件下的成才典型”，同时也引起了中国矿业大学的注意。1991年2月，李富斌调入中国矿业大学数理系任教，不久又由中国矿业大学推荐，以“关于库仑系统中电流的非平衡涨落的研究”为题，申请国家自然科学基金项目并获得批准（项目号：19175146），共获资助1.5万元②。

就在李富斌的学术生涯看似一帆风顺的时候，两位旅居国外的青年学者致信时任中国科学院理论物理研究所所长的郝柏林，向他通报了《瑞士物理学报》和《数学物理杂志》上刊登的两篇撤销论文的声明，《瑞士物理学报》的声明指出，李富斌在《瑞士物理学报》1990年第63卷922页上发表的题为“标量粒子和旋量粒子的非相对论超对称二体方程”的论文，实际上是逐字逐段地抄袭土耳其安卡拉大学爱丁和爱马尔教授三年前发表在《新试验》上的文章“欧几里得超对称与相对论二体系统”（1988年第99A卷85页）所形成的。而《数学物理杂志》的声明则称，李富斌在《数学物理杂志》（1990年31卷1395～1399页）发表的《在直接相互作用中 N 个相对论粒子的非相互作用定理的证明》一文，实质上是马莫等四位学者发表在1990年第100A卷447～461页上文章的抄件，而李富斌也承认，他的文章是“弄错了”才提交的，因此，该文章也被《数学物理杂志》撤销③。此事引起了郝柏林的极大关注，虽然正在意大利访学，但他随即致信《中国科学报》，指出李富斌将土耳其和意大利作者的文章逐句抄袭并发表，希望《中国科学报》能给予披露和谴责。在收到该信后，《中国科学报》在中国科学院理论物理研究所、《物理学报》编辑部、物理学家何祚庥等的帮助下开始搜集李富斌剽窃的相关证据。由于当时国内没有相关的刊物，何祚庥通过海外朋友的帮助，查找到了李富斌和原作者的文章并进行了仔细的比对，发现李富斌的文章与原来的

---

① 卞文山．1993．李富斌剽窃他人科研成果事件的调查报告．中国科学基金，(2)：130，131．

② 芜茗．1993．李富斌事件始末．现代物理知识，(3)：33．

③ 坎迪．1993．周末版选萃．北京：中国物资出版社：85．

文章除了题目和作者不同以外，其余内容均未作更改。随后，相关科研人员又将此事件通报给了当时的国务委员、国家科学技术委员会主任宋健，宋健将来信批示转给国家自然科学基金委员会主任张存浩和中国统配煤矿总公司总经理王森浩，并指出："李多次抄袭、弄虚作假、骗取名誉，不仅损害了中国科学界的信誉，而且是一种犯罪行为。对这种行为必须给予公开揭露和严肃处理。"① 他同时建议国家自然科学基金委员会成立专家组对李富斌的作假行为进行深入调查。

二、对李富斌事件的调查和处理

20 世纪 90 年代早期，科研不端行为在世界范围内还未引起科学界足够的重视，对科研不端行为的调查处理还处于探索阶段，国内也没有专门处理科研不端行为的规范和程序。由于该事件引起了相关国家部委、中国矿业大学主管部门及媒体的广泛关注，所以经过各方协调，最终由国家自然科学基金委员会，中国统配煤矿总公司、《科技日报》和《中国科学报》组成了临时联合调查组开始对这一事件进行全面调查。经过多方努力，临时联合调查组确认了李富斌多种形式的科研不端行为，其中最主要的是两个方面的问题。首先，李富斌在多篇论文中逐句剽窃他人的作品。调查组在仔细审查了相关材料后发现，李富斌在淮北煤炭师范学院工作期间发表在国际期刊上的论文并没有自己原创性的贡献，而是将国外作者已发表论文的题目进行更换后重新投稿并发表，以此骗取相应的荣誉。他将土耳其安卡拉大学爱丁和爱马尔教授的论文名称"欧几里得超对称与相对论二体系统"更改为"标量粒子和旋量粒子的非相对论超对称二体方程"后发表于《瑞士物理学报》上，又将马默、赛缪尔等人的论文标题"经典相对论粒子非相互作用定理与格拉斯曼内坐标"改为"在直接相互作用中 N 个相对论粒子的非相互作用定理的证明"后提交给美国《数学物理杂志》并得以发表。此外他于 1990 年发表在加拿大《物理杂志》上的关于量子色动力学的另一篇论文也是全文抄袭了安卡拉大学工程物理系爱丁和爱马尔教授的文章。两位学者曾就此事致函中国矿

① 谢联辉．1993-02-03．对科学骗子发现一个处理一个．人民日报，第 3 版．

业大学，学校在收到爱丁和艾马尔教授的信后，曾安排数理系主任与其进行谈话，其为逃脱剽窃的罪责，又将这两位作者发表的另一篇文章与原文进行了剪贴拼凑，并称自己的文章在文字内容、公式推导及文献应用等方面均与土耳其作者的原文不同，以表明他没有抄袭行为①。

其次，李富斌在职称评定和基金申请过程中存在提供虚假个人信息的行为。在1991年申报国家自然科学基金时，李富斌提供了一份长达51篇的科研论文发表目录对其科研能力进行证明，其中英文论文25篇，中文26篇。然而调查组调查发现，其所列的25篇英文论文中，已发表的仅6篇，包括上述3篇已查证属于剽窃的论文。其余的19篇文章，有的已明确被杂志社拒稿，有的是他根据自己的“估计”编造了发表的卷期号。而其所列的26篇中文文献中，有6篇已分别被收进全国第六届非平衡态统计物理学术会议论文集和第三届全国电介质物理学术会议论文集中的说法没有任何证据支撑①。调查组还发现，1992年李富斌在申报副教授时所用材料中也包含伪造的材料，他在申报表中称《自然科学文献检索》一书是他的专著，但实际的调查表明，该书仅是一本编著，且他在25名编委中列在第十一位，而这些情况他并没有清楚地给予说明②。

针对临时联合调查组的调查结果，1992年1月13日，国家自然科学基金委员会在中国矿业大学的会议上宣布，撤销李富斌承担的国家自然科学基金项目，并无限期取消其申请国家自然科学基金的资格。中国矿业大学副校长黄志正宣布了该校对李富斌问题的处理决定，对李富斌的剽窃一事向全校公开揭露，给予李富斌“开除留用察看”的行政处分，取消李富斌申报教师高级职务的资格，调离教师岗位，安排其他工作。作为中国矿业大学管理部门的中国统配煤矿总公司同时决定，向全煤炭系统的高等学校和科研设计部门通报李富斌剽窃、作假事件，转发临时联合调查组的调查报告、国家自然科学基金委员会的公告和中国矿业大学的决定，同时在系统内开展有关科学研究职业道德的教育活动，要求各级领导、全体师生和科技工作者从李富斌事件中吸取深刻教训，加强科研道德修养③。

① 卞文山．1993．李富斌剽窃他人科研成果事件的调查报告．中国科学基金，(2)：131．

② 黄安文，王友恭．2004．史笔记科学——科学时报45年作品选．北京：世界知识出版社：34．

③ 谢宁．1993-02-03．李福斌剽窃成果被严肃处理．科技日报，第1版．

三、李富斌事件所引起的反响

作为我国第一起公开披露和处理的科研不端事件，李富斌伪造个人信息和剽窃论文的行为引起了国内科技界和媒体的广泛关注。除宋健对李富斌事件进行批示，认为其行为是一种犯罪行为并主张应给予严惩外，时任国家自然科学基金委员会副主任的陈佳洱也表示，李富斌的行为构成了侵权犯罪。而当时的中国统配煤矿总公司教育局局长鲍恩荣则认为，李富斌的行为玷污了教师的光荣称号，损害了我国科技界的国际声誉，给我国造成了极其恶劣的影响，而他的行为也是一种犯法行为[①]。何祚庥指出："科技界也有假冒伪劣商品，这也许是在商品经济社会里所必然出现的现象，并不值得大惊小怪，但是，更重要的是要发扬严肃、严格、严密的学风，讲求科学道德，普遍提高对科技界里出现的假冒伪劣产品的识别能力。"[①]中国科学院学部委员王世真认为，我国报刊对这类"假冒货"揭批的不力，其阻力一是碍于情面，二是怕受打击报复，而这是此类事件发生的主要原因之一[②]。中国科学院学部委员张存浩针对李富斌事件指出，我国知识界一向以"富贵不能淫，贫贱不能移"作为道德规范和人格操守；中国科学界要肩负起历史赋予的神圣使命，必须旗帜鲜明地提倡科学道德，反对弄虚作假的行为[③]。部分学者还给出了防范和治理科研不端行为的建议，时任中国矿业大学校长的彭世济在李富斌事件之后呼吁"制定'反科技成果及论文剽窃'的有关法规，使一切诚实的劳动者受到保护，使剽窃者能受到谴责以外的法律制裁"[①]。中国科学院学部委员邹承鲁则认为应该加强对青年科研人员的科研道德教育，提高他们对科研规范的了解[③]。此外，多家权威媒体也对李富斌事件进行了连续的报道和评论。1993 年 1 月 13 日的《中国科学报》在"一起中外科学界极其罕见的剽窃论文事件"的通栏标题下公开了《瑞士物理学报》和《数学物理杂志》的声明、郝柏林给编辑部的来信和何祚庥的评论性文章《科技界也要打假》，

---

① 芫茗. 1993. 李富斌事件始末. 现代物理知识，(3)：34，35.

② 姚眉. 1993-03-15. 科学界打假. 新闻出版报，第 2 版.

③ 张存浩. 1993-01-14. 应该旗帜鲜明地维护科学道德. 科技日报，第 11 版.

同时将李富斌所发表的文章和原文的对照件一并公开，从而使读者很容易进行比较和判断（图 19-1）。在编者按中，《中国科学报》指出，李富斌事件对科技界和教育界都具有普遍的教育意义，希望科技界及其主管部门对此事能有所反应。随着对李富斌处理决定的公开，各权威媒体也对此事进行了持续的关注，《科技日报》指出这是我国自实行科学基金制度以来，所发生的第一起因科学道德问题而进行严厉处罚的事件。《人民日报》以"对科学骗子发现一个处理一个"为题对事件的经过和处理结果进行了报道，《光明日报》也刊登了《剽窃科研成果者戒》的专题性文章。

中国科学报

一起中外科学界极其罕见的剽窃论文事件

学部委员郝柏林给本报的来信

科技界也要打假

图 19-1 《中国科学报》对李富斌事件的报道

四、李富斌事件的反思

1. 倡导科学精神，加强科研工作者自身的修养

长期以来，人们一直坚信科学研究是一个严密的逻辑推理体系，尊重客观规律是科学家工作态度的精髓。而科学界一直拥有自律的传统，美国社会学家默顿所归纳的普遍性、公有性、无私利性及有条理的怀疑主义就是对科学界自律准则最好的总结和诠释。正是对这些规范的遵守及内化才形成了科学家们的内在品质和超我意识，从而确保科学“扩充正确无误知识”的目标得以实现。然而进入了大科学时代以后，科学活动逐渐由少数科研工作者对世界纯粹的好奇和探索演变成为提供生存保障的职业化选择。科学研究逐渐与名望和利益交织在一起，科研成果成为科研工作者获得科研资源的基础，人们的研究旨趣不再仅仅是从学术活动中获得精神性的满足，而更多的是追求个体丰厚的经济回报、可靠的工作保障、良好的职业前景以及社会地位和声誉，正是这种工具化和功利化的目的使得部分科研人员走上了科研不端的道路。正如李富斌在《科技日报》上的反思性文章中所指出的，“强烈的功利主义和名利欲望使自己在为目的而努力的过程中不择手段和不计后果，极度膨胀的个人主义和利己思想使自己在面临各种考验、抉择时，常发生错误判断和导向，使自己走向一个又一个泥潭”①。因此，在科研活动职业化的现实情境中，科研人员加强对科学精神的了解和内化，克服科研活动中的各种诱惑是研究工作得以正常开展的基础，只有拥有追求真理的献身精神，不断提升自己的科研道德修养，时刻保持与个人欲望的适度疏离，才能保证科学研究过程的严谨性和可靠性。

2. 加强科研道德教育，以教育推动科研诚信建设

作为我国首例公开披露的科研不端事件，李富斌事件的发生也反映出我

① 坎迪．1993．周末版选萃．北京：中国物资出版社：90.

国现有教育体系的不足和科研道德教育的缺失。从成长经历来看，李富斌学习期间成绩优良，16 岁就考取了兰州大学现代物理系，然而，正是这个传统视野中的优秀学生在中国科学院兰州近代物理研究所工作期间，伪造研究所负责人等的签名冒领各种物资达 40 多次。而在淮北煤炭师范学院工作期间，仅 1988～1989 年的时间里，李富斌就从图书馆 200 多册书刊中裁下 45 322 页文献据为已有。在其行为受到指控后，他一方面称其盗窃行为是为了科研的需要，另一方面则指责学校摧残人才①。直到其剽窃行为被最终揭露，他才对自身的错误有了较为深刻的认识，这不得不引起我们对现有教育的反思。不可否认的是，在相当长的时期内，我国的教育是以知识传授型教育为主，围绕知识的接受和考察来构建整个教学体系的。对教育结果的评价也主要强调学业成绩及其甄别、选拔的功能，“好学生”的标准一般都与对知识的识记和掌握的熟练程度息息相关，而科学精神、科学态度及思想道德教育则一直处于边缘化状态，从而使得很多学生片面关注专业知识和专业技能的学习，对科研道德的重要性没有足够的认识，对科研活动规范的了解十分匮乏，道德敏感性和推理能力严重不足。因此，良好的科研道德教育是保证科学研究质量的应有之义。在具体的实践中，我们要进一步强调道德教育在科技人员职业生涯中的重要作用，在统一的框架下逐步建立科研道德课程体系，同时加强课程体系实施效果的评估和研究，从而使得科研诚信教育能够真正发挥其在维护良好科研行为方面的功效。

（撰稿人　胡剑）

---

① 卞文山．1992．李富斌剽窃他人科研成果事件的调查报告．中国科学基金，(2)：131.

第二十章　李连生伪造剽窃事件

>>>>>

2011 年 1 月 30 日，国家科技部发布公告称，2005 年国家科技进步奖二等奖获奖项目“涡旋压缩机设计制造关键技术研究及系列产品开发”的推荐材料中存在代表著作严重抄袭和经济效益数据不实的问题，因此撤销该项目所获得的国家科技进步奖二等奖奖项，同时收回奖励证书、追回奖金。由于这是我国第一起因科研不端行为而被撤销的国家级奖励，所以，科技部的决定引起了媒体和学术界的广泛关注，该项目主要负责人李连生伪造剽窃事件的详情也逐渐明朗。虽然科技部的通告标志着我国对科研不端行为的关注和惩处力度进一步加大，但是整个事件的举报、调查和处理过程还是需要学术界进行更多的回顾和反思。

一、李连生事件的缘起

在伪造剽窃事件曝光前，李连生的学术生涯可谓一帆风顺。他于 1992 年获得西安交通大学化工机械与设备专业硕士学位并留校任教，1995 年获制冷及低温工程专业博士学位，1998 年破格晋升为教授，1999 年即被聘为博士生导师，并作为访问学者到英国城市大学学习。回国后又任流体机械及压缩机国家工程研究中心副主任、中国机械工程学会流体工程学会常务理事等职，并受聘教育部“长江学者”，获陕西省优秀留学回国人员称号，享受国务院政府津贴[1]，这时的李连生俨然是一个为各种光环所笼罩的成功学者。

然而到了 2007 年年底，李连生的学术成果开始受到同行的质疑。这一年的 12 月，曾任陕西省科学技术委员会副主任的西安交通大学能动学院退休教授杨绍侃了解到一条获奖信息，李连生等人所完成的项目“往复式压缩机理论及其系统的理论研究、关键技术及系列产品开发”获教育部科学技术进步奖一等奖。这不禁引起了杨绍侃教授的关注，因为他长期从事压缩机的研究，对该研究领域的现状及李连生的学术背景极为熟悉，李连生的学士、硕士和博士学位均在西安交通大学获得，在其学术生涯期间一直从事的是涡旋压缩机领域的研究，并没有涉足过往复式压缩机领域，因此杨绍侃对其突然获得教育部科学技术进步奖一等奖感到较为惊讶。随后，他向学校的有关领导反映了这一情况，学校立刻从科研处调出李连生的获奖申报材料，同时请来陈永江、郁永章、冯全科等几位压缩机领域的资深专家对申报材料进行仔细的审阅。经过审阅，几位专家发现李连生等人提出的主要理论和技术成果均为前人所提出的，并没有多少先进性可言。由于没有理论创新及相关的技术成果和应用作为支撑，为能在最终的评审中获奖，李连生等人大量地综合其他单位已有的技术及其产品。为防止这些单位和个人日后发现造成麻烦，李连生还将其剽窃的单位和个人均列入报奖名单，从而将这些技术和产品伪饰成他们与这些单位合作开发的成果[2]。

二、李连生事件的举报和调查过程

李连生的做法让几位专家异常愤怒，他们随即对“往复式压缩机及其系统的理论研究、关键技术及系列产品开发”获奖项目进行了口头举报，随后又在学校的要求下进行了实名书面举报。在举报材料中，几位专家认为在李连生等人的报奖申请中存在造假、侵占他人学术成果进行拼凑和包装等严重科研不端行为。例如，在申报书中李连生声称“研究提出了耦合的往复式压缩机热动力计算软件和曲轴、气缸等零部件强度的有限元计算软件”。然而经

① 百度百科“李连生”词条 . http：//baike. baidu. com/view/198115. htm [2011-05-20].

② 陈永江 . 2009. 李连生骗取一等奖的第 1、2、3、4 个证据 . http：//blog. sciencenet. cn/home. php? mod=space & uid=226527&do=blog&id=224146&from=space [2011-05-20].

几位专家确认，申报书中所提到的软件及有限元分析法仅仅是现代工程中极其普通的设计计算方法，业界早有自编软件或选用商用软件进行这类计算的先例，而李连生把这种工作称为“奠定了现代压缩机理论分析和工程设计的基础”有明显夸大的嫌疑。同时李连生在申报书中把其他单位和个人的多项成果综合进报奖项目，如他把沈阳气体压缩机厂 1985 年从德国公司（Borxig）购进并经改进消化的 4M50、4M80 系列氢气压缩机作为申报的主要技术成果和经济效益的依据，同时把沈阳气体压缩机厂列为第四完成单位，将沈阳气体压缩机厂参与该项目的孟文惠列为申报书的第七完成人。而实际情况是沈阳气体压缩机厂经过对该机器的国产化、大型化改进后已在 1995 年和 2000 年分别获得国家科学技术进步奖三等奖和中国石化总公司科学技术进步奖二等奖。此外，李连生还把合肥通用机械研究院研制的两种舰船用螺杆——活塞串联高压空气压缩机作为报奖内容，称该压缩机产品也是他提出的压缩机理论研究成果和关键技术成果应用的结果，实际上李连生等人只是对合肥通用机械研究院 20 世纪 90 年代所开发技术的表述进行了更改，并没有真正开发出相应的技术。而申报书中所列举的四项已授权的“关于压缩机气阀成果”的实用新型专利则是广西大学潘树林教授申请并获得的，与李连生及其合作者没有任何关系。此外，申报书还将四川华西通用机器公司研制成功的压缩机型号和结构布局方案作为其新开发的 6M32 机型的核心技术之一，把 1966 年就由一机部通用机械研究所与上海压缩机厂联合研制成功，由上海压缩机厂和太原重型厂制造并已广泛使用的整体机身铸造技术作为新近开发成功的技术①。同时，这一需要由诸多单位通过严谨的策划、分工和协作，以及周密的组织才能进行和完成的大型研究项目，却没有相应的主导单位和个人，任务的策划、分工、协作记录，检查与总结记录也同样缺失。

六位专家的举报引起了西安交通大学的重视。2008 年 3 月 27 日，学校举行了学术委员会会议，由举报双方分别对相关问题进行陈述和说明，经学术委员会表决后，正式决定致函教育部撤回李连生申报科学技术进步奖一等奖的项目。但事情还远未结束，2008 年 7 月，六位专家又对李连生所获陕西省科学技术进步奖一等奖和国家科学技术进步奖二等奖的主要成果“涡旋式

① 陈永江 . 2009. 李连生骗取一等奖的第 1、2、3、4 个证据 . http：//blog. sciencenet. cn/home. php? mod=space &uid=226527&do=blog&id=224146&from=space [2011-05-20].

空调压缩机系列化产品研制与试验”进行举报，指出该项目的申报材料中也存在多处不实之处。1998年，李连生等人经陕西省计划委员会的立项成立了泰德压缩机公司，主要从事已掌握“核心技术”的涡旋压缩机的开发试制，公司由陕西省政府组织陕西华山化工集团有限公司、陕西省高技术产业开发投资有限公司、陕西三金科工贸有限公司出资2800万元设立，其中西安交通大学国家工程中心技术成果折价400万元以无形资产入股。项目实施期间，由于试制的产品有严重的性能缺陷，一直无法打入市场推广应用。2002～2005年，泰德压缩机公司连年亏损，最低年亏损273万元，最高年亏损528万元。2005年年底泰德压缩机公司被迫改组，西安正衡资产评估有限公司提供的评估报告显示，2005年11月30日，泰德压缩机公司的净资产为868.50万元，其中作为无形资产的专有技术“涡旋式空调压缩机”和“旋叶式汽车空调压缩机”的设计和生产工艺“因技术设计和规模原因均已停产，故按零值评估”，泰德压缩机公司的重组标志着这一陕西省重大产业化项目就此寿终正寝①。

虽然项目的产业化并未取得预期的成功，但2001年李连生却以此为基础申报了教育部“长江学者奖励计划”。该计划是由教育部和李嘉诚基金会为落实科教兴国战略，延揽海内外中青年学界精英，培养造就高水平学科带头人而共同启动实施的。虽然该计划拥有较为严格的评审程序和标准，但李连生仍以为陕西省涡旋压缩机产业化所做出的“重大贡献”而顺利成为“长江学者”。2003年李连生等人又对该项目进行进一步包装，推出“涡旋压缩机设计、制造关键技术研究及系列产品开发”报奖项目，申报并且获得了陕西省科学技术进步奖一等奖，2005年，又经陕西省科学技术委员会推荐，申报并获得了国家科学技术进步奖二等奖。然而，经调查确认，上述获奖项目的经济效益证明都存在严重不实的问题，在陕西省科学技术进步奖一等奖的申报材料中，泰德压缩机公司的经济效益证明明确写到，2003年获经济效益4000多万元。而西安另一家压缩机公司也出具了2003年实现的300多万元的涡旋空气压缩机产值证明，此外志高空调公司也出具了销售空调器的数千万元的产值及经济效益证明②。而在国家科学技术进步奖二等奖的申报中，由于对技术创新和经济效益的要求

① 雷宁，叶铁桥，孙海华．2009-07-24．西安交大六教授联合举报长江学者造假．中国青年报，第11版．

② 陈永江．2009．对西安交大长江学者李连生及束鹏程多项省部与国家级科技大奖造假的举报．http://blog.sciencenet.cn/home.php?mod=space&uid=226527&do=blog&id=221631&from=space [2011-05-20].

更高，所以据六位专家推断，李连生等所出具的效益证明不会少于 1.6 亿元，这其中到底有多少虚报的成分也就没人清楚了[①]。

随着对李连生其他科研不端行为的调查与核实，2009 年 4 月，西安交通大学决定免去其流体机械及压缩机国家工程研究中心副主任职务。2009 年 12 月，针对李连生相关科研不端行为，西安交通大学学位委员会决定免除其博士生导师资格。2010 年 3 月 5 日和 3 月 20 日，该校在此前开展的一系列工作基础上，两度召开“六位教授举报李连生学术造假问题”的专题会议，提出对其严重的科研不端行为进行严肃处理的初步意见。3 月 22 日在学校专业技术职务聘任委员会和校党政联席会议上，该校根据《西安交通大学学术行为规范及违规处理办法》、《西安交通大学全员聘用制度实施暂行办法》的相关规定，鉴于李连生严重的科研不端行为，决定取消其教授职务，并解除其教师聘用合同[②]。2011 年 1 月 30 日，国家科技部发布通报称，经调查核实，“涡旋压缩机设计制造关键技术研究及系列产品开发”的推荐材料中存在代表著作严重抄袭和经济效益数据不实的问题。根据《国家科学技术奖励条例》第二十一条及《国家科学技术奖励条例实施细则》第九十二条的规定，经国家科学技术奖励委员会审核同意，并经国务院批准，国家科技部决定撤销该项目所获的国家科学技术进步奖二等奖，收回获奖证书，追回奖金[③]。

三、李连生事件的影响

该事件历时较长，举报、调查及处理的过程一波三折，因此引起了国内、国际媒体及科学界的广泛关注。《中国青年报》自 2009 年开始率先对该事件进行独家报道，并对整个事件的调查和处理进行了持续的关注，其间采访数

---

① 陈永江. 2009. 对西安交大长江学者李连生及束鹏程多项省部与国家级科技大奖造假的举报. http://blog.sciencenet.cn/home.php? mod=space&uid=226527&do=blog&id=221631&from=space [2011-05-20].

② 西安交通大学. 学校取消李连生教授职务解除其教师聘用合同. http://xjtunews.xjtu.edu.cn/zhxw/2010-03/1269152023d26158.shtml [2010-03-21].

③ 中华人民共和国科学技术部. 关于撤销涡旋压缩机设计制造关键技术研究及系列产品开发项目国家科学技术进步奖二等奖的决定 http://www.most.gov.cn/tztg/201102/t20110201_84647.htm [2011-02-01].

十人，发表事件性报道、综述、分析、评论约15篇次。《人民日报》也从2010年年初开始对此事件进行关注，期间曾刊发《"长江学者"涉嫌造假西安交大摘下其博导帽》、《西安交大解聘造假教授李连生》等多篇报道。2010年3月20日，中央电视台《焦点访谈》栏目以"没有结果的'学术成果'"为题报道了此事。随着国家科技部撤销了李连生等人的国家科学技术进步奖二等奖，国外权威的学术媒体也对这一事件进行了披露和分析。《科学》杂志以"中国科技奖励因造假被撤销"为题对该事件进行了报道，文章简要回顾了李连生事件的举报处理经过，同时认为这是中国对科研不端行为进行严厉打击的信号[①]。《自然》杂志则撰文指出，作为国内最有影响力的国家级科技奖励，李连生获奖的撤销虽标志着国家在打击科研不端方面迈出了积极的步伐，但这也并不意味着获奖者今后将受到更加严格的审查。文章引用部分学者的观点，认为该事件最后得到这样的结果是由于六名举报者近四年的持续努力及各大媒体尤其是中央电视台《焦点访谈》节目的介入和报道有关，仍有部分科研不端行为的举报没有得到应有的关注和处理，也有学者认为国家科技部撤销李连生获奖的行为是改善中国学术诚信的一个新起点，但是中国反对科研不端还有很长的路要走[②]。

四、李连生事件的反思

1. 逐步建立举报人信息披露和保护机制

科研不端行为的公开披露对于科研事业的健康发展及确保负责任的研究行为都具有重要的意义，但如果没有良好的保护机制则会使举报人及相关证人受到敌视和报复，因此，科研人员举报科研不端行为的意愿与政府和研究机构在举报发生后所能提供的保护和应对措施是息息相关的。国外的相关做

---

① Hao X. Chinese Technology Prize Revoked Over Fraud. http://news.sciencemag.org/scienceinsider/2011/02/chinese-technology-prize-revoked.html?ref=hp [2011-02-14].

② Jia H, Tang F. 2011. China revokes top science award. http://www.nature.com/news/2011/110223/full/news.2011.111.html [2011-02-23].

法表明，举报人的激励和保护机制是科研不端行为治理体系的重要组成部分。许多国家在其科研不端治理政策中均对举报人的举报流程、相关权利，举报人信息的披露时间和范围作了明确的规定。部分国家还将对举报人的打击报复列入科研不端行为的范畴。此外，德国、英国等还专门设立了咨询人员和咨询机构对举报人提供技术支持，正是这些措施的实施才使得科研不端事件能够得到及时的披露和处理。李连生事件的举报、调查和处理的过程则昭示了我国目前对科研不端事件举报人保护机制的缺失。在此事件中，作为举报人的六位专家的信息从一开始就被公开。在历时三年多的举报过程中，举报人多次受到了相关利益群体的威胁和谩骂，其举报该事件的动机也曾受到各方的质疑。2009 年 5 月 26 日，陈永江、郁永章、杨绍侃三人还受到李连生的起诉，起诉理由是他们借举报“造假”为名，没有任何事实根据地污蔑原告“剽窃”，侵害了原告的名誉权，要求道歉并赔偿精神损失，这些都严重干扰了事件的举报和处理的进程，也给举报人带来了极为不利的影响，如果事件的举报人不是压缩机领域内资深的专家，其职业生涯和科研前途可能都会受到较大的影响。因此，举报人保护机制的缺失将严重影响我国科研不端行为治理的进程。政府应逐渐加强对举报人的个人信息及举报损失等方面进行保护的法律或规范建设，建立严格规范的举报人信息处理机制，注重对举报流程等环节的管理，严格控制举报人信息的知悉范围，同时设立专门机构来处理举报人所反映的举报后遭受不公正待遇的情况，通过公开听证的形式做出裁决，还应保障听证结果具有强制力和约束性，促使相关部门必须执行，以保障举报人的合法利益。

2. 建立以科学界为主导的科研不端行为披露和处理机制

一个不容忽视的事实是，我国目前还没有建立起像美国那样规范和透明的科研不端行为公布和处理机制，而在科研不端行为的举报双方地位的差异以及利益的冲突等情况下，举报人往往通过网络或媒体等披露相关事件，事件的调查和处理过程很多时候也处于媒体的监督和推动之下。不可否认，媒体的适当介入有利于形成科研不端行为的处理环境，促进公众了解科学界针对科研不端行为所开展的相关工作和所付出的努力，如在李连生事件中，传统的平面媒体、电视媒体及新兴的网络媒体都对李连生事件给予了持续的关注和报道，从而对事件的最终处理起到了一定的促进作用。但是，媒体对科研不端行为的介入和关注还存在诸多问题。首先，科研不端行为是一个历史性和开放性的概念，不同时期对科研不端的界定也应有所不同。我国原有的学术传统与西方相比具有一定的差异，因此在学术研究范式转型的过程中，科研不端行为的界定可能更多地取决于事件所发生的具体情境。前一段时间媒体所披露的汪晖事件和朱学勤事件就涉及 20 世纪 80 年代学术标准的问题，从而引发了广泛的争议。媒体在事件未有明确结果之前过多介入和渲染不仅消解了科研不端行为定义的历史性，还会在公众中形成科学界不端行为普遍存在的思维定式，从而对整个科研活动的声誉造成极大的影响。其次，媒体对科研不端事件的报道还受到专业知识壁垒的限制。在我国，媒体记者可能更多地拥有人文社科领域的教育背景，面对自然科学领域内的科研不端行为，记者很难做出专业性的判断，因此在报道过程中难免会造成取舍和误读，从而对公众舆论产生误导，给整个科研不端事件的调查和处理带来较大的影响。因此，如何发挥现有监督和管理机构的职能，建立起以学术界为主导的科研不端行为的处理程序，由科学共同体按照既定的规范对科研不端行为进行规范的评判、问询、调查和处理，将是科研活动得以健康发展的重要保证。

（撰稿人　胡剑）

附　录

>>>>>

美国关于科研不端行为的联邦政策

1. 科研不端行为的定义

科研不端行为是指在建议、实施或评议研究以及报告研究结果时发生的伪造、篡改或剽窃行为。

（1）伪造是指伪造数据或结果并记录或报告它们。

（2）篡改是指伪造研究原料、设备或程序，或改变、删除数据及结果，致使研究活动在研究记录中没有得到正确的描述。

（3）剽窃是指把他人的观点、程序、结果或话语据为己有而没有给予他人适当的荣誉。

（4）科研不端行为不包括诚实错误或观点的差异。

2. 科研不端行为的认定标准

认定科研不端行为需满足以下三个条件。

（1）严重背离相关研究共同体的公认准则。

（2）科研不端行为应该是故意、有意或者不计后果地做出的。

（3）举报应当通过优势证据证明。

3. 政府部门和研究机构的职责

政府部门和研究机构应是拥有各自职责的合作者。政府部门对其资助的研究拥有最终的审查权。研究机构则负责科研不端行为的发现和预防的首要责任，同时需对本单位的科研不端行为的指控进行问询，调查和裁决。

政府部门的政策和程序：政府部门内部和外部的项目均需符合本政策规定。

政府部门对研究机构的转介：在绝大多数情况下，政府部门将依靠研究者所在的科研机构对科研不端问题的指控做出回应。政府部门通常会将直接的指控转介到合适的科研机构。然而，在任何情况下，政府部门都有权启动自己的问询及调查。政府部门不进行转介的情形将包括但不限于以下情况：政府部门认为科研机构还没有作好依据本政策处理相关指控的情况；相关部门需要保护公共利益，包括公众的健康和安全；指控所涉及的科研实体规模太小以至于无法独立开展调查活动。

（1）科研不端的指控的处理环节：问询——评估科研不端行为是否发生以及是否需要开展调查；调查——对数据记录进行检查以确定是否需要终止，或者确认科研不端行为切实发生或采取其他补救措施；裁决——本阶段将审查相关建议并确定适当的纠正措施。

（2）政府部门的后续工作：在对调查结果进行审议后，机构的相关建议将呈交给该机构的审理官员。如有必要，政府部门可以对机构所采取的补救措施进行进一步的审核和调查。审议完成后，政府部门将依据相关的法律、法规以及政策采取适当的行政措施。对政府部门的科研不端认定以及所采取的行政措施如有疑问可以依据该部门的适用程序提起上诉。

（3）主要环节：裁决分为问询和调查两个环节，上诉也同样需要经过这两个环节。

（4）机构告知制度：在出现以下两种情况时，科研机构需告知对项目给予资助的相关部门。①指控涉及联邦所资助的研究（或是申请联邦资助的申请），并符合联邦政府关于科研不端行为的界定。②如果科研机构针对指控的问询表明有足够的证据启动正式调查的案例。当调查结束时，研究机构需要将证据记录、调查报告、机构审理官员提出的建议以及相关主体对于建议的书面回应（如有的话）的副本提交给相关部门。当科研机构整个评审阶段结束后，还需提交机构审理官员的决定以及已采取或拟采取的补救措施。

（5）其他需要告知的情况：在问询和调查期间，如有下列情况，科研机构需随时告知相关部门：公众的健康或安全受到威胁；政府部门的资源或利益受到威胁；研究活动应该被终止；有合理的迹象表明可能违反民事或刑事法律；需要联邦政府采取措施以保护被调查主体的利益；科研机构相信问询或调查可能会过早地公开，因此需要采取适当措施保护证据以及当事者的权利；研究群体或公众应该被告知的情形。

（6）涉及多个政府部门：当对科研不端行为的指控涉及多个部门时，应指定一个主导部门协调应对科研不端行为的指控。每个部门都可依照适当的法律、法规、政策以及合同程序采取相应的行政措施。

4. 程序的公正性和及时性指南

以下指南主要为政府部门和科研机构开发出公正及时的应对科研不端行为指控程序提供帮助，其目的是为被举报人和举报人提供保护。公正及时的程序包含以下五个方面的内容。

（1）举报人保护：对举报人的保护可以使他们确信出于良好的目的提出科研不端行为的指控以引起有关方面的注意或在问询或调查阶段作为指控方而不会遭到报复。保护包括使出于良好目的提出科研不端指控的举报人免遭报复，公正而客观的检查和解决科研不端指控的程序，保护那些出于善意的举报人的职位和名誉不受侵犯的努力。

（2）被举报人保护：被举报人的保护可以使他们确信自己的权利不受侵犯以及那些仅作备案的指控不会导致他们的研究中断或在没有其他令人信服的理由的情况下受到其他的惩罚或不良的影响。其他保护包括及时书面通知受到指控的研究人员，对这些指控的描述，合理地了解支撑指控的数据和证据以及对于指控、证据和结果进行回应的权利。

（3）客观性和专业性：为确保整个过程各环节的公正，审查指控和进行调查的人员必须具备适当的专业知识，同时不存在未解决的利益冲突。

（4）及时性：问询、调查、裁决和申诉阶段均有合理的时间限制，同时有适当的展期以增强整个过程处于良好管理的信心。

（5）问询、调查和决策过程中的保密：为尽可能做到公平合理地调查并确保在法律许可的范围内，举报人和被举报人的信息必须被控制在确需知道的人的范围内。由各部门在处理科研不端行为指控过程中所保存的记录依照信息自由法及在相应的法律法规允许的范围内不需要进行披露。

5. 政府部门的行政处罚措施

（1）不端的严重程度：在确定采用适当的行政处罚措施时，政府部门需考虑科研不端行为的严重程度，包括但不仅限于不端行为的故意、有意及不计后果的程度，仅仅是孤立的事件还是某一类事件的组成部分，是否对研究记录、研究主体、其他研究人员、科研机构或者公共福利有重大影响。

（2）可能的行政处罚措施：适用的行政处罚措施包括但不仅限于采取适当的步骤更正研究记录，谴责信，强制加以特别的认证或保证要求以确保法规或条例得以遵守，按照政府部门关于中止或排除的规范进行中止或排除。在中止或排除的案例中，信息将通过美国总务管理局（GSA）相应的项目排除清单进行公布。至于政府雇员所应承担的行政职责，各政府部门需遵守相关的联邦人事政策和法律。

（3）存在刑事和民事欺诈的案例：如果资助部门认为存在着刑事或民事欺诈，需将案例提交美国司法部、部门的监察长办公室，或其他适当的调查机构。

6. 其他组织的职责

本联邦政策不限制权威科研机构或其他组织颁布附加的科研不端政策、指南以及更为具体的伦理准则。

英国研究理事会关于良好研究行为管理的政策规范

英国研究理事会（RCUK）

（2009 年）

（摘译）

第二节
良好研究行为准则

1. 背景

该准则关涉到所有从事研究工作的人员，各类研究主体，研究入门者以及其他人员，包括研究者、研究所支持的人员、学生、研究管理者和行政人员。

所有人员都希望维护最高标准的科研诚信，并将良好的科研实践贯穿到他们研究工作的各个方面，包括对青年科研人员的培训。他们必须诚实和公开地进行科研活动并对其他科研人员的行为做出回应。

不恰当行为的范围非常广泛，从偶尔和不经意的微小的不规范行为到显著的挪用或伪造行为。其他不良的行为通常也是雇主所要考虑的问题，包括不规范的程序，数据记录的不足都将损害科研活动中的诚信，但是也许这些需要进一步的培训而不是采取惩罚措施。

本规范主要关注完全不能接受的科研行为。研究人员不能从事本规范所规定的任何科研不端行为。

2. 不能接受的研究行为

科研人员所在的机构需要对这类指控进行调查，经过确证的案例需告知研究资助机构。

不能接受的研究行为包括以下六项内容。

（1）伪造，包括编造错误数据和研究中的其他行为，如编造研究文档和研究人员同意书。

（2）篡改，包括不恰当的修改或主观取舍数据、图表或其他内容。

（3）剽窃，包括通常所规定的挪用或未经授权使用他人的观点、知识产权或作品（书面的或其他的）。

（4）失实的陈述包括以下五个方面。①对于数据的失实陈述，如隐瞒相关的数据发现，或者故意提出一个有缺陷的数据解释。②未提交出版物的副本，包括重复提交未公开发表的手稿。③对利益的失实陈述，包括未公开研究者或研究资助者的物质利益。④对资格或经历的失实陈述，包括对不具备的资格或经历的表述或暗示。⑤对所从事研究的失实陈述，包括对于作者署名权，没有切实贡献的工作所作的不当表述，或者未将对研究工作做出切实贡献的人列入作者的行为。

（5）管理不善或者对数据或原始资料的不当保存包括以下五个方面。①未能保存研究过程及所获研究结果的清晰而准确的记录，包括中期结果。②未能以书面或电子文档的形式安全地保存记录。③未能在研究结束后的合理期限内将相关的原始数据和证据向他人开放；数据通常应保存和使用 10 年时间，但对临床和重大的社会项目，对环境或人类文化遗产具有重要意义的数据应保存 20 年甚至更长的时间。④未能依照研究资助机构的数据保存政策和相关法律保存数据。⑤如果有可能，将数据永久保存在国家统一的档案机构中。适当管理、保存数据和原始资料的职责由研究者和研究组织分担。

（6）违反审慎的职责，包括以下方面的故意、蓄意或重大疏忽。①未经同意不恰当地披露研究者个人或研究组织的信息，或其他违反保密规定的行为。②未经同意或虽经同意在没有任何防护措施的情况下，将相关研究人员置于危险的境地，包括研究者，研究的参与者或相关人员，这包括可以预见的声誉损害。③未采取一切合理和谨慎的措施使研究的风险及危险，参与群体以及研究的组织者均被参与研究的人员或其法律代表所知晓，以确保知情同意的适当性、明确性和透明性。④在研究动物保护，人类器官或组织的使用以及环境保护方面未能遵守法律或合理的道德要求或义务。⑤对研究建议或研究结果进行同行评议中的不恰当行为（包括待发表的手稿），包括未能披露相关的利益冲突，有限能力的披露不充分，挪用材料的相关内容，违反保密规定或同行评议的材料的行为。

第三节
对不能接受的科研行为进行报告和调查的指南

英国研究理事会认为，各科研组织报告和调查不能接受科研行为的程序需符合其内部的要求。在许多情况下，科研组织需要遵守其内部要求，以及其他关于人事和纪律处分的程序。

对于还没有类似程序或需要对这些程序进行修订的研究组织而言，研究理事会已注意到英国科研诚信办公室于 2008 年颁布的“科研不端行为调查程序”。但是研究理事会的要求将不会像科研诚信办公室的政策范本那样详细。两种途径并没有多少一致性，研究理事会建议对科研诚信办公室的详细程序的考虑和使用都是恰当的。此外，随着国际合作研究的发展，科研机构也应遵守由经济合作组织（OECD）全球科学论坛所制定的“对国际合作项目中科研不端行为指控的调查”指南。

相关程序需要包含以下要求。

1. 非正式问询

在做出有充分证据证明需要开展正式调查的结论以前，初步的非正式调查程序是必要的且需要在机构的正式程序中进行规定。这可以确保在第一阶段对一项指控是否包含足够的证据以开展正式调查做出一个快速的判断，这应该尽可能在 10 个工作日内完成。

研究机构中的资深人员在必要时需征求 1～2 名与指控方和被指控方明显没有关系的同事的意见。

在发现个人行为明确的证据之前，谨慎的调查是十分必要的。

在指控未被接受或者人们认为他们受到误解或关键证据被忽略的情况下，这都是指控者做出回应的好机会。

在初步调查的证据表明不能接受的行为可能发生的情况下，依程序应进行更为详细的正式调查。

2. 正式调查

在这一阶段，资深负责人员可以任命一名独立的调查者对指控进行审查并作进一步的质询。

调查者应该由具有足够的科研方面的知识和经验，以及调查经验的人员担任。

在特别严重的案例中，可以成立一个调查小组开展调查，但这一般属于例外情形。

当开展正式调查时应告知科研不端指控所涉及的所有人员。

当被调查者从事研究理事会相关的研究时（包括作为研究理事会研究生的导师以及同行评议人员），即使其科研经费与英国研究理事会没有直接的关系，本阶段也需将案例通报给相关的研究理事会。在就研究理事会执行职责与研究机构进行沟通后，理事会保留采取适当措施的权力。

在严重的不端行为案件中，需要强调停职的问题。但是仅仅在当某人的出现会妨碍调查的进行或正在进行的调查会阻碍个人履行其职责的情况下做出。

如果某人被停职，那么与其研究有关的研究资助机构或为研究生提供资助的相关机构必须被告知。

正式调查应该尽快结束，通常不超过 4～6 个工作周。

如果指控在本阶段终止，需要提交举报人和被举报人一份清晰的声明，包括其他知晓举报的人以及需要知道调查结果的人；如果指控没有被终止或完全终止，则可能需进行正式的纪律指控。

3. 正式的纪律处分程序

这一阶段要针对个人进行指控，一般情况下需建立由三名成员组成的正式调查组对案例进行听证。

机构内任何一个独立的个人都有责任提出指控，正式调查组的职责是确定指控是否被证实以及采用何种制裁措施较为合适。

需给予遭受指控的人关于指控的详细书面材料，包括指控证据的性质，同时需有合理的时间和机会以进行回应。

后果严重的案件可能导致比较严厉的处罚（包括解雇，降级，剥夺作为研究者的权利以及职业失误的公开声明），研究者有获得专业代理人或援助的权利，包括在适当案例中的法律代理人；适当的代理权应该由雇佣机构决定。

在指控的对象是研究理事会资助的研究人员时，即使其科研经费与英国研究理事会没有直接的关系，本阶段也需将案例通报给相关的研究理事会。在就研究理事会执行职责与研究机构进行沟通后，理事会保留采取适当措施的权力。

当严重的不端行为指控可能中止或终结研究者的学术生涯时，需要考虑调查组是否有透明的外部利益代表机制。

如何开展正式调查的指南可以由多种途径获得，包括英国科研诚信办公室 2008 年的报告。

4. 问询阶段、正式调查阶段以及处罚阶段的中止程序

如果程序在任何一个阶段中止（如人员辞职）但没有做出投诉应被驳回的结论，则研究机构需要考虑投诉的严重性，支撑指控的证据强度以及对研究者未来研究生涯的影响。

对不端行为可能发生且未得到解决的严重怀疑存在时，须告知举报人同时可以要求核查相关的调查或听证的结论。

如果他们不同意已有的结论，可以告知他们未决案件的细节可以被（无偏见地）转介给未来的雇主或研究机构中对其生涯“善意”的追究者，亦可以转介给适当的监管和职业监督机构。

5. 实施制裁和处罚

针对不同类型不可接受行为的制裁指南还在进一步的制定中，将在适当的时候提交给各研究机构。

6. 对已完成制裁和处罚的报告

当严重的不端行为发生时，尤其是早有预谋的案例，需要向法定的监管机构进行报告。

同时出于公共利益的考虑，需同时向职业监督机构或科研诚信的国家咨询机构报告。该领域的指南还在进一步制定中。

马普学会关于科研不端行为认定的目录

马普学会（MPS）

（2000 年）

科研不端行为在重要的科研情境中发生，故意做出虚假的陈述或由重大过失导致他人的知识产权受到侵害，或者因其他原因致使其研究工作受到损害。

下列情况可以被视为科研不端行为。

1. 虚假陈述

（1）伪造数据。

（2）篡改数据。①只选用符合愿望的结果，剔除不符合愿望的结果；②对图表和插图进行修改。

（3）在申请信或资助申请中不正确的陈述（包括对发表论文的刊物和待发表论文的虚假陈述）。

2. 侵犯知识产权

（1）对他人受版权法保护的作品或源自他人的重要科学发现、假说、理论或研究方法的侵犯。①侵犯作者权益，擅自利用他人作品（剽窃）；②盗用他人的研究方法和思路，特别是利用专家评审的机会（思想剽窃）；③在别人论文中强求署名或合作署名，或接受别人的馈赠署名；④篡改内容；⑤未经授权将他人未发表的作品、假说理论和研究方法进行公开或让第三者知晓其内容。

（2）未经作者同意盗用其名义。

3. 妨碍他人研究工作

破坏研究工作（包括损坏、毁灭或改动实验安排、仪器、资料、硬件、软件、化学物品或他人实验所需的其他物品）。

4. 连带责任

有以下行为之一者需承担连带责任：①积极参与他人的科研不端行为；②对他人伪造数据行为知情不报；③在含有伪造数据的论文上署名；④对监督职责的严重疏忽。

最终认定需结合每个案例的具体情况而定。

马普学会关于科研不端行为可能的后果和处罚措施目录

下列科研不端行为可能的后果和处罚目录仅仅是一个初步的指南，而不是一个详尽的列举。因为没有任何两个科研不端案例是完全相同的，而对任何科研不端行为都要考虑其严重程度，所以对恰当的处理并没有一个统一的参考标准，而是需要与每一个具体案例相一致。行政管理部门，特别是个人和法律事务部可以提供相关建议。

一、劳动法方面的后果

可以预见的是，几乎所有在马普学会中发生的科研不端行为所涉及的科研人员均为其雇员。因此，首先应考虑劳动法方面的后果。

1. 警告

警告需以书面的方式给出，并计入人事档案。警告是解雇的前期阶段，只适用于科研不端行为情节较轻、不适宜解雇的案例。

2. 特别解雇

特别解雇需根据个案的具体情况，并权衡双方的利益后，在难以奢望继续保持劳动关系的情况下做出。对情节严重的科研不端行为，研究单位和受雇于该单位的雇员之间的劳动关系一般就属于这种情况。解雇通知必须在两周之内送达。期限起算日为雇主知晓科研不端行为主要事实之日。

但不是至产生怀疑之日，而是以事实确认的日期为准，一般需咨询管理负责人。

其他原因引起的特别解雇不受此规定的影响。通常情况下特别解雇的决定需在研究人员关于某行为引发的劳动法后果的咨询被接受后作出。特别是在强烈怀疑存在科研不端行为的案例中，应尽快进行这类法律咨询以确定这种基于怀疑所作出的解雇是否合适。实施这种解雇时应事先考虑到以下法律风险；那就是在某种特定情况下，法庭可能会认定两周的期限是从引发强烈质疑的状况被人知晓的这一时刻开始算起的。

3. 正式解雇

正式解雇通常受劳动法解雇期限的限制，因此其仅仅适用于现在所讨论的案例。对严重的科研不端行为一般采取特别解雇的手段，或者提前解除合同，所以在科研不端行为的处理中很少用到正式解雇的方式。

4. 双方解除合同

除了通过正式或特别解雇的手段解除劳动关系外，在特别解雇两个星期期限到来之前，亦可以考虑通过上方解除劳动合同的方式中止劳动关系。

5. 依照德国公务员法制定的雇佣合同

公务员法将高校教师等同于下萨克森州的同等职位。因此马普学会的雇佣合同类似于公务员的合同。根据下萨克森州公务员法，严重的科研不端行为可以看做是需要解雇的重要原因，因此特别中止与马普学会的雇佣合同就是合法的，而正式解雇则不在此列。

二、学术后果

取消学术学位的后果将不在马普学会的职权范围之内，主要是由授予学位的机构，一般是大学决定。他们主要关注严重的科研不端行为与获得学位有关的案例。可能的后果是取消博士学位或吊销教师资格证书。

三、民法方面的后果

科研不端行为可能要承担以下民法方面的后果。

(1) 禁止出入某些场所。

(2) 要求归还窃取的学术资料。

(3) 根据版权法、个人诚信方面的法律、专利权法和竞争法的要求消除侵权的后果和中止侵权行为。

(4) 要求返还资助的经费，包括奖学金、科研资助经费以及第三方资助经费等。

(5) 在人身伤害或财产损失的情况下，马普学会或第三方个人可以要求赔偿损失。

四、刑法方面的后果

在德国，如果怀疑科研不端行为违反《德国刑法典》或其他刑事标准，或违反治安处罚规定的情况可以考虑刑法方面的后果。检察机关只有在与机构行政管理部门进行协调的基础上才可介入。

可能的刑法方面的后果如下。

1. 侵犯个人生活领域和个人隐私

《德国刑法典》第 202 条：窃取他人私密数据。

《德国刑法典》第 204 条：窃取他人企业或商业秘密。

2. 危害他人生命或侵害他人身体

《德国刑法典》第 222 条：过失杀人。

《德国刑法典》第 223 229 条：故意或过失伤害。

3. 财产犯罪

《德国刑法典》第 242 条：偷窃。
《德国刑法典》第 246 条：贪污、侵占。
《德国刑法典》第 263 条：诈骗。
《德国刑法典》第 264 条：骗取补贴。
《德国刑法典》第 266 条：背信。

4. 伪造文书

《德国刑法典》第 267 条：伪造文书。
《德国刑法典》第 268 条：伪造技术资料。

5. 物质损失

《德国刑法典》第 303 条：物质损失。
《德国刑法典》第 303a 条：更改数据。

6. 侵犯著作权

《德国著作权法》第 106 条：未经授权使用著作权法保护的作品。

五、撤销对公众或媒体发布的科学论文或信息

由科研不端行为造成的包含错误信息的科研论文在未出版时应予以撤销，如已出版则必须进行更正。如有必要的话，需以适当的方式告知其合作者。一般而言，作者和出版者必须要履行这一职责。如果他们不采取任何措施，马普学会将采用适当的方式进行处理。

对严重的科研不端行为，马普学会将告知所有相关的研究机构和科学团体。为确保公正，马普学会将同时告知相应的职业组织。

为保护第三方的利益，维护科学的纯洁，维持科学的名誉，防止最终的损失以及维护公众的利益，马普学会将有义务告知受到科研不端行为影响的第三方并向公众进行通报。

欧洲科研诚信行为准则

欧洲科学基金会（ESF）

（2010 年）

欧洲科学基金会（ESF）和全欧科学院（ALLEA）通过组织系列研讨会而制定的本行为准则，主要提出自然、社会科学和人文学科领域中系统研究方面的适当行为，以及符合道德原则的做法。这是自我约束的规则，而不是法律的一部分。本准则不是要取代现有各国的指南或学术指南，而是代表在欧洲范围内就科研界的一系列原则和重要事项所达成的一致。

一、本行为准则

科研人员、公共和私人研究组织、大学和资助机构必须遵守和促进科学与学术研究中的诚信原则。

这些原则包括如下。

（1）诚实交流。

（2）进行可信赖的研究。

（3）客观性。

（4）公正性与独立性。

（5）开放性和可获得性。

（6）关心爱护的责任。

（7）合理列出引用文献及肯定他人的贡献，以及对未来的科学家与研究人员负责。

大学、机构和所有其他聘用科研人员的单位，以及为其科学工作提供资金的部门和组织，有责任保证树立崇尚科研诚信的风气，包括有明确的政策与程序、对科研人员的培训与指导以及健全的管理方法，确保人们了解并采用高标准，尽早发现并尽可能防止任何违规行为。

伪造、篡改和故意遗漏不理想的数据都严重违反了科研道德。剽窃违反了对其他科研人员负责任行为的规则，并间接地对科学造成危害。不能妥善处理这类不良行为的机构同样有错误。对有可信性举报都应进行调查。对轻微的过错都应给予批评和矫正。

对所有举报的调查都应符合国家法律和自然正义。调查应当公正、迅速，并做出适当的结论和实施制裁。在可能的情况下应当注意保密，在必要时采取相应的处理措施。进行的调查应当做出结论，即使被举报人已经离开本单位。

在国际合作中的合作伙伴（个人和机构）应事先同意就调查涉嫌违反科研诚信的行为进行合作，同时尊重参与者各自国家的法律和主权。在一个科学的跨国界、跨行业和跨学科程度都日益增加的世界，OECD全球科学论坛的《确保科学诚信和预防不端行为的最佳实践》可以在这方面提供有益的指导。

1. 科研诚信的原则

在介绍目标及意图、报告方法及程序以及进行阐释时要诚实。研究必须真实可信，有关交流必须合理而充分。客观性要求所有事实要能被证明，在处理数据时要透明。科研人员应当独立而无偏见，与其他科研人员和公众的沟通应当开放而诚实。所有科研人员都有对人类、动物、环境或研究对象关爱的责任。他们在提供引用文献和介绍他人研究的贡献时必须表现出公平；在指导年轻科学家和学者时，必须表现出对后代的责任感。

2. 不端行为

科研不端行为对知识构成危害。它会误导其他科研人员，而在其成为不安全药品的基础和不明智立法的依据等情况下，可能对个人或社会构成威胁；它通过破坏公众的信任，可能导致科研受到漠视或被施以不合理的限制。

科研不端行为会以各种形式出现。

（1）伪造是指杜撰结果并进行记录，好像这些结果是真实的。

（2）篡改是指操纵研究过程或改动或略去数据。

（3）剽窃是利用他人的材料而不对其贡献给予适当的认可。

（4）其他形式的不端行为包括未达到明确的伦理和法律方面要求，如不据实披露利益关系，违反保密规定，未取得知情同意，以及滥用实验对象或材料。不端行为还包括对违规行为的不当处理，如试图掩盖不端行为和报复举报人。

（5）轻微的不端行为可能不会引致正式调查，但由于其会经常出现而同样具有破坏性，所以应当由教师和导师纠正。

所采取的措施必须与不端行为的严重程度相称：一般来说必须证明不端行为是有意而为、明知故犯或罔顾后果的。证实存在问题必须基于充分的证据。科研不端行为不应当包括无意识的错误或意见的不同。威胁学生、滥用经费等违规行为和其他已受一般法律和社会惩罚的不端行为是不可接受的，但不属于“科研不端行为”，因为其不影响研究记录本身的诚信。

二、良好的科研实践

其他不能坚持良好实践的行为，如错误的研究步骤、有缺陷的数据管理等，会影响公众对科学的信任。科研界也应当认真对待这些行为。所以，处理数据的惯例是应当保存原始数据，并使同事能获得这些数据。违反研究步骤的做法包括对人类对象、动物或文化对象缺乏足够的关心，不按科学实验计划执行，未取得知情同意，以及违反保密规定，等等。索取或奉送不应享受的署名权，或拒绝应得的署名权是不可接受的。其他与出版有关的不当行为包括重复出版、把完整的论文拆分发表，或对有贡献者或赞助者致谢不够。审稿人和编辑也应当保持其独立性，申明所有利益冲突，并谨慎处理个人偏见与利害关系。不适当地声称具有署名权和不署真实姓名都属于篡改信息。编辑或审稿人窃用他人思路属于剽窃。对参与研究的人员造成痛苦或压力，或者在未取得知情同意的情况下使其面临危害，在伦理上是不可接受的。

虽然诚信原则及违反这些原则的情况具有普遍性，但关于良好实践方面的一些规定可能会受文化差异的影响，并应当成为国家或机构相关指南的一部分。这些规定不能被轻易纳入一个通用的行为准则。但全国性的良好科研实践指南都应当考虑以下几点。

（1）数据：应当将所有原始数据和二次数据以安全和易为他人存取的形式储存，对其进行整理并存档保存相当长的时间。它的存放方式应任由同行利用。应保证科研人员能够自由地与他人一起工作和谈论相关内容。

（2）程序：所有研究的设计与实施都应避免失误、草率、疏忽和漫不经心。科研人员应尽量履行在申请资助时的承诺。他们应尽可能减少对环境的影响和高效率地利用资源；应使客户或资助方了解科研人员的法律和伦理责任，以及发表成果的重要性。如有合法的要求，科研人员应尊重数据保密方面的规定。科研人员应适当地对其接受的拨款或资助负责。

（3）责任：应当以尊重和关爱的方式对待所有研究对象，包括人类、动物或无生命体。不能损害一个群体或合作者的健康、安全或福利。科研人员应当体恤自己的研究对象，不得违反关于对人类对象研究方面的规程。只有当其他方法被证明不适用后，才可以使用动物进行研究。这种研究的预期效益必须大于给动物造成的伤害或痛苦。

（4）发表：研究结果应当尽早以开放、透明和准确的方式发表，除非由于知识产权方面的因素需要延迟发表。除非另有规定，所有作者应当对发表的内容完全负责。奉送或隐匿署名权是不可接受的。全体作者最好在项目开始时便对确定署名顺序的标准达成一致。对合作者及助手们的贡献，应当在得到其许可后在文章中致谢。所有作者应当申明所有利益冲突。他人的学术贡献应得到承认和正确的引述。在与公众和大众媒体的交流时应保持诚实和准确性。对为研究提供经费和其他方面支持者应当致谢。

（5）编辑的责任：具有潜在利益冲突的编辑或审稿人，应当不再参与对特定出版物的处理，或向读者披露相关的冲突。审稿人应提供准确、客观、有事实依据和充足理由的评价，并给予保密。审稿人不应当未经允许使用所提交手稿中的材料。对资助申请、个人申请任职、提职或其他荣誉进行评审者，应当遵循同样的行为指南。

处理科研不端行为的首要责任属于聘用科研人员的机构。这样的机构应当有常设委员会或专门委员会来处理不端行为的举报。科学院和其他类似机构应制定行为准则，其中包括对不端行为举报案例的处理规则，并要求成员遵守。参与国际合作的科研人员应同意本文件所确定的科研诚信标准，并在适当时形成一项正式的合作协议，无论是重新制定或使用经济合作组织全球科学论坛起草的文本。

日本应对科研不端行为的指导方针

日本文部科学省（MEXT）

（2006 年）

一、基本原则

1. 背景

科研不端行为动摇了人们对科学的信赖，阻碍了科学的发展，是对科学的亵渎。

对科学的投入被视为对未来的投资，尽管面临着严峻的财政状况，政府对科学活动的投入仍在持续增加。因此，在研究活动中要确保公平正当，以使政府经费得以有效利用。

2. 基本原则

（1）研究活动的本质。科学研究是在前人研究成果的基础上，创造新知识并构筑知识体系的行为。

（2）研究成果的发表。研究人员应将所得成果向更大范围的研究共同体公开，并接受对其的建议和批评。

（3）何为科研不端行为。违背研究活动的伦理道德规范，通过捏造、篡改、剽窃等行为扭曲研究活动本质和宗旨，阻碍研究共同体内的正常交流。

（4）基本立场。科研不端行为是对科学的背叛，不论其经费数量和来源如何，此类行为都是不能容忍的。它否定了研究人员作为科学家的存在意义。

因此，科研人员和科学共同体必须对其采取严厉措施。科研不端行为问题，可以被视做研究过程中的“知识的质量控制”问题。

（5）研究人员和科学共同体的自律。应对和防止科研不端行为，作为科研伦理和社会责任问题，应首先基于研究人员的自律，以及学术团体、大学和研究机构的自检机制。

3. 引发科研不端行为的背景

（1）研究环境。在研究成果的发表速度上存在竞争，尤其在尖端领域更为明显；为延续尖端领域的研究，持续获得竞争性研究经费是必然之需；存在对职位的激烈竞争。

（2）研究组织与研究者。研究人员探求真理的使命感日渐淡薄；学生和青年研究人员没有受到充分的科研伦理教育；研究机构内部的自检机制没有很好地发挥作用。

4. 应对不端行为

日本科学理事会正在制定针对科研人员的行为规范，原计划于2006年秋季完成。

当前仅有为数不多的高校和研究机构制定了关于科研不端行为的规章制度，在这一方面尚有许多工作要做。

文部科学省必须制定严格措施以应对和防范不端行为，并应特别关注研究经费的分配问题。

二、应对由竞争性经费支持的研究中不端行为的指导方针

1. 目的

本方针详细阐述了文部科学省及其下属的作为独立法人的经费管理机构、大学及其他研究团体，在应对由竞争性经费支持的研究中的不端行为的原则。

相关研究机构应依据本方针做出适当安排，经费管理机构应在其资金申

请纲要和委托合同中体现本方针的内容。

2. 科研不端行为的定义

（1）科研不端行为的范围。在所发表的研究报告中捏造、篡改和剽窃数据或研究成果。

（2）竞争性经费的范围。文部科学省（共13项，包括Grant-in Aid for Scientific Research，Special Co-ordination Fund for Promoting Science and Technology，21st Century COE Programme，JST Basic Research Programmes等）及私立大学学术研究促进计划（Private Universities Programme for Advancement of Science and Technology）所提供的经费。

（3）研究机构和研究者的范围。方针适用于参与由竞争性经费支持的项目中的研究人员，以及这些研究人员所隶属的研究机构，此外还包括其他接受竞争性经费的机构。

（4）经费管理机构的范围。方针适用于如下经费管理机构：文部科学省（MEXT）、日本科学技术振兴机构（Japan Science and Technology Agency）、日本学术振兴会（Japan Society for the Promotion of Science）。

3. 投诉的受理

（1）受理体系。研究机构及经费管理机构，应设置各自的接受科研不端行为投诉及相关信息的办公室。

（2）投诉的处理。原则上，投诉应署名，在投诉材料中应明确指出所投诉的研究人员或研究小组其不端行为的形式和内容，以及事件细节，并给出科学合理的缘由表明为何该行为被视作不端行为。依据其内容，匿名投诉可以与署名投诉同等对待。媒体、学术协会等对科研不端行为的质疑，应视做与匿名投诉同等对待。受理机构接受投诉时应通告投诉对象以确认该投诉的可靠性。

（3）对投诉人和投诉对象的处理。在调查结果公布前，所有相关人员应对投诉人、投诉对象和投诉内容严格保密。为防止恶意指控，应公开声明：若一项投诉经调查被确认为是恶意的，将曝光投诉人姓名并对其进行制裁。

4. 调查

（1）调查机构。原则上，调查应由投诉所涉及的研究机构负责，可由两个或两个以上的研究机构共同组织。如若调查对象不隶属于任何研究团体，或是经费管理机构认为由研究机构组织调查非常困难，则调查过程可由经费管理机构负责。

（2）调查体制和方式。①初步评估：受理投诉后，调查机构应立即组织对该投诉的合理性（rationality）进行初步评估，以确定是否开展正式调查。若不准备实施正式调查，调查机构应向投诉人通告原因。②正式调查：若决定进行正式调查，应成立专门的调查委员会，其成员需包括不隶属于调查机构且与投诉对象的研究领域相关的研究人员。委员会成员不得与投诉人和投诉对象有直接的利害关系。正式调查的过程包括审查论文、实验观测记录、原始数据和其他相关记录，访问相关人员，要求重复进行实验等。在这一过程中，应为调查对象提供辩驳的机会，并保存表明研究可疑性的证据材料。若经费管理机构要求，无论调查过程是否完成，调查机构都应向经费管理机构提交中期调查报告。

（3）认定。①认定：调查委员会应在适度的时间内完成调查（如自正式调查开始起150天内）并对是否存在科研不端行为做出认定。若存在不端行为，调查委员会应确认不端行为的细节、涉及人员和各自的参与程度以及他们各自在论文和研究过程中所起的作用。这些信息随后将被提交给调查机构。若不存在不端行为，或在调查过程中发现投诉是恶意的，调查委员会同样将对相关事件做出认定。②责任：若投诉对象在调查过程中否定指控，则其有责任提供基于科学证据的解释。若投诉对象因缺少关键记录（如原始数据、实验观测记录、实验材料和试剂等）而无法提供相关证据，应认定其存在不端行为。但若有正当原因（如超出人为控制之外的因素）引起该情形时除外。③调查结果的通报：调查机构应向投诉人、投诉对象和经费管理机构通报调查结果，经费管理机构应将该结果上报文部科学省。若发现投诉人存在恶意指控行为，调查机构应向其所属单位通报情况。④申诉：被认定参与了科研不端行为的投诉对象或被发现存在恶意指控的投诉人，可在调查机构规定的时间内向调查机构递交申诉材料。申诉材料将由调查委员会评审。⑤调查结果的公布：当科研不端行为被认定后，调查机构应随即公布调查结果。

5. 针对投诉人和投诉对象的措施

（1）调查过程中的临时措施：在正式调查开始后，投诉对象所在的研究机构应延缓对被投诉项目的经费支出，直至接收到调查报告。经费管理机构在等待调查结果期间，可对投诉对象采取如下措施：停止对投诉对象的被指控项目的经费资助；限制批准投诉对象的其他经费申请；限制已批准的经费资助。

（2）认定不端行为后采取的紧急措施：经费管理机构应命令被认定具有不端行为的人员终止使用竞争性经费。研究机构应命令被认定具有不端行为的成员终止使用竞争性经费，依据内部规定对其采取适当的制裁措施，并建议撤销存在科研不端行为的论文及其他出版物。

（3）认定无不端行为后的措施：经费管理机构和研究机构应终止对经费的延缓措施，取消对经费的使用限制，并采取措施恢复投诉对象的声誉。

6. 经费管理机构针对具有不端行为人员的处理措施

（1）措施审议体系。经费管理机构应任命专门委员会，审议被认定具有不端行为人员的尚未使用的经费的处理办法。按照经费管理机构的要求，委员会应审议对被认定具有不端行为人员的处理措施并报告结论。原则上，为保证对不端行为做出合适的评判，委员会成员应当是具备专业知识的资深人员。此外，委员会成员不得与被认定存在不端行为的个人和研究具有直接的利害关系。

（2）相关措施的决定步骤。在措施的审议过程中，应考虑如下因素：不端行为的严重性和恶劣性、被认定者的参与程度及其是否曾试图阻止不端行为。审议结果应随即向经费管理机构报告。根据委员会的报告，经费管理机构应决定对被认定者应采取的措施。在其做出决定时，应尊重委员会的结论。经费管理机构应向如下人员或机构通报其采取的措施和涉及的人员名单：相关措施涉及人员及其所在机构，其他经费管理机构。

（3）相关措施涉及人员。被认定具有不端行为的研究所涉及的论文和出版物的作者（包括合著者），且其参与不端行为的事实已被认定。被认定具有不端行为的研究所涉及的论文和出版物的除作者（包括合著者）以外的相关人员，且其参与不端行为的事实已被认定。参与不端行为的事实尚未被确认，但已被认定为是对具有不端行为的研究所涉及的论文和出版物的内容部分负责的作者（包括合著者）。

（4）措施内容。①终止被认定具有不端行为的研究所配置的经费，并终止其他项目已分配的经费。②研究经费的申请人若曾被认定存在不端行为，其经费申请不再予以批准。作为已被认定存在不端行为的研究中的合作研究人员或研究助手，在被确认与不端行为无关之前，其经费申请不予批准。③若研究被认定存在不端行为，其应返还所获得的全部或部分经费。返还的数额应根据不端行为的恶劣程度和整个研究计划的影响确定。经费申请限制对文部科学省下属机构的任何形式经费的申请均会受到限制，其限制期限由委员会根据不端行为的严重程度等因素决定。作者及其他不端行为参与者，自被认定的下一财年起，将被取消 2～10 年的申请资格，参与不端行为的事实尚未被确认，但已被认定为是对具有不端行为的研究所涉及的论文和出版物的内容部分负责的人员，将被取消 1～3 年的申请资格。

（5）相关措施与法律诉讼。如果实施相关措施后有人提起诉讼，除非法庭判决继续采取措施不当，相关措施依然有效。于实施措施前提起的诉讼，在法庭判决出台之前不得阻碍相关措施的执行。若最终法庭判决认为，对不端行为的认定错误，则所有已执行措施即时无效。如果已采取的措施中要求返还经费，则经费管理部门可将返还数额归还资助人。如果经费被终止，经费管理机构应根据该研究的具体情况决定是否重新进行资助。

（6）公布措施细节。原则上，经费管理机构做出采取相关措施的决定后应立即公布如下信息：涉及的人员姓名和隶属机构、将采取的处理措施细节、支持被认定有不端行为研究的经费名称、涉及的经费数额、研究和不端行为的内容、调查机构的调查报告。

（7）申请材料中可能的警告措施。经费管理机构应给出针对不端行为将采取的制裁内容、制裁对象等警告性信息。这些信息应反映在申请纲要、委托合同（包括合同附件）及其他经费管理机构发布的材料中。

国家科技计划实施中科研不端行为处理办法（试行）

中国科学技术部

（2006 年）

第一章　总　则

第一条　为了加强国家科技计划实施中的科研诚信建设，根据《中华人民共和国科学技术进步法》的有关规定，制定本办法。

第二条　对科学技术部归口管理的国家科技计划项目的申请者、推荐者、承担者在科技计划项目申请、评估、评审、检查、项目执行、验收等过程中发生的科研不端行为（以下称科研不端行为）的查处，适用本办法。

第三条　本办法所称的科研不端行为，是指违反科学共同体公认的科研行为准则的行为，包括：

（一）在有关人员职称、简历以及研究基础等方面提供虚假信息；

（二）抄袭、剽窃他人科研成果；

（三）捏造或篡改科研数据；

（四）在涉及人体的研究中，违反知情同意、保护隐私等规定；

（五）违反实验动物保护规范；

（六）其他科研不端行为。

第四条　科学技术部、行业科技主管部门和省级科技行政部门（以下简称项目主持机关）、国家科技计划项目承担单位（以下称项目承担单位）是科研不端行为的调查机构，根据其职责和权限对科研不端行为进行查处。

第五条 调查和处理科研不端行为应遵循合法、客观、公正的原则。

在调查和处理科研不端行为中，要正确把握科研不端行为与正当学术争论的界限。

第二章 调查和处理机构

第六条 任何单位和个人都可以向科学技术部、项目主持机关、项目承担单位举报在国家科技计划项目实施过程中发生的科研不端行为。

鼓励举报人以实名举报。

第七条 科学技术部负责查处影响重大的科研不端行为。必要时，科学技术部会同其他部门联合进行查处。

科学技术部成立科研诚信建设办公室（以下称办公室），负责科研诚信建设的日常工作。其主要职责是：

（一）接受、转送对科研不端行为的举报；

（二）协调项目主持机关和项目承担单位的调查处理工作；

（三）向被处理人或实名举报人送达科学技术部的查处决定；

（四）推动项目主持机关、项目承担单位的科研诚信建设；

（五）研究提出加强科研诚信建设的建议；

（六）科技部交办的其他事项。

第八条 项目主持机关负责对其推荐、主持、受委托管理的科技计划项目实施中发生的科研不端行为进行调查和处理。

项目主持机关应当建立健全科研诚信建设工作体系。

第九条 项目承担单位负责对本单位承担的国家科技计划项目实施中发生的科研不端行为进行调查和处理。

承担国家科技计划项目的科研机构、高等学校应当建立科研诚信管理机构，建立健全调查处理科研不端行为的制度。科研机构、高等学校的科研诚信制度建设，作为国家科技计划项目立项的条件之一。

第十条 国家科技计划项目承担者在申请项目时应当签署科研诚信承诺书。

第三章 处罚措施

第十一条 项目承担单位应当根据其权限和科研不端行为的情节轻重，

对科研不端行为人做出如下处罚：

（一）警告；

（二）通报批评；

（三）责令其接受项目承担单位的定期审查；

（四）禁止其一定期限内参与项目承担单位承担或组织的科研活动；

（五）记过；

（六）降职；

（七）解职；

（八）解聘、辞退或开除等。

第十二条　项目主持机关应当根据其权限和科研不端行为的情节轻重，对科研不端行为人做出如下处罚：

（一）警告；

（二）在一定范围内通报批评；

（三）记过；

（四）禁止其在一定期限内参加项目主持机关主持的国家科技计划项目；

（五）解聘、开除等。

第十三条　科学技术部应当根据其权限和科研不端行为的情节轻重，对科研不端行为人做出如下处罚：

（一）警告；

（二）在一定范围内通报批评；

（三）中止项目，并责令限期改正；

（四）终止项目，收缴剩余项目经费，追缴已拨付项目经费；

（五）在一定期限内，不接受其国家科技计划项目的申请。

第十四条　项目主持机关对举报的科研不端行为不开展调查、无故拖延调查的，科学技术部可以停止该机关在一定期限内主持、管理相关项目的资格。

第十五条　被调查人有下列情形之一的，从轻处罚：

（一）主动承认错误并积极配合调查的；

（二）经批评教育确有悔改表现的；

（三）主动消除或者减轻科研不端行为不良影响的；

（四）其他应从轻处罚的情形。

第十六条　被调查人有下列情形之一的，从重处罚：

（一）藏匿、伪造、销毁证据的；

（二）干扰、妨碍调查工作的；

（三）打击、报复举报人的；

（四）同时涉及多种科研不端行为的。

第十七条　举报人捏造事实、故意陷害他人的，一经查实，在一定期限内，不接受其国家科技计划项目的申请。

第十八条　科研不端行为涉嫌违纪、违法的，移交有关机关处理。

第四章　处理程序

第十九条　调查机构接到举报后，应进行登记。

被举报的行为属于本办法规定的科研不端行为，且事实基本清楚，并属于本机构职责范围的，应予以受理；不属于本机构职责范围的，转送有关机构处理。

不符合受理条件不予受理的，应当书面通知实名举报人。

第二十条　调查机构应当成立专家组进行调查。专家组包括相关领域的技术专家、法律专家、道德伦理专家。项目承担单位为调查机构的，可由其科研诚信管理机构进行调查。

专家组成员或调查人员与举报人、被举报人有利害关系的，应当回避。

第二十一条　在有关举报未被查实前，调查机构和参与调查的人员不得公开有关情况；确需公开的，应当严格限定公开范围。

第二十二条　被调查人、有关单位及个人有义务协助提供必要证据，说明事实真相。

第二十三条　调查工作应当按照下列程序进行：

（一）核实、审阅原始记录，多方面听取有关人员的意见；

（二）要求被调查人提供有关资料，说明事实情况；

（三）形成初步调查意见，并听取被调查人的陈述和申辩；

（四）形成调查报告。

第二十四条　科研不端行为影响重大或争议较大的，可以举行听证会。需经过科学试验予以验证的，应当进行科学试验。

听证会和科学试验由调查机构组织。

第二十五条　专家组完成调查工作后，向调查机构提交调查报告。

调查报告应当包括调查对象、调查内容、调查过程、主要事实与证据、处理意见。

第二十六条　调查机构根据专家组的调查报告，做出处理决定。

第二十七条　调查机构应在做出处理决定后10日内将处理决定送被处理人、实名举报人。

第二十八条　项目主持机关、项目承担单位为调查机构的，应当在做出处理决定后10日内将处理决定送科学技术部科研诚信建设办公室备案。

科学技术部将处理决定纳入国家科技计划信用信息管理体系，作为科技计划实施和管理的参考。

第五章　申诉和复查

第二十九条　被处理人或实名举报人对调查机构的处理决定不服的，可以在收到处理决定后30日内向调查机构或其上级主管部门提出申诉。

科学技术部和国务院其他部门为调查机构的，申诉应向调查机构提出。

第三十条　收到申诉的机构经审查，认为原处理决定认定事实不清，或适用法律、法规和有关规定不正确的，应当进行复查。

复查机构应另行组成专家组进行调查。复查程序按照本办法规定的调查程序进行。

收到申诉的机构决定不予复查的，应书面通知申诉人。

第三十一条　申诉人对复查决定仍然不服，以同一事实和理由提出申诉的，不予受理。

第三十二条　被处理人对有关行政机关的处罚决定不服的，可以依照《中华人民共和国行政复议法》的规定，申请复议。

属于人事和劳动争议的，依照有关规定处理。

第六章　附　则

第三十三条　在国家科技奖励推荐、评审过程中发生的科研不端行为，参照本规定执行。

第三十四条　本办法自2007年1月1日起施行。

中国科学院关于加强科研行为规范建设的意见

科发规字〔2007〕41号

院属各单位、院机关各部门：

为保持我院良好的科研秩序和学风，保证科研工作的科学性和严肃性，维护我院的社会信誉，使我院科技创新工作健康持续发展，院决定进一步加强科研行为规范建设，现就有关问题提出如下意见。

一、建立和维护科研行为规范

科研行为规范是科技创新团体必须遵守的规则，主要包括科研行为的道德准则，行为人的自律责任，科学不端行为处理等。中国科学院本着“唯实求真、自觉自律、违规必究、公开公正”原则，建立和维护科研行为规范。本意见适用于在中国科学院院部机关和院属机构工作、学习的所有人员。

二、明确科研行为的基本准则

（一）遵守中华人民共和国公民道德准则，坚持以科教兴国为己任、以创新为民为宗旨的科技价值观，弘扬科学精神，恪守科技伦理，拒绝参加不道德的科研活动。

（二）遵守诚实原则。在项目设计、数据资料采集分析、公布科研成果，以及确认同事、合作者和其他人员对科研工作的直接或间接贡献等方面，必须实事求是。研究人员有责任保证所搜集和发表数据的有效性和准确性。

（三）遵守公开原则。在保守国家秘密和保护知识产权的前提下，公开科研过程和结果相关信息，追求科研活动社会效益最大化。在合作研究和讨论科研问题中要共享信息，提供相关数据与资料。在向公众介绍科研成果时，要实事求是。

（四）遵守公正原则。对竞争者和合作者做出的贡献，应给予恰当认同和评价。进行讨论和学术争论时，应坦诚直率，科学公正。对研究成果中的错误和失误，应以适当的方式予以承认。不得以各种不道德和非法手段阻碍竞争对手的科研工作，包括毁坏竞争对手的研究设备或实验结果，故意延误考察和评审时间，利用职权将未公开的科研成果和信息转告他人等。

（五）尊重知识产权。研究成果发表时，做出创造性贡献且能对有关部分负责的人员享有署名权，未经上述人员书面同意，不得将其排除在作者名单之外。对参与一般数据搜集的研究助手、对研究团组进行过支持与帮助的人员和提供设施的单位，可在出版物中表示感谢。

（六）遵守声明与回避原则。在研究、调查、出版、向媒体发布、提供材料与设施、资助申请、聘用和提职等活动中可能发生利益冲突时，所有有关人员有义务声明与其有直接、间接和潜在利益关系的组织和个人，包括在这些利益冲突中可能对其他人利益造成的影响，必要时应当回避。

三、加强学术环境建设

学术讨论坚持真理面前人人平等原则，尊重学术自由，提倡学术争鸣，提倡理性质疑，不受地位影响，不受利益干扰，不受行政干预。院属机构或部门领导有责任通过合理组织、协同力量、调节矛盾、有效推进科研工作、监督和保证高质量研究，营造合作融洽的学术环境。

研究团队的负责人有责任通过整体把握各个工作环节，明确研究分工和责任，把握研究工作方向，在研究团队内营造团结合作的学术环境，有效发挥研究团队所有成员的专长和潜质，保证研究工作按科研行为规范进行，并进行有效监督。

要进一步提倡提携后学。各研究单元有责任指定经验丰富的高级研究人员对新进青年研究人员进行指导。对研究生和青年研究人员的培养，不应只教授必要的专业知识，还应教授科研道德准则和行为规范。研究生导师有义务向学生提供与科研行为规范有关的各种规章制度，并向他们讲解有关规定。

四、防治科学不端行为

（一）科学不端行为的认定

科学不端行为是指研究和学术领域内的各种编造、作假、剽窃和其他违背科学共同体公认道德的行为；滥用和骗取科研资源等科研活动过程中违背社会道德的行为。其认定标准为：

1. 在研究和学术领域内有意做出虚假的陈述，包括：编造数据；篡改数据；改动原始文字记录和图片；在项目申请、成果申报，以及职位申请中做虚假的陈述。

2. 损害他人著作权，包括：侵犯他人的署名权，如将做出创造性贡献的人排除在作者名单之外，未经本人同意将其列入作者名单，将不应享有署名权的人列入作者名单，无理要求著者或合著者身份或排名，或未经原作者允许用其它手段取得他人作品的著者或合著者身份。剽窃他人的学术成果，如将他人材料上的文字或概念作为自己的发表，故意省略引用他人成果的事实，使人产生为其新发现、新发明的印象，或引用时故意篡改内容、断章取义。

3. 违反职业道德利用他人重要的学术认识、假设、学说或者研究计划，包括：未经许可利用同行评议或其它方式获得的上述信息；未经授权就将上述信息发表或者透露给第三者；窃取他人的研究计划和学术思想据为己有。

4. 研究成果发表或出版中的科学不端行为，包括：将同一研究成果提交多个出版机构出版或提交多个出版物发表；将本质上相同的研究成果改头换面发表；将基于同样的数据集或数据子集的研究成果以多篇作品出版或发表，除非各作品间有密切的承继关系。

5. 故意干扰或妨碍他人的研究活动，包括故意损坏、强占或扣压他人研究活动中必需的仪器设备、文献资料、数据、软件或其它与科研有关的物品。

6. 在科研活动过程中违背社会道德，包括骗取经费、装备和其它支持条件等科研资源；滥用科研资源，用科研资源谋取不当利益，严重浪费科研资源；在个人履历表、资助申请表、职位申请表，以及公开声明中故意包含不准确或会引起误解的信息，故意隐瞒重要信息。

7. 对于在研究计划和实施过程中非有意的错误或不足，对评价方法或结果的解释、判断错误，因研究水平和能力原因造成的错误和失误，与科研活动无关的错误等行为，不能认定为科学不端行为。

（二）科学不端行为的处理

对科学不端行为的处理，要本着实事求是、严谨慎重的态度，尊重和维护当事人的尊严和正当权益，对投诉人提供必要的保护。

涉嫌科学不端行为的投诉一般由院属机构受理。对于有明确涉嫌科学不端行为的事实和理由，且有真实署名的书面投诉，应予受理。处理程序一般包括初步调查、正式调查、公布结论和处理意见等环节。

对认定为非科学不端行为的，应在所有知情人和被投诉人要求的范围内公布事实和结论，被投诉人名誉受到损害的应为其恢复名誉。

对认定为有科学不端行为的人员，应由所在院属机构最高行政决策会议做出处理决定并报院备案。处理决定应包括：视情节轻重给予科学不端行为人的相应处分，对科学不端行为所造成的不良影响采取的必要补救措施。被处理人对认定结论不服，并能提供新的证据，可向所在院属机构提请复议。

对于主动参与他人的科学不端行为，与他人合谋隐瞒其科学不端行为，严重疏忽监督职责，在参与处理科学不端行为过程中严重违规，对投诉人打击报复的，承担科学不端行为的共同责任。

五、加强领导健全组织

（一）设立中国科学院科研道德委员会

中国科学院科研道德委员会由院有关领导任主任，成员包括院有关部门负责人、若干权威科技专家、若干法律和政策专家等。其办事机构设在中国科学院监察审计局。

中国科学院科研道德委员会的主要职责是：

1. 指导院属机构和院部机关科研道德工作，监督院属机构和院部机关科研行为规范执行情况。

2. 制定并修订科学不端行为处理规定及实施办法。

3. 受理涉及所局级及以上领导干部和院部机关工作人员科学不端行为的投诉。

4. 受理涉及国家重大机密或院重大成果的科学不端行为的投诉。

5. 经相关院属机构共同请求，对涉及多个院属机构人员科学不端行为的投诉，且相关院属机构不能达成一致认定结论和处理意见的，进行协调或仲裁。

6. 认为院属机构对科学不端行为处理存在事实不清、程序严重违规的，可要求院属机构重新调查处理，或委托其它院属机构进行调查处理，或由委员会进行调查处理。

7. 认为院属机构认定结论错误和处理意见不当的，予以纠正或撤销。

8. 院务会议、院长办公会议决定由委员会进行的其它工作。

（二）设立院属机构科研道德组织

院属机构应设立科研道德组织，负责科研道德建设和科学不端行为处理。可设立专门机构，或明确由学术委员会行使相应职责。其主要职责是：

1. 制定适用于在本单位工作和学习的所有人员的科研行为规范，开展经常性的有关科研道德和防治科学不端行为的宣传教育工作。

2. 制定并修订涉及科学不端行为的调查和处理程序。

3. 受理涉及本单位人员的科学不端行为的投诉，进行调查并做出认定结论，向本单位决策机构或法定代表人提出处理建议。

4. 承办中国科学院科研道德委员会委托的工作。

5. 承办本单位决策机构交办的其他有关工作。

各单位、各部门要高度重视科研行为规范建设，认真严格执行国家、行业和院有关规定，加强科研道德的宣传和教育，加强科研人员的行为自律，严肃处理各种科学不端行为，努力创造和维护风正气清、求真求实、严谨严肃、和谐融洽的学术环境。

科技工作者科学道德规范（试行）

中国科学技术协会

（2007 年 1 月 16 日中国科协七届三次常委会议审议通过）

第一章　总　则

第一条　为弘扬科学精神，加强科学道德和学风建设，提高科技工作者创新能力，促进科学技术的繁荣发展，中国科学技术协会根据国家有关法律法规制定《科技工作者科学道德规范》。

第二条　本规范适用于中国科学技术协会所属全国学会、协会、研究会会员及其他科技工作者。

第三条　科技工作者应坚持科学真理、尊重科学规律、崇尚严谨求实的学风，勇于探索创新，恪守职业道德，维护科学诚信。

第四条　科技工作者应以发展科学技术事业，繁荣学术思想，推动经济社会进步，促进优秀科技人才成长，普及科学技术知识为使命。以国家富强，民族振兴，服务人民，构建和谐社会为己任。

第二章　学术道德规范

第五条　进行学术研究应检索相关文献或了解相关研究成果，在发表论文或以其他形式报告科研成果中引用他人论点时必须尊重知识产权，如实标出。

第六条　尊重研究对象（包括人类和非人类研究对象）。在涉及人体的研究中，必须保护受试人合法权益和个人隐私并保障知情同意权。

第七条　在课题申报、项目设计、数据资料的采集与分析、公布科研成果、确认科研工作参与人员的贡献等方面，遵守诚实客观原则。对已发表研究成果中出现的错误和失误，应以适当的方式予以公开和承认。

第八条　诚实严谨地与他人合作。耐心诚恳地对待学术批评和质疑。

第九条　公开研究成果、统计数据等，必须实事求是、完整准确。

第十条　搜集、发表数据要确保有效性和准确性，保证实验记录和数据的完整、真实和安全，以备考查。

第十一条　对研究成果做出实质性贡献的专业人员拥有著作权。仅对研究项目进行过一般性管理或辅助工作者，不享有著作权。

第十二条　合作完成成果，应按照对研究成果的贡献大小的顺序署名（有署名惯例或约定的除外）。署名人应对本人作出贡献的部分负责，发表前应由本人审阅并署名。

第十三条　科研新成果在学术期刊或学术会议上发表前（有合同限制的除外），不应先向媒体或公众发布。

第十四条　不得利用科研活动谋取不正当利益。正确对待科研活动中存在的直接、间接或潜在的利益关系。

第十五条　科技工作者有义务负责任地普及科学技术知识，传播科学思想、科学方法。反对捏造与事实不符的科技事件，及对科技事件进行新闻炒作。

第十六条　抵制一切违反科学道德的研究活动。如发现该工作存在弊端或危害，应自觉暂缓或调整、甚至终止，并向该研究的主管部门通告。

第十七条　在研究生和青年研究人员的培养中，应传授科学道德准则和行为规范。选拔学术带头人和有关科技人才，应将科学道德与学风作为重要依据之一。

第三章　学术不端行为

第十八条　学术不端行为是指，在科学研究和学术活动中的各种造假、抄袭、剽窃和其他违背科学共同体惯例的行为。

第十九条　故意做出错误的陈述，捏造数据或结果，破坏原始数据的完整性，篡改实验记录和图片，在项目申请、成果申报、求职和提职申请中做虚假的陈述，提供虚假获奖证书、论文发表证明、文献引用证明等。

第二十条　侵犯或损害他人著作权，故意省略参考他人出版物，抄袭他人作品，篡改他人作品的内容；未经授权，利用被自己审阅的手稿或资助申请中的信息，将他人未公开的作品或研究计划发表或透露给他人或为己所用；把成就归功于对研究没有贡献的人，将对研究工作做出实质性贡献的人排除在作者名单之外，僭越或无理要求著者或合著者身份。

第二十一条　成果发表时一稿多投。

第二十二条　采用不正当手段干扰和妨碍他人研究活动，包括故意毁坏或扣压他人研究活动中必需的仪器设备、文献资料，以及其它与科研有关的财物；故意拖延对他人项目或成果的审查、评价时间，或提出无法证明的论断；对竞争项目或结果的审查设置障碍。

第二十三条　参与或与他人合谋隐匿学术劣迹，包括参与他人的学术造假，与他人合谋隐藏其不端行为，监察失职，以及对投诉人打击报复。

第二十四条　参加与自己专业无关的评审及审稿工作；在各类项目评审、机构评估、出版物或研究报告审阅、奖项评定时，出于直接、间接或潜在的利益冲突而作出违背客观、准确、公正的评价；绕过评审组织机构与评议对象直接接触，收取评审对象的馈赠。

第二十五条　以学术团体、专家的名义参与商业广告宣传。

第四章　学术不端行为的监督

第二十六条　中国科学技术协会科技工作者道德与权益专门委员会负责科学道德与学风建设的宣传教育，监督所属全国学会及会员、相关科技工作者执行科学道德规范情况，建立会员学术诚信档案，对涉及学术不端行为的个人进行记录，向中国科学技术协会通报。

第二十七条　调查学术不端行为应遵循合法、客观、公正原则。应尊重和维护当事人的正当权益，对举报人提供必要的保护。在调查过程中，准确把握学术不端行为的界定。

第二十八条　中国科学技术协会科技工作者道德与权益专门委员会重视社会监督，对学术不端行为的投诉，委托相关学会、组织或部门进行事实调查，提出处理意见。

后　记

2009年我们组织编写的《科研活动道德规范读本（试用本）》在出版后得到读者的肯定，这给予我们极大的鼓舞。为深入开展科研道德的宣传教育，经过近三年的辛勤劳作，本书终于完稿付梓。

本书由中国科学院科研道德委员会办公室、中国科学院监察审计局牵头组织编写，中国科学技术大学人文与社会科学学院三位教授史玉民、汤书昆、潘正祥具体负责书稿的纲目制定、统稿及编写的组织协调工作，部分老师和研究生承担具体的撰稿任务，具体分工在每章结束部分已经列出。

本书在编撰过程中得到中国科学院领导的亲切关怀和大力支持。有关院领导一直密切关注书稿的进展，多次过问书稿的编写情况，在书稿编写过程中给予鼓励和指导。这坚定了我们继续努力作好这项工作的信心和决心。

感谢有关单位和专家学者的指导和帮助。从本书的立项之初到完稿付梓，中国科学院科研道德委员会办公室和中国科学院监察审计局的有关领导都全程跟进，多次与编写组成员进行深入的研究探讨，对书稿的体例和内容提出了许多宝贵的意见；中国科学院监察审计局前局长沈颖、中国科学院昆明动物研究所姚永刚研究员、中国科学院科技政策与管理科学研究所李真真研究员、中国科学院上海生命科学研究院廖侃研究员等领导和专家学者审阅了书稿，提出了许多宝贵的修改意见。另外，中国科学院监察审计局党风建设室的同志参与了本书的编写、出版组织等工作；科学出版社的有关同志为本书的顺利出版付出了许多辛勤的劳动，在此一并致以诚挚的谢意。

虽然我们力求完美，在编撰过程中尽最大努力来完成本书，但囿于学识和能力有限，书中疏漏之处在所难免，敬请读者批评指正。

本书编写组

2012 年 11 月 30 日